中国传统文化故事集

经典版

禾伟 / 著

中国华侨出版社
北京

图书在版编目（CIP）数据

中国传统文化故事集 / 禾伟著 . —北京：中国华侨出版社，
2021.2

　ISBN 978-7-5113-8226-9

　Ⅰ.①中… Ⅱ.①禾… Ⅲ.①中华文化—通俗读物
Ⅳ.① K203-49

中国版本图书馆 CIP 数据核字（2020）第 106841 号

中国传统文化故事集

著　　者 / 禾　伟
责任编辑 / 刘雪涛
经　　销 / 新华书店
开　　本 / 787 毫米 × 1092 毫米　1/16　印张 / 20　字数 /367 千字
印　　刷 / 大厂回族自治县德诚印务有限公司
版　　次 / 2022 年 2 月第 1 版第 2 次印刷
书　　号 / ISBN 978-7-5113-8226-9
定　　价 / 56.00 元

中国华侨出版社　北京市朝阳区西坝河东里 77 号楼底商 5 号　邮编：100028
法律顾问：陈鹰律师事务所
编辑部：（010）64443056　　64443979
发行部：（010）64443051　　传　真：（010）64439708
网　址：www.oveaschin.com　E-mail：oveaschin@sina.com

前言

　　中华历史五千年，几经风雨涤荡，几经朝代更迭，演绎了无数令人印象深刻的故事：从盘古开天辟地到三皇五帝造福苍生，从秦始皇一统天下到成吉思汗横扫疆场，从唐宗宋祖开国立业到清朝康乾二帝励精图治，英雄将相催生出多少史料奇闻；从孔孟之道百家争鸣到焚毁史书坑杀儒生，从李白杜甫激扬文字到陆羽杜康焙茶酿酒，从少林武当齐创武学到竞技剧目纷涌而起，先人志士创造出多少学识技艺……若以时间为绳，五千年岁月为炎黄子孙留下多少纷繁而美妙的前尘往事？

　　大浪淘沙，层层滤金。堆积与沉淀之后，泱泱东方大国的文化精髓洗练而出，那沙中一颗颗真金、浪尖一朵朵水花逐渐展露真容：比如传扬最为广泛深远的儒家学派、饮誉中外的兵学圣典《孙子兵法》、独一无二的地下奇迹秦兵马俑，再如绚丽奇美的《霓裳羽衣曲》、恍若天籁的《高山流水》、惊艳文坛的四大名著、后世称颂的唐宋八大家，还有源远流长的历法制度、一枝独秀的曲艺杂技、溢齿留香的饮食美酒、令人称绝的奇巧工建，等等——沙金烁目、浪花拍岸，它们展示了中华文明的每一抹鲜亮与荣耀。

　　一沙一世界，一水一海洋，一个故事浓缩一段历史，一段历史又蕴含文化之道。只要串起无数个看似渺小的故事，读者就可透过历史，从它的背后读出传承千年的文化精髓。

　　本书将海量的传统文化提炼，分为神话故事、宗教传说、哲思学术、学堂官制、名川胜水、衣冠服饰、饮食茶酒、名人文化、曲艺工建、科技理学、武学医道、历法节日、育养婚丧、竞技剧种等14篇章、200多条例，以生动精彩的故事引出"小知识大文化"，使读者在增长知识和见识的同时，充分感受中华民族传承百代、历久弥香的文化之韵。

·目录

第三辑／
层迭演变的
学堂官制

第八辑／

饮誉中外的
名人文化

第十二辑/

独特纷纭的
历法节日

第十三辑／传承百代的育养婚丧

第一辑 /

上古时代的神话故事

谁舞巨斧开天地？谁持彩练当空舞？谁引弯弓射九日？谁甩杖木化丛林？上古时代的神话尚未结束，华夏先祖们又继续造福苍生：有燧人氏钻木取火，有精卫鸟衔石填海，有伏羲结网捕鱼，神农遍尝百草，还有鲧盗息壤、仓颉造字……这些故事被华夏后裔们代代传颂，历经千年而丝毫不敢相忘——因为我们心里明白：讲述的是神话故事，寄托的是后世子孙的梦想。

·盘古开天辟地

　　几千万年以前，天地还没有分开，整个宇宙是黑暗混沌的一团，像个没煮熟的大鸡蛋。力大无穷的巨人盘古就睡在这个大鸡蛋里。传说盘古在大鸡蛋里睡了一万八千年，有一天他忽然醒过来，看到四周一片漆黑，闷得透不过气，便随手抓起一把大斧，对着眼前黑暗的世界用力劈去。只听轰隆一声巨响，大鸡蛋被劈成了两半，一些轻而清的东西缓缓上升，变成了清澈湛蓝的天空；一些重而浊的东西慢慢下沉，变成了坚固稳定的大地。

　　盘古劈开天和地以后，担心它们还会合在一起，就用头顶着青天，脚踩着大地，然后挺直身体支撑在天地之间。天每天升高一丈，地每天加厚一丈，盘古的身体也随着每天长高，就这样又过了一万八千年，盘古的身体已经有了九万里那么高，天和地也变得十分坚固。

　　当确定天和地不会再合拢后，耗尽心力的盘古轰然倒地死去。他的左眼变成了火热的太阳，右眼变成了皎洁的月亮，手和脚变成了大地的四极，身体变成了巍峨的群山，血液变成了奔流的江河，肌肉变成了田间的泥土，汗毛变成了花草树木，筋脉变成了纵横的道路。就这样，开天辟地的盘古把自己的全部都献给了这个新诞生的世界。

◎ 传统文化小知识

　　【混沌】　传说天地没有开辟以前，有个没有七窍、不知道为何物的东西，样子像个没有洞的大口袋，叫作混沌，也称为帝江。它有两个好朋友分别叫倏和忽。有一天，倏和忽商量要为混沌凿开七窍，混沌同意了。倏和忽用了七天为它凿开了七窍，但是混沌因为被凿七窍死了，它死后，肚子里出现了一个人，就是盘古。它的精气变成了后来的黄帝。

　　【六合八荒】　六合指天地四方，即上、下、东、南、西、北。八荒一说为东、东南、南、西南、西、西北、北、东北八个方向，一说为九州中除繁华的中州外，其他处于荒原之地的八州。六合八荒泛指天地之间、四海之内，就是指全天下。

· 女娲造人

　　盘古开天辟地以后，传说他的心脏变成了美丽的女娲神。女娲长得漂亮极了，她的头发就如瀑布般浓密，她的眼睛如星星般闪亮，她的笑容就如盛开的鲜花。可是，世界上只有她一个人，她觉得太孤单啦！

　　有一天，她到溪边喝水，看到自己在水中的倒影自言自语说："多么美好的世界啊，要是有许多和我一样的生命该有多好啊！"于是，她抓了把黄土，用溪水和在一起，照着自己的样子捏了个可爱的泥娃娃。泥娃娃一落地，便神奇地活了，朝着女娲喊妈妈。女娲高兴极了，把这个用泥做成的生命叫作人。

　　女娲决定用黄土造出更多的人，让世界上充满人的欢声笑语。她不停地捏啊捏啊，造出了许许多多的男人和女人，他们谢过女娲后走向四面八方。可是世界实在太大啦，女娲虽然累得筋疲力尽，还是觉得造出的人太少了。后来，她想出一个办法，从山上采来很多野草，编了条结实的长绳子。女娲把长绳子沾满和好的黄泥浆，然后用力一甩。顿时，数不清的泥点落下来，立刻变成一个个的人。

　　就这样，世界上到处都有了人的踪迹。为了让人类能够生生不息，女娲安排男人和女人婚配，然后生儿育女来繁衍生命。人们为了感激她建立的婚姻制度，又把她奉为神媒。

◎ 传统文化小知识

　　【女娲】　又称为女娲娘娘，娲皇。神话中的女娲是位人首蛇身的上古之神，为伏羲之妹，凤姓，是被民间广泛而又长久崇拜的创世神和始祖神。现实中的女娲主要活动于黄土高原，陵寝位于山西省临汾市洪洞县赵城镇东的侯村，存在时间可能在三千年以上，同黄帝陵一样，是中国古代皇帝祭奠的庙宇。

　　【三皇五帝】　三皇指伏羲、女娲、神农。五帝有五种说法，其中最流行的说法是指东西南北中五个方位的天神，东方太昊，南方炎帝，西方少昊，北方颛顼，中央黄帝。

·后羿射日

　　天帝帝俊与羲和生了十个儿子，就是十个太阳。太阳十兄弟居住在海外东方一个名叫汤谷的大水池。因为十兄弟每天都在里面洗澡、玩耍，所以汤谷里面的水总是沸腾的。在汤谷中央，长着一棵有几千丈高、名叫扶桑的大树，它有十个伸开的大枝杈，是十个太阳栖息的地方。

　　按照天帝的命令，太阳十兄弟每天要有一个轮流到人间去做工，在清晨的时候从东方升起，黄昏时在西方降落。人间多么美好啊！有茂密的森林、汹涌的河水、鲜艳的花朵、整齐的稻田……比起十兄弟住的汤谷，不知道要热闹多少倍。可是，他们十天才有一次到人间的机会，实在是太不公平啦。

　　于是，太阳十兄弟合计，想打破规定，一起去人间玩。其中一个太阳说道："对我们的规定是有原因的吧，要是我们一起出去，人间恐怕受不了的！"

　　另一个太阳愤愤地说："我们的日子过得实在太拘束了！我再也受不了这样总待在家里，明天我们就出去玩个痛快吧！"

　　第二天，太阳十兄弟不顾天帝的命令，一起离开汤谷来到人间。顿时，人间面临着巨大的灾难，地上的温度升高了几十倍，草木庄稼都焦枯了，河水也沸腾起来，河里面的鱼虾全都热死了，人也热得喘不过气，躲进山洞里不敢出来。

　　百姓的领袖帝尧出来恳求太阳，让他们赶紧离开人间，否则人们将无法生活。可太阳兄弟们装作没听见，依然你追我赶玩得很开心。帝尧没办法，就去恳求天帝。天帝听说儿子们不听命令私自下凡，非常生气，就派天上的勇士后羿去教训他们，并赐给后羿一把神弓和十支白色的神箭。

　　后羿来到人间，看到四处都是被烤焦的景象，令人目不忍睹。他气愤地拉开弓，对准天上的太阳射出了箭，只听嗖的一声，一道白光冲破灼热的空气射向天空，马上一个太阳应声而落，传来轰隆隆的巨响。

　　其余九个太阳见状不妙，急忙要逃跑。后羿可是天上最好的神箭手，箭射得又快又准，哪能容他们逃走！只听嗖嗖嗖……后羿接着发了八支箭，太阳一个个先后坠落下来。帝尧担心后羿射死最后一个太阳，连忙对他说："请不要再射了，如果没有太阳，世间万物都会停止生长，只是太多才带来了害处。"

　　最后一个太阳被吓得脸色苍白，老老实实地挂在天上。天空终于又恢复了原来的样子，人们纷纷从山洞里走出来，兴高采烈地修盖房屋、开田种地。

后羿虽然为人们做了件大好事，天帝却因为他射死了自己的九个儿子，下旨革除了后羿的神籍，后羿再也无法回到天上去了。

◎ 传统文化小知识

【帝俊】 天地开创者，甲骨文称为高祖，远古时期的始祖神，后升为天帝。在甲骨文中，他的外形为鸟头猕猴身，一只足，手拄一根拐杖。帝俊的一个妻子羲和，住在东方海外的甘渊，生了十个太阳；另一个妻子常羲，住在西方的荒野，生了十二个月亮；还有一个妻子娥皇，住在南方荒野，生了三身国的先祖。这位先祖有一个头，三个身子，传下来的子孙也都是这般模样。

·嫦娥奔月

后羿被革除神籍后，他的妻子嫦娥也受到了牵连。嫦娥本是天上的神仙，一直在天宫过着自由自在的生活，如今却因为丈夫不得不离开天庭，还要接受人间的生死。嫦娥开始不停地埋怨后羿，后羿也觉得对不起妻子，对妻子的指责默然不语。

听说昆仑山的西王母有长生不老药，嫦娥便催促丈夫前去讨要。通往昆仑山的路非常险峻，而且昆仑山下是连羽毛都能沉没的弱水深渊，山周围是连绵不断的火山，燃烧的烈焰终日不灭。后羿凭着坚强的毅力越过重重险阻，到达了昆仑山顶。

西王母听说了后羿的遭遇，非常同情他，取出装有仙药的葫芦交给他说："这些仙药足够你们两人服用，服下后便可长生不老。若是一个人服下全部，就能得道升天。不过仙药要在月圆之夜服下才起作用，而且只有这么多了，所以你们一定不要忘记我的嘱咐。"

后羿谢过西王母后，兴高采烈地赶回家，嘱咐嫦娥把药放好，等到月圆之夜两个人一起服用。可是，自私的嫦娥另有打算，她恨丈夫连累了自己，使自己离开美好的天宫，她想服下全部的仙药。

月圆之夜到了，盼望回到天宫的嫦娥没有等丈夫回来，就打开葫芦吞下全部的仙药。顿时，她觉得自己的身体越来越轻，慢慢地升离地面，越升越高，转眼间就穿过云层，向天宫飞去。快到天宫的大门时，嫦娥突然感到害怕，怕天神们骂她是个自私的妻子，于是羞愧地向清冷的月宫飞去。

到了月宫，嫦娥就后悔了。月宫除了一棵桂树和一只捣药的白兔，什么都没有，实在是太冷清了！她想起丈夫后羿，恨自己的自私，可人间她是再也回不去啦！她只能生活在凄冷的月宫里，日夜忍受着寂寞的煎熬。

◎ 传统文化小知识

【嫦娥】 本作姮娥，西汉时为避汉文帝刘恒的讳而改称嫦娥。据史料记载，大羿统一了东夷各部落方国，组成了一个强大的国家。因为原部落方国崇拜太阳者居多，所以《山海经》中把这个国家称为十日国。大羿和他的妻子姮娥死后，葬在日照汤谷的天台山上。据说大羿与姮娥开创了一夫一妻制的先河，所以后人为了纪念他们，就演绎出了嫦娥飞天的故事。

·夸父追日

远古时期，在北方荒凉的沙漠中有座大山，山上住着幽冥世界的统治者，他们都是力大无穷、身材高大的巨人，夸父就是其中的一位。

在这个国度里，到处都是漆黑一片，人们十分渴望阳光的照耀。善良的夸父决心去追赶太阳，把它捉回来，带给大家光和热。他看到太阳从东边升起来，就迈开大步追过去。可没过多久，太阳又向西边移去，夸父赶紧又向西追去。他迈着大步像风一样奔跑着，脚不停歇地追赶着太阳。累的时候，他就顺手拔棵大树当作拐杖，就这样追啊追啊，一直追到太阳落下的地方。

夸父越接近太阳越感到灼热，汗水像雨水般落下来。他觉得自己就要被烤焦了，渴得再也坚持不住，就跑到黄河边喝水，一口气喝干了黄河。接着又跑到渭河边喝水，又一口气喝干了渭河水。可是，夸父觉得还是非常口渴，就向北方飞奔，想去雁门关喝大泽里的水。可是还没等他跑到目的地，就再也坚持不住，筋疲力尽地倒在地上死了。

夸父死后，他手中的拐杖化作一大片枝繁叶茂的树林，结出累累的果实供路人解渴。他的身体变成了一座山，他的血液脂膏注入大地，滋润了大片的土壤。就这样，性格坚强、不畏劳苦的夸父，直到死去也不忘给后人留下许多益处。

◎ 传统文化小知识

【夸父族】 一个巨人的种族，夸父的后裔。传说中他们可以无限长高，但大多数只能长到人类身高的两倍。

【《山海经》】 先秦古籍，一部富于神话传说的最古老的地理书。全书图文并茂，主要记述了古代的山川地理、物产医药、民俗神话、巫术宗教等，还记载了一些奇怪事件，被称为中华民族最古老的奇书之一。

·女娲补天

水神共工是个喜怒无常、非常霸道的天神，他一心想成为天地间的最高主宰。共工的对手是火神祝融，因为祝融也有相同的野心，而且同样性格暴躁、冷酷无情。两个同样野心勃勃的人，相遇后水火不容，发生了一场巨大的争斗。

共工被祝融打败后气得发狂，朝不周山撞去。只听轰然一声巨响，不周山被撞成了两截。因为不周山本是一根撑天柱，被撞断后，天就破了个大窟窿，半边天塌陷下来，顿时人间天崩地裂，日月星辰坠入森林燃起熊熊大火，江河湖海的水全都涌上来，到处都是汪洋大水。人们失去了赖以生存的家园，野兽从森林里跑出来，见人就咬，整个世界如地狱般凄惨。

女娲看到她亲手创造的人类面临着灭绝的危险，感到非常难过，决心修补好破裂的天空，让她的子孙们能够继续生存下去。

她先到深海里采来许多五彩缤纷的石头，堆聚起来烧成五彩的石浆，一点点补好天上的窟窿，接着把日月星辰送回天空，让它们继续履行自己的职责。她还采来大量的芦苇烧成灰，堵塞住洪水，填平洪水流经的沟壑。为了把猛兽驱赶回森林，她不辞劳苦赶到冀州，杀死了为害已久、吃人无数的大黑龙。群兽们见状都吓得逃回森林，再也不敢出来害人。

大地重新恢复了平静，人类终于从这次灾难中解脱出来，开始建造房屋，种植庄稼，到处呈现欣欣向荣的景象。看到眼前的一切，女娲欣慰地笑了，她驾起龙车，在祥云缭绕中回到天宫。

◎ 传统文化小知识

【火神祝融】 祝融名重黎，又称祝诵、祝和，帝喾在位时，在有熊氏担任火正之职。因为他忠于职守，努力为帝喾和广大黎民服务，于是帝喾赐他"祝融"的封号。"祝"是永远、继续的意思，"融"是光明的象征，就是希望他能继续用火来照耀大地，永远给人们带来光明。

·伏羲结网捕鱼

在远古时期，人们生活得非常艰苦。他们没有固定的住所，也不懂种田织布，赖以生存的唯有打猎，时常吃了上顿没有下顿。虽然江河里鱼群很多，他们知道河里的鱼能吃，但是那时没有网，只能守在河边，用棍棒挥击游来游去的鱼，被打中的鱼少得可怜。

伏羲见人们生活得这么困顿，心里非常着急，天天苦思冥想怎样能捕到更多的鱼。有一天，他正靠着大树休息，忽然发现树枝间有层密密的蜘蛛网，在太阳的照耀下闪着金光。这时，一只苍蝇飞过来，粘在蜘蛛网上动弹不得；又过了一会儿，一只蜻蜓飞过来，也被牢牢地粘在蜘蛛网上，它使劲挣扎也没有逃出去。等它们都不挣扎了，蜘蛛才慢慢地爬过来，将它们消灭干净。

伏羲聚精会神地看着蜘蛛，感叹小小的蜘蛛竟然能结出那么密实的大网。突然，他似乎明白了什么，高兴地一跃而起："我有办法捕鱼啦！"

他上山采了许多软藤条，把它们纵横交错地绑在一起，就像一张超大的蜘蛛网。人们好奇地看着这张藤条网，问他说："伏羲，你要做什么啊？"

伏羲把一根长木棍捆在藤条网上，回答说："我要用藤条网来捕鱼。"

人们跟着伏羲来到河边。伏羲把藤条网慢慢地放进河里，过了一会儿，他猛地抬起长木棍，网里赫然有几条活蹦乱跳的大鱼，人们都欢呼起来！

从那以后，人们捕鱼就方便多了。伏羲的臣子句芒根据伏羲结网的原理，发明了捕鸟的罗。后来，伏羲做了东方的天帝，成了智慧和勤劳的象征。

【龙的传人】 伏羲又称作宓羲、庖牺、包牺、伏戏、牺皇、皇羲、太昊、伏牺，传说中人类的始祖。在我国的古代神话中，人类是由伏羲与女娲结合而生，两个人都是人身龙尾，且龙尾缠在一起，仿佛由龙转化而来，所以中国人自称龙的传人。

·燧人氏钻木取火

上古时代，人们还不知道什么是火。在河里捉到的鱼虾，剥去鱼鳞和外壳就直接生吃；打猎得到的猎物，也是剥去皮毛，割下肉和着血吃下去。这样生吃食物，不但有股腥臊味，而且往往会引起上吐下泻，导致各种疾病。

有一次，森林里由于雷击闪电，燃起了熊熊大火，烧死了许多动物。人们发现被烧死的动物味道特别香，而且吃下去很舒服，不会生病。于是，人们把火种保留下来，开始吃烧熟的食物。可是，保留火种太困难了！不但需要烧很多东西，而且得有人不停地看管。既担心火苗太小会熄灭，还要担心火苗太大引起火灾，人们怎样才能不靠天火，自己制造出火种来呢?

有一天，燧人氏在森林里打猎。忽然，有只大鸟从他头顶飞过。那只大鸟太漂亮啦，浑身闪着金光，一边飞一边回头看看燧人氏，好像在指引他前行似的。燧人氏跑着跟在大鸟的后面，只见大鸟落在一棵大树上，开始用尖尖的嘴巴啄树干。燧人氏惊奇地发现，大鸟啄树干时竟然能够发出火星！他顿时恍然大悟，兴奋地找了块干燥的木块，又把干草垫在木块下面，然后用尖硬的工具像大鸟啄木一样摩擦木块。

过了一会儿，钻木发出的火星果然点燃了干草，燧人氏成功地获得了火种。从那以后，人们可以随时烹制食物，再也不用日夜看守火种啦！

◎ 传统文化小知识

【燧人弇兹氏】 三万年前，燧人氏首领与弇兹氏首领结合，建立互为婚姻的血缘联盟，始称燧人弇兹合雄氏。燧人弇兹氏有大鵟、少鵟、青鸟三大分支，合称为三柯氏，也称三青鸟氏。他们以燧人弇兹为始祖，尊称他为伊萨姆或伊萨姆那，各分支的首领则称为耶劳。燧人弇兹氏是中华民族的创立者，为后世子孙留下了许多重大发明。

·黄帝战蚩尤

炎帝与黄帝本是同母异父的兄弟，各自治理一半天下。在长江流域有个九黎族，首领蚩尤长着人的头颅，有四只眼睛，六只手臂，脚长得像牛蹄一样，性格十分暴烈强悍。他有八十一个兄弟，个个都是兽身人面、青面獠牙，十分凶猛。

九黎族擅长制造各种兵器，常常侵略别的部落，杀人掠物、无恶不作，渐渐便侵略到炎帝统治的地方。炎帝不是蚩尤的对手，只好逃到黄帝所在的涿鹿请求帮助。黄帝早就想除去这个祸害，于是联合各部落首领，准备与蚩尤展开大战。

蚩尤以为自己的八十一个兄弟天下无敌，没想到黄帝早有准备，只见他挥舞大旗，平时驯养的各种猛兽蜂拥而上，蚩尤的军队哪里见过这种阵势，顿时吓得落荒而逃。黄帝率兵乘胜追击，蚩尤节节败退。

突然，蚩尤跳出重围，张开大口喷出团团浓雾，黄帝的众兵迷失了方向，乱作一团。黄帝连忙请来掌管大风的风伯，让他打开风袋呼呼猛吹浓雾。可是风伯吹了三天三夜也没有吹散浓雾，情况十分危急。

黄帝想起以前观察天象时，看到天上的北斗星是固定在一个方向的，于是赶紧发明了可以用来指明方向的指南车。黄帝的众兵有了指南车，很快就杀出重围。蚩尤他们吓得目瞪口呆，顽固抵抗。应龙大兽和黄帝的女儿女魃都前来助战，黄帝如虎添翼，一剑砍下了蚩尤的头颅。

因为蚩尤凶猛的形象非常令人畏惧，黄帝就把他的形象画在军旗上，用来激励军队勇猛作战，也用来恐吓敌人。各部落见黄帝打败了蚩尤，都纷纷拥护他，愿意听从他的命令，后来，黄帝就做了所有部落的首领。

◎ 传统文化小知识

【炎黄子孙】 炎帝与黄帝战胜蚩尤后，两个部落联合其他部落组成了部落联盟，黄帝成为部落联盟的首领。经过长期的发展，各部落在语言、劳动、生活、习惯等方面渐渐融合统一，形成汉族的前身——华夏族。因为华夏族把炎帝和黄帝看作自己的祖先，华夏族又是中华民族重要的组成部分，所以中华民族又被称为炎黄子孙。

【华夏与中华】"华"是美丽的意思，"夏"有广大的意思，"华夏"意为又大又美。在中国历史上，华夏族建立了第一个正式的王朝夏朝，故而中国有了华夏之称。周朝时曾将国土称为"中土"，中土加上华夏，便有了中华之称。

·神农尝百草

炎帝得到天神的帮助，把人间管理得风调雨顺，人们非常感激他，就称他为神农。那时候，五谷和杂草、药物和百花都混在一起生长，没有人能分得清。人们生了病，总是找不到能够治疗的药物，在病痛下挣扎着死去。神农看到被疾病折磨的人们，决心走遍天下，亲自品尝百草，看哪些可以做食物、哪些可以治病。

于是，神农整日奔走在山岭之间，尝食百草。他尝出能吃的植物，就放在左肩背着的大口袋里，让大家种植食用，五谷就是这时候被发现的。他尝出不好吃但能治病的植物，就放在右肩背着的大口袋里，作为药物来研究。

传说神农的身体是透明的，哪里中毒哪里就会发黑，可以观察到药物会对身体哪个部位造成伤害。经过一次次不顾生命危险的品尝，神农发现了很多草药，比如能够清热解毒的黄连、润肺止咳的甘草、消灭炎症的穿心莲，等等。神农根据自己身体的反应，细心地记下草药的名称、特征和药效。

有一天，神农来到一片原始森林，一座直冲云霄的大山挡住了他的去路。只见山上峭壁嶙峋，根本没有上山的路。神农正发愁，看到几只猴子攀着古藤荡来荡去，顿时有了主意。他砍断树枝，用古藤捆绑着搭成三百六十五层的架子，然后靠在山崖上，攀登着爬上了山顶。后来，人们就把这片位于长江和汉水之间的原始森林称为神农架。

这天，神农发现一种开着黄色花的小草，就摘下来品尝。谁知道小草有剧毒，他只尝了一口，自己的肠子被毒得节节断开，不一会儿就倒地死去了，原来这就是断肠草。

神农虽然死了，但是他为人类做出了巨大的贡献。他记录下来的各种草药被编成了《神农本草经》，奠定了我国中药学的基础，因此神农也被尊为药王菩萨。

◎ 传统文化小知识

【《神农本草经》】《神农本草经》，又名《神农本草》，是我国现存最早的药物学专著。全书共三卷，记载药物三百六十五种，其中植物药二百五十二种、动物药六十七种、矿物药四十六种。书中对每味药的产地、性质、采集时间、入药部位和主治病症都有详细记载，还对各种药物怎样相互配合应用以及简单的制剂，都做了概述。

【五谷】 五谷指古代的五种谷物。一种说法是指稻、黍、稷、麦、菽，另一种说法是麻、黍、稷、麦、菽。

·精卫衔石填海

炎帝的小女儿女娃听到大臣说浩瀚无边的东海上有三座神山，神山上遍地都是奇花异草，仙泉叮咚作响，仙乐终日不休，便心生向往，自己偷偷动身去东海。

她走啊走啊，走了一天一夜来到了东海。东海是当时最大的海洋，常年波涛汹涌、大浪滔天。女娃到达的时候，海面上正刮着狂风，卷起的千尺巨浪敲打着岩石，发出令人胆战心惊的声音。女娃急着看神山的美景，毫不犹豫地跳下海，奋力朝海中央游去。

无情的大海瞬间就吞没了女娃弱小的身躯，她的身体渐渐沉入海底。可是，女娃的精魂没有死，她怀着满腔的悲伤和愤怒化作一只精卫鸟，冲出海面，飞到发鸠山上。精卫痛恨吞没了无数生命的大海，发誓要用尽生命之力把大海填平。她从发鸠山衔来枯枝和石子，一次次飞到东海，投向深不见底、无边无际的大海。

为了壮大自己的力量，精卫与海燕结合，繁衍后代。它们的孩子雌的像精卫，雄的像海燕，都继承了精卫的精神，世世代代继续填海的事业。就这样，无论气候多么恶劣、身体多么劳累，精卫鸟从没间断过填海，也从没有气馁。直到今天，精卫鸟依然在大海和大山之间辛劳地飞来飞去。

◎ 传统文化小知识

【三神山】 古代神话传说中，大海中的岱舆、员峤、蓬莱、方丈、瀛洲五座神山是神仙居住的地方。为了固定它们的位置，天帝命令海神派十五只巨龟轮流驮着神山，每三只巨龟负责一座神山。后来，有六只巨龟被龙伯国的巨人钓走，导致岱舆、员峤两座神山沉入海中，只剩下了蓬莱、方丈、瀛洲三座神山。

· 鲧盗息壤

上古时期，一场特大洪水暴发，在大地上持续了二十二年之久。看着洪水四处肆虐，毒蛇猛兽横行霸道，流离失所的老百姓饥寒交迫，当时的首领尧急得焦头烂额，特意派鲧前去治理洪水。

鲧是黄帝的孙子，刚开始他用"水来土挡"的方法治理洪水，可这只是短期有效，过不了多久，泛滥的洪水就冲垮了他带领众人辛苦筑起来的土坝，继续蔓延，为害人间。忧心忡忡的鲧无计可施，猫头鹰和乌龟不忍见他为难，便出谋划策道："听说天庭里有种神奇的宝物叫息壤，它是一种常生不息的土壤，如果能偷出来一点投向大地，马上就能长出许多，可以积成山、堆成堤，有了它还怕堵不住洪水吗？"

014
015

鲧大喜过望，不待天明就立即飞上天庭，趁着黑夜偷出了息壤，接着又快速撒向被洪水淹没的大地。息壤果然神奇！撒向何处何处就会形成高山与堤坝，并随着水势的上涨不断升高……很快，洪水被巨大的山峦、挡住，而后又分成溪流向大海，毒蛇猛兽也渐渐隐入山林，老百姓们脸上重现笑容，他们在饱受创伤的土地上重新安居乐业。

不妙的是，天帝很快就知道了这件事。他大为震怒，派火神祝融杀死了鲧，抢回了息壤。洪水再次泛滥，天下万民物再次陷入汪洋。

鲧因为没有完成自己的事业而精魂不散，他的尸体三年都未腐烂，腹中还孕育了一个新生命，鲧将所有的希望都寄托在此。天帝知道后深感不安，就派天神剖开鲧的肚子，让这个新生命现于人间，他就是后来的禹。

禹继承父志，用了十三年的时间，终于彻底遏制住洪魔，完成了父亲一生的夙愿。

◎ 传统文化小知识

【黄帝子孙】 据历史文献记载，黄帝有二十五个儿子。黄帝的孙子颛顼继承了帝位，号高阳氏；曾孙帝喾也得了天下，号高辛氏。尧帝是黄帝的玄孙，舜帝是黄帝的九代孙，夏禹是黄帝的十一代孙，殷汤是黄帝的十七代孙，而周文王姬发是黄帝的十九代孙，黄帝的后裔传承了一千多年。

·仓颉造字

仓颉是黄帝的史官，他在某次黄帝与蚩尤作战时不小心将作战地图弄丢了。黄帝责怪他："你怎能在打仗的生死关头把作战地图丢失？"

仓颉说："人多事杂难免会出纰漏，用结绳记事、刻木为号的办法也越来越难以适应，如果能造出一种图或符号，让别人看后就明白，那该多好啊。"黄帝听他说得有理，便命他专门潜心造字。

仓颉非常为难，史无前例，这字可怎么造？转眼间冬季已到，大雪漫天飞舞，仓颉上山打猎时无意中看到山鸡和小鹿奔跑的足迹。他将山鸡的爪印和小鹿的蹄印放在一起对比，发现两者相差很大，仓颉灵机一动：把鸡的爪印画出来就叫鸡，把鹿的蹄印画出来就叫鹿。世界上任何东西，只要把它的象形画出来不就成了字吗！

想到这里他心花怒放，此后就开始每日仰观日月星辰，俯察鸟兽山川，根据万物形态创造象形文字。人、手、日、月、星、牛、羊、马、鸡、犬等字就这样全都造了出来，黄帝看后也十分高兴。可另一个问题又难住了仓颉："字越造越多，刻写在哪里才不会忘记呢？写在石头上太难搬运，写在木板上也太过笨重，写在兽皮上迟早会腐烂，这可怎么办？"

一天，仓颉为一只大龟造了个"龟"字，他看到龟背上有排列整齐的方格，就随手将"龟"字刻在格里。大龟背部痛，乘人不备赶紧逃入河中。几年过去，这只大龟又被人捉住送到仓颉面前，他发现那"龟"字不但没有消失，反而变得更加清晰。

受此启发，仓颉立即命人搜集了不少龟壳，将造出的所有象形文字都刻在上面，再用绳子穿起来送给了黄帝，这些刻在龟背上的文字就是我国最早的象形文字与甲骨文。

◎ 传统文化小知识

【结绳记事】 没有文字以前，人们用在绳子上打结的方法来记事。根据事件的性质、规模或所涉数量的不同结系出不同的绳结。遇见大事就结大结，小事就结小结，有时还需要给绳子涂上不同颜色来辅助记忆。

【汉字的演变】 由甲骨文开始，依次为金文、大篆、小篆、隶书、楷书、草书、行书，演变的总趋势是由繁到简、由难到易。

春秋时期，王室衰微诸侯争霸，学者们周游列国，各为其主出谋划策，在战国时期已形成诸子百家之流派。"百家"虽为夸张之词，但当时确实学派林立，百花齐放，没有哪一家学说能够一统天下，孔子、孟子、墨子、荀子、老子、庄子、韩非子等代表人物也在这一时期相继出现。他们提出了非常鲜明的各派学说：比如儒家学派提倡仁者爱人，道家学派提倡无为而治，法家学派提倡以法治国，墨家学派提倡兼爱非攻，还有名家提倡诡诞思辨，农家提倡以农为本，杂家提倡包罗万象，兵家则提倡兵为国家重事，阴阳家提倡天人合一，纵横家提倡合纵连横等，可称得上"百家争鸣、百花齐放"。

·一生乐学的孔子

　　孔子诞生于公元前 551 年，因为他出生时很丑，头顶的黑疙瘩像尼丘山似的，于是取名为孔丘。孔丘自幼聪明伶俐，跟着母亲识字读书，仅一个月就熟记母亲所教的知识，让母亲非常吃惊。六岁时，母亲开始教他学习各种礼仪，他跟着大人们练习各种礼仪。

　　母亲去世后，孔丘立下志向，要一边谋生，一边自学六艺，并钻研其中的礼。于是他虚心向老者请教祭祀的礼仪，学会以后开始为别人主持仪式、朗读祭文。帮人牧羊的时候，他又抽空学习鼓乐和射箭。他舍不得浪费一点时间，废寝忘食地学习着六艺。两年后，他终于完成了自己的志向，开始学习更高深的知识。

　　孔丘向师襄子学琴时，一首曲子练习了十多天，弹得非常流畅。师襄子要教他新曲子，孔丘却认为自己在技巧方面还不熟练，还需要继续练习，他的专心致志让师襄子暗暗佩服。过了几天，师襄子认为可以教新曲了，孔丘再次拒绝，他还要继续练习，去领会曲子的内涵。不知道过了多少天，孔丘终于领悟到曲子的精粹，甚至能意会作者的外貌，把师襄子惊异得连连给他作揖。

　　就这样，孔丘一生坚持不懈地学习，并把自己的学识传授给众多弟子，成为我国古代著名的教育家和思想家、儒家学派的创始人，对后世产生极为深远的影响。

◎ 传统文化小知识

　　【六艺】 指礼、乐、射、御、书、数六种基本才能。其中，礼指吉礼、凶礼、军礼、宾礼、嘉礼，乐指云门、大咸、大韶、大夏、大镬、大武等古乐，射指白矢、参连、剡注、襄尺、井仪，书指象形、指事、会意、形声、转注、假借，数指九九乘法口诀表。

　　【三教九流】 三教指儒教、道教、佛教，九流指儒家、道家、阴阳家、法家、名家、墨家、纵横家、杂家、农家。

　　【百家争鸣】 家，在这里指一个学说或学术派别。春秋战国时期，思想学术空前繁盛，各种学说纷纷出现，所以称为百家争鸣。

· 半部《论语》治天下

北宋时期，有一位著名的政治家名叫赵普。他从小就喜欢学习历史，虽然读书不多，但思维活络、办事周全。赵普成年后，先被聘为永兴军节度使刘词的幕僚，后被举荐与赵匡胤同为柴荣部下。

赵匡胤攻破滁州后，为了安定民心、严明律法，下令斩首百余名盗贼。盗贼都大呼冤枉，说自己不是盗贼，于是赵匡胤下令赵普重新审讯以辨真伪。赵普明察秋毫，使大部分人得以申冤，赵匡胤非常满意，于是任命他为司法推官。

960 年，北方传来北汉与契丹联合进犯的消息，后周恭帝急忙命令赵匡胤率领大军前去抵御。其实，这一切都是赵匡胤和赵普的计谋，他们故意放出假消息，目的是率领大军夺取皇位。所以当大军行进到陈桥时，赵普就辅助赵匡胤发动了兵变。赵匡胤黄袍加身做了皇帝，就是宋太祖，赵普被封为宰相，随着皇帝东征西讨统一了全国。

宋太祖知道赵普读书不多，常常劝他多读书，于是赵普回家后就关上房门在里面读书，常常读得废寝忘食。宋太宗赵光义继位后，赵普依然受到重用。有些人因为嫉妒向宋太宗进言说："赵普乃是不学无术之人，听说他只读过《论语》，他的学识远远不能承担宰相之责。"

宋太宗不以为然地回答说："先帝自有识才之术，何况赵普处理政务井然有条，虽然我也知道他读书不多，但说他只读过《论语》，我可是不信。"

有一天，宋太宗想起这件事，就问赵普："听说你只读过《论语》，是真的吗？"

赵普做了个长揖，诚恳地回答说："臣的确只读了《论语》这部书。臣曾以半部《论语》辅助太祖平定天下，现在臣又以半部《论语》来辅助皇上治理天下，使天下太平。"太宗听了哈哈大笑，显然还是不信赵普只读了《论语》。

赵普病逝后，家人打开他平时不让任何人碰的书箧，没想到里面果真只有一部《论语》，于是，便有了半部《论语》治天下的美谈。

◎ 传统文化小知识

【《论语》】 儒家学派经典著作之一，由孔子弟子及再传弟子编撰而成，成书于战国时期。全书主要记录孔子及其弟子的言行，集中体现了孔子的政治主张、理论思想、道德观念及教育原则等。

【四书五经】 儒家传道授业的经典书籍。四书指《论语》《孟子》《大学》和《中庸》，五经指《诗经》《尚书》《礼记》《周易》《春秋》。

·择邻而居

孟子是战国时期著名的思想家和文学家，儒家的主要代表人物。孟子本名孟轲，是鲁国贵族孟孙氏的后代。但是，显贵的身世并没有带给孟子优裕的生活，从小他就与母亲相依为命，而且孟母为了教育他费尽苦心。

小时候，孟子住在离墓地不远的地方，他每天跑到墓地跟着学习挖坑埋葬，连与小伙伴们游戏，也是玩葬礼的仪式。孟母非常担忧，就把家搬到集市附近。没想到，集市上来来往往的叫卖声使孟子觉得很新奇，他把学习抛到脑后，天天跑到集市上学叫卖。孟母这回明白了，原来小孩子接近什么就学什么，于是再次搬家，把家搬到学堂旁边。

孟子果然开始在学堂里认真读书，听着学堂传来的琅琅书声，孟母感到非常欣慰。可是，学习毕竟不是好玩的事，没过多久，孟子就开始贪玩，总是迟到早退。

有一天，孟子又跑出去玩，回来时，孟母正在织布。看着跟她撒谎的儿子，孟母感到非常痛心，她一把拿起剪刀剪断织布机上的纱线，然后默默地流泪。孟子吓得赶紧跪在地上向母亲认错，孟母语重心长地对儿子说："一个人只有好好学习知识才能成才，你这样半途而废不努力，不就跟我剪断的布匹一样前功尽弃吗！"

孟子恍然大悟，明白了学习要持之以恒的道理。从那以后，他每天孜孜不倦、废寝忘食地学习，最终成为"亚圣"。

◎ 传统文化小知识

【儒家八派】 战国中后期，在儒家内部形成了子张学派、子思派、颜回派、孟子派、漆雕氏派、仲良派、孙派、乐正派八个不同的派别。

【儒家十三经】 儒家十三经指《易经》《书经》《诗经》《周礼》《仪礼》《礼记》《春秋左传》《春秋公羊传》《春秋谷梁传》《论语》《孝经》《尔雅》《孟子》十三部儒

家经典。

【《诗经》】《诗经》，中国第一本诗歌总集，汇集西周初至春秋中期的诗歌三百多篇，又称为《诗三百》，西汉时被尊为儒家经典，改称为《诗经》。《诗经》分风、雅、颂三大部分，语言大胆清丽，从多方面描绘那个时期丰富多彩的现实生活，反映了各个阶层人们的喜怒哀乐，在思想和艺术上具有很高的成就。

【《易经》】《易经》，也称为《易》《周易》，儒家经典之首，包括经、传两部分，经部分主要是六十四卦的卦形符号与卦爻辞，传部分是对经的解释。古人用它来预测未来、决策国家大事。

·识大义的闵子骞

孔子一生收弟子三千，其中他最喜欢的是孔门七十二贤，闵子骞就是其中名列前茅的一位，也是古代二十四孝中著名的孝子。

闵子骞很小的时候母亲就去世了，父亲常年在外做生意，就娶了后妻照顾他。继母表面看起来很贤惠，暗地里却经常欺负闵子骞。闵子骞难过时就自己偷偷地哭泣，从不把继母欺负他的事告诉父亲。

继母生了两个儿子以后，对闵子骞越来越苛刻，时常打骂他，而闵子骞却从不记恨，始终对继母毕恭毕敬。

左邻右舍都知道闵子骞受继母欺负，他们问闵子骞："为什么不把继母对你的苛刻告诉父亲呢？"

闵子骞回答说："父亲在外面挣钱很辛苦，如果告诉父亲继母对我不好，他一定会很生气，跟继母吵架，那么家里就不会安宁了！"闵子骞又拜托大家不要跟父亲说继母虐待他的事情。大家听了他的话，都感叹闵子骞太懂事了。

有一年冬天，父亲风尘仆仆回到家，看到孩子们都穿上了新棉衣，就高兴地带着他们到朋友家赴宴。当时正是数九寒天，北风呼啸，闵子骞感觉冷得刺骨，一边哆嗦一边说道："真是太冷了啊！"

父亲见只有闵子骞喊冷，他的棉衣又比弟弟的厚，就以为他在撒谎，呵斥他说："弟弟都没喊冷，你小小年纪如此娇气，将来能做什么大事！"闵子骞吓得不再喊冷，过了一会儿，父亲见他嘴唇都冻得发紫，连忙摸摸他的手，被吓了一跳！

原来闵子骞的手脚都被冻僵了。

这时，父亲发现闵子骞的棉袄有个被钩破的小洞，露出了里面的棉花。父亲揪出来点棉花一看，哪里是棉花啊，竟然是芦花！他又在两个小儿子的棉袄上撕开个小洞，他们穿的才是棉花做的棉袄，父亲不禁泪流满面，想必闵子骞平日受了多少苦啊！

父亲再也没有心情去赴宴，怒气冲天地带着孩子们调头回家。一进门，就写下休书要赶走后妻，后妻吓得哭起来，闵子骞和弟弟们也哭着求父亲不要赶走母亲。父亲气愤地吼道："我若不赶走她，她以后还不知道怎么虐待你呢！"

闵子骞跪下说："现在只有我一个人受虐待，如果你赶走母亲，以后弟弟们也会跟我一样受苦了。"父亲叹了一口气后默然不语，继母听了闵子骞的话感到非常羞愧，上前紧紧搂住闵子骞，向他道歉，让他原谅自己。

闵子骞说："孩儿怎会生母亲的气呢，孩儿以后还要好好孝敬母亲呢！只要我们能高高兴兴地在一起，就是最大的幸福啊！"

从那以后，一家人其乐融融地在一起生活着，闵子骞识大义孝后母的故事也流传下来。

◎ 传统文化小知识

【孔门十哲】 孔门十哲，是孔子最优秀的十位学生子渊、子骞、伯牛、仲弓、子有、子贡、子路、子我、子游、子夏的合称。

【三纲五常】 儒家政治思想的重要组成部分。三纲指君为臣纲、父为子纲、夫为妻纲，要求为臣、为子、为妻的必须服从君、父、夫，同时也要求君、父、夫为臣、子、妻做出表率。五常指仁、义、礼、智、信，是用以调整和规范君臣、父子、兄弟、夫妇、朋友等人伦关系的行为准则。

·函谷关初授《道德经》

老子生活在春秋时期，原名李耳，字伯阳，又称老聃，是我国伟大的哲学家和思想家、道家学派的创始人。老子博学多才，曾担任周国都洛邑的藏室史。

在老子七十多岁的时候，诸侯之间频发战事，百姓苦不堪言。老子预知将会发生更大的战乱，就辞去官职，骑着青牛离开洛阳向西而行。

河南省西部有个函谷关，是要塞，是历代兵家必争之地。有天清晨，驻守在函谷关的关令尹喜看到东方紫气氤氲，如飞龙般滚滚而来，便知要有圣人降临，于是对关吏孙景说："近日将有圣人路过此地，先派人清扫四十里道路准备迎接，然后让值守兵吏留意来往之人。如果遇到形容奇特、车服异常的人，一定不要放行，先通报我。"

一日午后，有位骑着青牛的老翁悠悠而来，只见他仙风道骨、眉长垂鬓、须长垂膝、须发皆白如雪，而且面色红润，穿着简朴洁净，孙景赶紧跑去报告尹喜。尹喜高兴地仰天而叹："我真是今生有幸，能见到圣人啊！"于是更衣出关迎接。

老子见尹喜相貌端正威严却不冷酷，看出他不是常人，就故意问他说："关令大人对老翁如此礼遇，不知道有何见教？"

尹喜叩拜说："尹喜不才，知道圣人西去，今日路过此地，还望圣人暂留指引修行之途，尹喜感恩不尽。"

老子哈哈大笑说："我们能够彼此互通，实在是上天的机缘啊，我的确应当度你。"尹喜听了非常高兴，再次叩拜，然后请老子到官舍，焚香行弟子之礼。老子见尹喜气质不凡，是成就大气之人，于是著五千字的《道德经》授予尹喜。

老子著完《道德经》，继续骑着青牛西行，没人知道他去了哪里。

◎ 传统文化小知识

【《道德经》】《道德经》，又称为《道德真经》《老子》《老子五千文》《五千言》，道家创始人老子所著。全书约五千字，分为上篇《德经》、下篇《道经》，是一部用韵文写成的哲理诗，书中许多经典成语诸如"自知之明""善始善终""千里之行始于足下"等被沿用至今。《道德经》也是中国历史上首部完整的哲学著作，在思想方面对后世产生了深远的影响。

·淡泊名利的庄子

庄子是战国时期著名的思想家、哲学家和文学家，老子哲学思想的继承者和发扬者，与老子并称为"老庄"。庄子一生过着清贫的隐居生活，主张修身养性，强调率真、逍遥的精神境界。虽然他靠打草鞋度日，却始终淡泊名利。

楚威王听说了庄子的才学，派两位大夫前去相请。两位大夫找到正在河边垂钓的庄子，对他作揖说："我们大王久闻先生大名，特派我们前来相请，请先生出任楚国相公。"

庄子目不转睛地看着鱼漂说："我听说楚国最近得了只千年的神龟，楚王杀了它，把它珍藏在竹箱里，又给它盖上绫罗绸缎，然后终日供奉在庙堂之上。你们说，这只神龟是希望自己被杀死供奉在庙堂上好，还是在水里自由自在地活着好呢？"

两位大夫异口同声回答说："当然是自由自在地在水里好啊！"

庄子哈哈大笑说："所以麻烦二位大夫回去禀告楚威王，我也喜欢自由自在地在水里。"

还有一次，庄子穿着满是补丁的粗布大褂、破草鞋，扎着破腰带去拜访魏惠王。魏惠王见他面黄肌瘦、疲惫不堪的样子，就问他说："先生怎么如此穷困潦倒啊？"

庄子不卑不亢地回答："大王您见过腾跃的猿猴吧？无论树木多么高大，它们都能逍遥自在地攀枝而上，在树木间腾跃。可是如果它们处在荆棘中，就只能胆战心惊、寸步难行。这并不是它们的筋骨不灵活，而是处在不利于自己的环境中，无法施展自己的长项啊！我很贫穷，而且处于昏君乱象之间，想不潦倒怎么可能呢？"

庄子总是用生动且幽默的寓言故事来阐述自己的思想，他的"庄周梦蝶""安知鱼乐"的精彩辩论、妻子过世时的鼓盆而歌，等，以其蕴含的细腻哲理一直深入人心，流传到现在。

◎ 传统文化小知识

【《庄子》】《庄子》，全书共三十三篇，分内篇、外篇、杂篇三部分。一般认为内篇为庄子所著，外篇为庄子与弟子合著，杂篇为庄子学派或后来的学者所著。全书构思巧妙、想象奇特，尤其以巧用寓言见长，其中《东施效颦》《庖丁解牛》《螳臂当车》等寓言故事，至今仍常常为人称引。

【六子全书】 六子全书，指《老子》《庄子》《列子》《荀子》《扬子法言》《文中子中说》六本名家代表之作。

· 墨子救宋

战国时期，楚惠王为了称雄，命令著名工匠公输般为楚国制造攻城的云梯。云梯制成后，楚惠王很高兴，立即准备攻打宋国。

墨子听到这个消息后，非常担忧宋国百姓的安危，日夜兼程赶到楚国拜见公输般，想要阻止这场战争。墨子对公输般说："北方有个人总欺辱我，我可以付给你很多报酬，希望你能帮我杀死他。"

公输般听了很不高兴，回答说："做人要讲道义，我不会因为报酬去杀人。"

墨子说："因为你制造的攻城武器，强大的楚国现在正准备攻打弱小的宋国，这难道不是场非正义的战争吗？而且不知道会有多少无辜的百姓死于战争之中，这跟你亲手杀人有什么区别呢？"

公输般推诿说攻打宋国是楚惠王的决定，墨子就和公输般去拜见楚惠王。墨子对楚惠王说："我想请教大王一个问题，不知道大王可否允许？"楚惠王让他但问无妨。

墨子问："有人放着自己华贵的衣物和奢华的车子不要，却想偷邻居的旧衣服和破车，这究竟是怎样一个人呢？"

楚惠王马上回答说："这个人一定有偷窃的毛病。"

墨子接着说："广阔而物产丰富的楚国和弱小而贫瘠的宋国相比，就如同华贵的衣物和旧衣服、奢华的车子和破车的对比，所以楚国攻打宋国，是不是跟有偷窃毛病的人一样呢？"

楚惠王被问得不知如何回答，蛮横地说："公输般已经造好了云梯，我是一定要攻打宋国的。"于是墨子要求与公输般模拟作战。楚惠王为他们准备了作战所用的道具，结果无论公输般用什么战术攻城，都被墨子一一破解。

公输般不甘心失败，对墨子说："我知道怎么对付你，只是我不说罢了。"

墨子也说："即使你那样对付我，我依然还能对付你，只是我也不说罢了。"

楚惠王问墨子话中的玄机。墨子说："公输般以为杀了我，就没有人能够防守楚国的攻打，他不知道我已经把守城的方法教给了我的徒弟们，所以即使杀了我，也不能攻入宋国的城门。"

楚惠王见赢不了墨子，只好放弃攻打宋国的计划，于是墨子凭着机智和勇敢为宋国化解了一场灾难。

◎ 传统文化小知识

【墨子】 墨子，本名翟，战国初期的思想家，曾从师于儒者学习孔子之术，后来逐渐厌烦儒家礼乐的烦琐，舍弃儒学形成墨家学派。为宣传自己的主张，墨子广收门徒，形成了在法家崛起之前，与儒家相对立的最大的学派。墨子出身平民，精通手工技艺，据说他制的木鸢三天三夜都没有飞落下来。墨子还擅长守城技术和辩论，其弟子将他的思想和经验编著成《墨子》一书。

墨子的思想主张兼爱、非攻、尚贤、尚同、节用、节葬、非乐、明事、尊天，其中以兼爱为核心，以节用、尚贤为基本点。

·孤愤难鸣的韩非

韩非原为战国时期韩国的贵族，与李斯同为荀卿的弟子。他不但继承和发展了荀卿的思想，而且吸取法家前人所长，成为法家集大成之人。

韩非虽然有些口吃且不善言谈，但书面表达能力很强。他看到韩国逐渐衰弱，就多次进谏韩王，力图变法使国家富强起来，可是韩王不以为然，根本不重用韩非。失望的韩非开始发愤著书，写了著名的《孤愤》《五蠹》《说难》等文，希望能够遇到赏识自己之人。

他的文章被人四处传阅，甚至连宫中的秦王也目睹。秦王惊叹韩非的出众文采，长叹一声说："如果能见到此人。我今生就没有什么遗憾了！"

李斯赶紧献殷勤说："这些文章都是韩非所著。"秦王于是下令发兵攻打韩国，迫使韩王派韩非出使秦国。

秦王见到韩非很高兴，对他礼遇有加，使李斯非常嫉妒。李斯知道自己的学问不如韩非，害怕秦王重用韩非而冷落自己，就向秦王挑拨离间说："大王现在正想吞并诸侯，韩非是韩国的贵公子，绝不会死心塌地为秦国效忠，所以大王不能重用他。如果他被别人所用，就会成为秦国的隐患，如此可见，还不如杀了他以绝后患。"

秦王听取了李斯的意见，把韩非关了起来。李斯派人给韩非送去毒药，让他自杀。韩非想向秦王表明自己的态度，可秦王不肯见他，走投无路的韩非只好服毒自杀，结束了孤愤的一生。

◎ 传统文化小知识

【法家】 法家，先秦诸子中对法律最为重视的一派，提出了整套的理论和方法，并建立了名为法制实为人治的封建规章体系，为后来秦朝建立的中央集权提供了有效的理论依据。早期代表为春秋时期的管仲和子产，战国时期的吴起、商鞅、申不害等，后期代表为韩非。

· 苏秦智激张仪

苏秦和张仪是好朋友，二人曾是鬼谷子的学生。苏秦说服赵王和各国签订合纵之约后，因害怕秦国进攻诸侯，合纵之约遭到破坏，就想到了好友张仪。

苏秦派人对张仪说："你和苏秦是好朋友，他都取得了六国的相印，你可以找他帮助你达成理想啊！"张仪当时正苦于没有门路，听后大喜，马上就去赵国求见苏秦。

到了赵国以后，苏秦拒绝张仪的求见，所以张仪等了好几天才见到苏秦。苏秦对张仪非常冷淡，拿仆人的饭食招待他，还轻蔑地对他说："你的才能远胜过我，怎么会沦落到如此地步？我实在帮不了你，你还是到别的地方去试试吧。"

张仪没想到老朋友竟然不帮他，就气愤地离开了赵国。他想到各诸侯国几乎是苏秦的势力范围，也就秦国有可能用他，于是直奔秦国而去。

苏秦等张仪走后，叫来门客贾舍人嘱咐说："普天之下能够得到秦国重用的恐怕只有张仪了，可是他穷困潦倒，恐怕没有人肯为他引见。你现在跟着他去秦国，暗中帮他达成愿望。"贾舍人，带着金银财宝，前往秦国。

贾舍人与张仪同住一家客舍，他找机会与张仪相识，渐渐取得了张仪的信任，与他结为金兰之好。贾舍人承担了张仪的一切花销，又用金银财宝贿赂秦王手下，使张仪有机会觐见秦王。秦王很赏识张仪的才干，重用他为客卿。

贾舍人见大功告成，便向张仪告辞。张仪极力挽留，贾舍人只好道出实情："天下之大，最了解贤弟的唯有苏相国啊！愚兄我只是奉苏相国的命令，暗中帮助贤弟得到秦王的重用，以免秦国攻打赵国，破坏合纵之约。"

张仪这才恍然大悟，暗叹一切都在苏秦的掌握之下，于是托贾舍人带话给苏秦，只要他在秦国一天，就能保证秦国不会攻打赵国。苏秦深知张仪为人，于是不再担心秦国攻打赵国。

◎ 传统文化小知识

【纵横家】 纵横家的人创始人为鬼谷子，战国时期以从事政治外交活动为主的一派，崇尚权谋策略以及言谈辩论的技巧，多为策辩之士。合众弱以攻一强为纵，合纵派代表人物为苏秦；事一强以攻众弱为横，连横派的代表人物为张仪。

【鬼谷子】 鬼谷子，姓王名诩，战国时期卫国人，因为隐居在清溪的鬼谷，所以自称为鬼谷先生，民间又称为王禅老祖。鬼谷子擅长修身养性，精于纵横术、兵法、武术、奇门八卦，著有《鬼谷子》一书。

·邹衍吹律

邹衍是战国末期齐国著名的思想家，阴阳家学派的创始人。当时，处在北方的燕国屡次遭到侵略，国力变得十分弱。燕昭王即位后，广招天下有志之士，力图重振国威。燕昭王久闻邹衍才学，得知他来燕国，便亲自打扫台阶，擦净坐席，在黄金台上行弟子之礼，拜邹衍为师，并新建馆驿让他居住，随时恭候他的赐教。

邹衍感动燕昭王的礼遇，尽全力辅助燕昭王，使燕国日益强大起来。燕昭王等时机成熟，便派兵南下攻破齐国七十城，又派兵扩疆东北，建立了渔阳郡、辽东郡。邹衍经常到燕国各地考察，以便给燕昭王提出切实可行的建议。

有一年春天，邹衍来到渔阳郡，见那里依然寒气逼人、草木干枯，百姓因为无法播种，生活异常艰难。邹衍怀着虔诚之心，登上郡城南边的一座小山，吹起律管，演奏春之曲。他不眠不食连吹了三天三夜，直到冰雪消融，空气中吹来暖风。于是树叶变绿了，小草发芽了，百姓可以下地播种了。邹衍又找来许多当地没有的良种，一一教农民识别、耕种。

渔阳百姓渐渐过上了好日子。为了纪念邹衍，就把他吹律管的小山定名为黍谷山，又在山上建了邹夫子祠，在祠前栽了两棵银杏树。时至今日，那两棵银杏树依然枝繁叶茂，散发着一缕缕的清香。

◎ **传统文化小知识**

【阴阳家】 阴阳家在战国时期形成，以阴阳来解说事物存在和发展变化的学说，代表人物是邹衍。邹衍把阴阳和五行两个概念融为一体，认为五行间的相生相克体现着阴阳两个方面的相反相成，由此推动社会的发展和王朝的更替。邹衍的学说主要包括五德终始说、五行相生说、大九州说和乐律学等内容。

【阴阳五行】 任何事物都可一分为二，即为阴阳。木、火、土、金、水五种物质及其运动称为五行。木和火列于土地之上，属阳；金和水列于土地之下，属阴，土列于中央属中性。木生火、火生土、土生金、金生水、水生木的五行循环，称为五行相生。木克土、土克水、水克火、火克金、金克木，称为五行相克。

· 千古诡辩第一人

春秋时期，郑国有个叫邓析的政治家，他私造竹刑、助讼讲学，使法律不再由封建贵族私自掌握，使老百姓积极参政议政，被后人视为中国古代讼师的鼻祖。

在古代，能识文断字的老百姓并不多，于是就有了专门替别人写讼状、打官司的讼师。邓析不仅法律知识渊博，精通诉讼之法，而且能言善辩，乐于为老百姓打官司。只是因为他善于"以非为是，以是为非"，给人留下了诡辩的感觉。

洧水有年发大水，一个郑国人渡河时不慎落水淹死，尸体被一个人打捞上来。死者的家属听说有人打捞到尸体，就想用钱赎回将其埋葬。这个打捞者听说这家很有钱，想趁机多要点钱，就狮子大开口漫天要价。郑人家觉得价格很离谱，不想出那么多钱，于是双方闹得很僵。

死者家人向邓析请教解决的办法，邓析说："你们不要着急，除了你们没有人会买这具尸体，难道还怕他们不卖给你们？尸体不能长期存放，过不了多久，他们就会降价卖给你们，你们一文钱都不用多出。"他们听了觉得很有道理，就采取拖的办法，不再与那人交涉。

那人等了几天，见死者家不来买尸体，急忙去找邓析想办法。邓析对他说："你不用着急，他们只能在你这买到那具尸体，难道你还怕他们不来买？所以你一文钱都不要降价。"那人听了觉得很有道理，也不着急了。

邓析的目的是希望两方僵持一段时间后，找到让双方都能接受的价格平衡点，这就是被称为名师之辩的"两可之说"，充分显示了邓析辩说的技巧，被称为千古诡辩第一人。

◎ **传统文化小知识**

【名家】 名家，又称为刑名之家，创始人为邓析。名家注重辩论技巧，对名词概念之间和名词与实物之间进行深入细致的分析，并且根据法律条文为别人辩护。继邓析之后，名家又出现了宋研、尹文学派，惠施学派和公孙龙三个基本学派。

【白马非马】 白马非马是由名家代表人物公孙龙提出的著名的逻辑问题。传说，有一次公孙龙过关，关吏按照惯例不准马通过。公孙龙认为具体事物和概念并不相同，白马和马之间并无联系。如果想要一匹马，那么黄马、黑马都可以，但想要一匹白马，黄马、黑马都不可以，所以说白马不是马。经过论证后，关吏哑口无言，只好连人带马通通放行。

·农儒之论

战国时期，著名的农学家许行带领门徒数十人从楚国跋涉到滕国。许行求见滕文公说："我久闻您施行仁政，所以与门徒不远千里而来，希望能够做您的百姓。"滕文公听了很高兴，就给许行划了一块地，让他们耕种经营。

许行带领门徒精心耕种土地，经营得有声有色。他们不但从事农业，还从事手工业生产，用农产品换取衣物、炊具、农具等必需品，儒家弟子陈相和弟弟陈辛听说了许行的事迹，便带着农具来到滕国拜许行为师，摒弃了儒学观点，成为农家学派的忠实弟子。

孟子云游到滕国时，陈相去见孟子。孟子问陈相："许行先生对滕国的国君如何评价？"

陈相转述许行的话说："滕国的国君能够实行圣人之道，的确是一位贤德的君主。但是，国君应该和百姓一起耕种，通过劳动获得食物，而不是百姓辛勤劳动，国君却囤积粮食、财宝和布帛，这样哪里还能称得上贤呢？"

孟子问陈相："许子一定是先自己种庄稼，然后再吃饭吗？"

陈相点头说："是的。"

孟子又问："许子要自己织布才穿衣服吗？他戴帽子吗？"

陈相回答说："他穿着粗麻布衣，戴着生绢做的帽子。自己织布对耕种会有妨碍，所以是用粮食换来的。"

孟子问："许子做饭用的炊具、农耕的用具都是用粮食换来的吗？为什么不自己烧陶炼铁呢？"

陈相回答说："各种工匠的活不可能与耕地一起干。"

孟子说："那么治理天下就能与耕地一起干吗？做官之人与百姓所做的事情本来就不一样。有的人用脑力，有的人用体力，用脑力的人统治别人，用体力的人被人统治，统治别人的人被别人供养，被统治的人供养别人，这是天下通行的道理。自古以来，只有在领导者的带领下，天下百姓才能正常耕种而安居乐业。大禹治水在外奔波八年，三过家门而不入，如果非得让他耕种，能行吗？"

陈相说："如果依照许子的学说，物品的市价都会相同，就再也不会有欺诈行为，即使是五岁的孩童也不会受到欺骗。"

孟子说："物品价格由物品的本质来决定，非要让它们相同，谁还去制作精细的东西呢？按照许子的办法去做，天下就会混乱，哪里还能治好国家！"

◎ 传统文化小知识

【农家】 农家，战国时期注重农业生产的学派，主张推行耕种政策，奖励农业生产，代表人物为楚国的许行。农家提出的主要思想言论是贤者与民并耕而食、市贾不二，指在肯定分工互助的基础上，提倡平等劳动和等量交换。农家著作有《神农》《野老》《宰氏》《董安国》《尹都尉》《赵氏》等等，可惜没有一部保存下来，他们的思想和活动只散见于其他诸子的著作中。

·孙武练兵

春秋战国时，孙武为了躲避战乱，从齐国辗转来到吴国。他刻苦钻研兵法，把多年的心得编写成《孙子兵法》。吴王读了《孙子兵法》后，非常佩服孙武的才华，他召见孙武说："你写的书太精彩了！你能按照书中的方法练兵给我看看吗？"

孙武回答说："当然可以啊！"

吴王又问："那些练兵的方法适用于女人吗？"孙武答可以。

吴王召集了一百八十个宫女，孙武先把她们编成两队，让吴王最宠爱的两个妃子担任队长，给她们反复讲解操练的方法和要领，然后命令士兵扛来执行军法的大斧，强调军队的纪律，不服从命令者即时处斩。

战鼓擂响，孙武发号施令，妃子和宫女们不但不听命令，还一个个笑得东倒西歪，吴王看她们的样子，也在台上笑得直不起腰。孙武大喝："停下！治军一定要遵守军法，如果谁不听号令，就地斩首！"大家看到孙武严肃的样子，不敢再嘻嘻哈哈了，只有那两个宠妃仍旧哈哈大笑。

孙武非常生气，大声命令："来人啊，两个队长带头违反军纪，拉下去斩首示众！"

吴王大惊失色，急忙说："我已经领教将军练兵的高明了，她们是我的爱妃，千万不要杀她们！"

孙武说："我既然已经被任命为将领，在军中可以不接受君主的命令而自行决断！"他下令立刻把两个妃子斩首，然后继续操练。其他人都吓得面如土色，非常认真地执行孙武的命令。

操练完毕，孙武向吴王谢罪说："赏罚分明是兵家常法，只有将帅带头遵守，三军才能听从号令，克敌制胜。"吴王觉得孙武的话很有道理，就不再生气，让孙武掌管了吴国的军队。后来，吴国军队在孙武的训练下，战斗力增强，在列国诸侯中威名远扬。

◎ 传统文化小知识

【兵家】 春秋战国时期，因为诸侯之间不断爆发战争，就出现了专门研究军事理论，从事军事活动的学派，即兵家。他们总结军事中的经验教训，研究克敌制胜的规律，被称为兵家。据《汉书·艺文志》记载，兵家又分为兵权谋家、兵形势家、兵阴阳家和兵技巧家四类。兵家代表人物为赫赫有名的孙武、吴起、白起、韩信"兵家四圣"。现存兵家著作有《孙子兵法》《孙膑兵法》《吴子》《六韬》《尉缭子》等。

【《孙子兵法》】《孙子兵法》，又称为《孙武兵法》《吴孙子兵法》等，是我国最早、最完整的军事著作。全书六千多字，分为十三篇，通过研究和探讨与战争有关的敌我、主客、众寡、强弱、攻守、胜败等一系列矛盾的对立和转化，提出战争的战略和战术。

·孙膑装疯脱险

孙膑与庞涓同在鬼谷子门下学习，二人虽然性格不同，却情同手足。庞涓去魏国求官时，孙膑送他到山下，庞涓对孙膑说："这次出山如能做官，一定引荐兄长同享荣华富贵。"孙膑非常感动，二人惜惜而别。

鬼谷子看出庞涓心术不正，所以庞涓走后，他把《孙子兵法》传给忠厚的孙膑。庞涓到魏国后，与魏惠王谈论自己所学，魏惠王惊叹庞涓的学识，封庞涓为元帅兼军师，还把庞涓的子侄们也封为列将。

墨子探访鬼谷子时，正遇见鬼谷子与孙膑讨论用兵之道。墨子见孙膑学识渊博，问他说："你有这么高的学识，为什么不出山谋取功名呢？"

孙膑回答说："师弟庞涓下山时曾说，如果他功成名就，一定会引荐我。"于是墨子特意去魏国，想看看庞涓是否有举荐孙膑的想法。

魏惠王亲自去迎接墨子，想留墨子做官。墨子婉拒并赞扬孙膑有大将之才，深得用兵精要，无人能比，建议魏惠王任用孙膑。魏惠王让庞涓带着黄金珠宝去请孙膑，庞涓又急又气，怕孙膑来了以后自己失宠，可又不能违抗魏惠王的命令，只好上山请来孙膑。魏惠王让庞涓和孙膑表演阵法，孙膑一一破解庞涓的阵法，而孙膑所布的阵法，庞涓却一筹莫展。庞涓顿时心生嫉恨，暗地里起了谋害孙膑之心。

庞涓在魏惠王面前挑拨离间。因为孙膑是齐国人，魏国和齐国不和，他就说孙膑念念不忘齐国，还把伪造孙膑笔迹写给齐国亲人的信交给魏惠王。魏惠王见信上写着"我虽身在魏国，心却向着齐国"，不禁勃然大怒。庞涓唆使魏惠王剔除孙膑两腿的髌骨，把孙膑投入监狱，又假意同情孙膑，对孙膑说是自己恳求魏惠王免除了他的死刑。

孙膑为了报答庞涓的恩情，答应了他的要求，准备写下《孙子兵法》送给他。庞涓暗地里吩咐狱卒，只要孙膑写完，立即断绝孙膑的饮食。狱卒可怜孙膑，把真相告诉了他。孙膑烧掉已写好的内容，决定装疯。他一会儿狂呼乱喊，一会儿嬉笑怒骂、一会儿哭泣呕吐……

庞涓听人报告说孙膑疯了，为了试探真假，他命人把孙膑拖入猪圈。孙膑天天跟猪睡在一起，还打翻送来的饭菜，捡猪粪吃。庞涓假装放了孙膑，派人监视他的行动，见他在街上爬来爬去，累了就躺在地上呼呼大睡，便以为他真的疯了，渐渐放松了警惕。

墨子再次来到魏国时，听说了孙膑的遭遇。他怜惜孙膑的才学，立即赶到齐国找到将军田忌，请他帮忙救出孙膑。田忌进宫禀告齐威王，以两国通好为名来到魏国，偷偷找到住在猪圈中的孙膑，趁着夜色，把孙膑藏在车中返回了齐国，孙膑终于脱险，在齐国得以重用。

◎ 传统文化小知识

【《六韬》和《三略》】《六韬》《三略》都是古代的兵书。"六韬"指文韬、武韬、龙韬、虎韬、豹韬、犬韬。《三略》是中国古代第一部专讲战略的兵书，以论述政治战略为主，军事战略为辅，受到历代政治家、兵家和学者的重视。

·一字千金

战国末期，秦国有个大商人叫吕不韦。有一次，他到邯郸经商，见到作为秦国人质在赵国生活的王孙子楚。吕不韦凭着多年经商的头脑，认为子楚"奇货可居"，于是出重金资助他，并游说秦太子安国君的宠姬华阳夫人立子楚为嫡嗣。

后来，子楚即位即庄襄王，封吕不韦为文信侯，相当于相国。三年后，庄襄王得病去世，赫赫有名的秦始皇嬴政接了王位，吕不韦又被尊封为仲父，操纵着国家大权。

当时的社会流行养士之风，魏国的信陵君、楚国的春申君、赵国的平原君、齐国的孟尝君，他们都礼贤下士，养着数千名门客。吕不韦也招来三千文人学士，三教九流、各行各业的人都有，给他们优厚的待遇，为他出谋划策。

吕不韦一直羡慕著书立说、名垂千史的人，可自己是商人出身，没有那么深的学识。于是吕不韦让他的门客写出自己的所见所闻所感，又挑选几名作文章的高手来删定、整理、归类，然后编成二十多万字的《吕氏春秋》，内容包揽了天地、万物、古今，等等。

为了显示《吕氏春秋》的精要和独一不二，吕不韦在咸阳公开发布此书，然后大为宣传，只要有人能够增加或减少一个字，就赏赐他千两黄金。顿时人潮涌动，前来观看的人成千上万。很快，一个多月过去了，却始终没有人出来改动一个字。吕不韦非常得意，下令抄录全书传送各地，他也因此而名扬天下。

◎ 传统文化小知识

【杂家】 杂家，战国末至汉初的哲学学派，以"兼儒墨，合名法"为特点，博采各家之说，对诸子百家兼收并蓄，形成自己的主张。杂家著作以秦相吕不韦的《吕氏春秋》和汉淮南王刘安的《淮南子》为代表。因为杂家著作含有道家思想，也有人认为杂家应该为新道家学派。

【淮南子】 西汉宗室淮南王刘安招宾客编写的论文集，又名《淮南鸿烈》。鸿是广大的意思，烈是光明的意思，意为此书包括了广大而光明的道理。全书内容广泛，在继承先秦道家思想的基础上，综合了诸子百家学说中的精华部分，对后世研究秦汉时期的文化起了重要作用。

　　早在上古时期，华夏族已出现学堂，但那时尚未设有名号，直到商时才有了第一处被称为"明堂"的正式学堂。最早的古代官制出现在夏，也是到了商时被初步细分，西周时才有文武之别，后来经历代演变，文武百官之职终于渐渐丰实起来。几千年来，这种设官分职虽然随着朝代更迭屡有递变，但大体上一脉相承，且具有明显的连续性、善沿袭、尚变化等特点，细究起来仍能看出古代中国丝丝缕缕的发展脉络。

·倒霉状元张又新

　　唐朝深州有个才子叫张又新，他的博学多才远近闻名。唐宪宗年间，他先在博学鸿词科考试中得了第一名，接着在京兆地区的考试中又得了第一名，最后参加礼部主持的会试，还是第一名，顿时名声大震。那时候老百姓把第一名被称为解头、状头等，所以张又新被称为张三头。

　　虽然张又新在考场上春风得意，在后来的仕途和生活中，却处处遭到挫败，堪称史上最倒霉的状元，这实在是与他的性格品质和为人处世有关。

　　因为少年得志，张又新曾大言不惭地说："我现在已经名扬天下，所以对做官实在没什么兴趣，只要能娶到美貌贤惠，让我称心如意的妻室，就没什么遗憾了。"可是为了利益，张又新娶了一个有财无色的老婆。

　　张又新品格低下，名声非常不好。当时，奸相李逢吉在朝中掌权时，张又新百般谄媚依附他。李逢吉非常嫉恨唐穆宗信任的李绅，千方百计败坏李绅的名声。张又新为了讨好李逢吉，伙同别人干了很多污蔑、陷害李绅的勾当。李逢吉遭到皇上疏远以后，张又新赶紧向李绅示好。

　　有一年在荆溪，他的两个儿子在河边玩，突然刮起大风，两个孩子不幸溺水身亡，令张又新痛不欲生。当时他的官场处境很尴尬，担心淮南节度使李绅憎恨自己过去陷害他，就借着儿子的事情写信向李绅谢罪。李绅虽然怜悯他的遭遇，原谅了他，但非常不屑于张又新的品质。张又新一生起起落落，在诗人辈出的唐代，留存至今的诗歌作品仅有十余首，而且毫无出彩之处。

◎ 传统文化小知识

　　【院试】 院试，也叫章试，是为了取得参加正式科举考试的资格进行的一场考试。考生在县府里参加考试，由省里的提督学政主持。考取者称生员，俗称秀才或相公。

　　【童生试】 明清两代取得生员的考试，简称童试，三年内举行两次。应考者无论年纪大小统称为童生或儒生、文童。明代由提学官主持，清代由各省学政主持。考取者称生员。

　　【乡试】 乡试，唐宋时期称为乡贡、解试，明清两代每三年一次在各省省城举行，本省生员均可应试。考试场所称为贡院，共三场考试，每场三日。考中者称举人，第一名称解元，第二名称亚元。

【会试】 会试，即明清两代每三年一次在京城由礼部举行的考试，由皇帝任命正副总裁，各省举人和国子监监生均可应考。考试为三场，每场三日。考中者称贡生，第一名称会元。

【殿试】 殿试，也称为廷试，科举考试中的最高一级，由皇帝亲自考问会试录取的贡生。成绩分为三甲。一甲三名赐进士及第，第一名称状元，第二名称榜眼，第三名称探花。二甲赐进士出身，第一名称为传胪。三甲赐同进士出身。

【连中三元】 在乡试、会试、殿试中连续获得第一名，称为连中三元。据资料记载，自科举制度实行起，历史上共有十三名连中三元的才子。

· 王尔烈宫中教太子

三江才子王尔烈到京城参加恩科会试那年，正赶上乾隆皇帝突来兴致私下考场应试。据说王尔烈本来可考中状元，乾隆名列第四。主考官哪敢让皇帝排在别人的后面啊，就给乾隆换成了第一名。

后来，乾隆皇帝看众考生的卷子，发现王尔烈的才学和文笔都要高人一筹，不禁脱口赞道："王尔烈的才学压倒三江也！"于是，乾隆封王尔烈为翰林院侍读，做太子太傅，专门教太子学习，"老主同场少主师"说的就是这段历史。

王尔烈对太子要求非常严格，从不因为太子是将来的皇帝而畏惧、通融。有一天，太子跟母亲一起吃饭，耽误了一个时辰才到书房学习。王尔烈非常生气，罚太子跪在孔圣人的牌位下思过。

正巧乾隆来书房看看太子的读书情况，看到太子在地上跪着，不由得十分生气，心想："这个王尔烈简直太不知道天高地厚，竟然敢把太子当庶民对待！"可是他是皇帝，岂能轻易动怒啊！乾隆本以为王尔烈见他驾到，会让太子起来接驾，可等了一会儿，见王尔烈根本没有那个意思，乾隆更加生气，再也控制不住，一把拉起太子说："怎么能叫太子下跪，念书当皇帝，不念书也能当皇帝！"

王尔烈跪拜道："万岁此言不妥，念书能做尧舜那样的圣君，不念书就会做桀纣那样的暴君！"乾隆听毕如雷贯耳，不由心生惭愧，上前扶起王尔烈，让太子继续跪拜孔圣人。事后还多次训诫太子，一定要多听老师的教诲，不得有丝毫怠慢，那样才能学有所成，做个明君治理天下。

◎ 传统文化小知识

【太师 太傅 太保】 太师、太傅和太保皆为天子辅弼之官，周代起设置的官职，官为正一品，古称三公，北魏后又称为三师。汉代以后，一般由朝中权臣担任。太子太师、太子太傅、太子太保则为辅导皇太子之官。

【司马 司徒 司空】 今文经学家认为的古代三公，出现在先秦时期。司马管理军事，司徒管理人民，司空管理建设。西汉时分别以丞相、太尉、御史大夫为三公，汉武帝时改太尉为大司马。后代又称大司马为兵部尚书，少司马为兵部侍郎。西汉时丞相改为大司徒，清代时户部尚书也被称为大司徒。司空在汉代时也经常与御史大夫的名称换来换去，后来成了工部尚书的代称。

·蟾宫折桂

晋代济阴单父人郗诜学识渊博，很有才干。没做官前，州郡的官吏都知道他的才学，诚心邀请他出来做官，因为母亲需要他堂前尽孝，所以他一直没答应。晋武帝泰始年间，济阴太守文立推荐郗诜到朝廷做了议郎，郗诜不好推辞，只好上任。

郗诜为官清廉，不徇私情，连母亲生病都没有车带母亲去看病。母亲病故后，他辞官为母亲守孝，三年后，朝廷召回他做吏部尚书。

过了不久，丞相崔洪举荐他做了左丞相。有一次，郗诜弹劾了崔洪，崔洪生气地对别人说："我推荐郗诜为左丞相，他不但不报恩，反而抓住我的错，向皇上奏我一本，我可真是自讨苦吃啊。"

郗诜听说后，拜见崔洪说："晋国卿赵宣子任用韩厥为司马，后来赵宣子的随从犯错，被韩厥以军法处死。赵宣子不但没有怨恨，反而跟别人庆贺自己有眼力，选中韩厥当司马。崔公您是为国家举荐人才，我是以才任职，为国效力，我们万事要以公为先啊！"听完郗诜的话，崔洪觉得很惭愧，更加佩服郗诜。

后来，郗诜出任雍州刺史，晋武帝召集百官为他饯行，席间晋武帝问郗诜："爱卿对自己如何评价呢?"

郤诜回答说:"我就像月宫里的一段桂枝,昆仑山上的一块宝玉。"晋武帝点头大笑。有人认为他狂傲不逊,奏请晋武帝免除郤诜的官职,晋武帝笑笑否决了。

郤诜在雍州任职期间威严明断,鞠躬尽瘁,带领百姓励精图治,深得百姓拥护,后来病卒在任上。这就是蟾宫折桂的来历,蟾宫即为月亮之宫。科举制度盛行以后,人们就用蟾宫折桂来比喻考中进士。

◎ 传统文化小知识

【独占鳌头】 唐宋以来,皇宫大殿前都有一块雕刻着龙和大鳌的大石板,新考中的状元行礼时要单独站在这块大石板上,后来就把在考试中获得第一名的人称为独占鳌头。

【金榜题名】 金榜题名,指科举制度殿试后的录取结果,在公布时用黄纸书写,所以称为黄甲、金榜。因为多由皇帝点定,所以又称为皇榜,考中进士就称为金榜题名。

【科举四宴】 科举四宴,指鹿鸣宴、琼林宴、鹰扬宴、会武宴。鹿鸣宴起于唐代,是为新科举子而设的宴会,因宴会上必唱《诗经·小雅》中的《鹿鸣》之诗而得名。琼林宴起于宋代,是为新科进士举行的宴会,因最初是在汴京城西的名苑琼林举行而得名,后改称闻喜宴,元明清时称为恩荣宴。鹰扬宴取威武如鹰飞扬之意,是武科乡试发榜后,考官与考中者共同参加的宴会。会武宴是武科殿试发榜后,在兵部举行的宴会。

·忠孝之臣郭子仪

古代著名将领郭子仪是唐玄宗时期的武举人。他戎马一生,曾屡次受小人诽谤被夺去兵权,又屡次临危受命扭转战局,天下因为有他而获得二十年的安定,所以其在朝廷上下享有极高的威望。

与郭子仪同朝的武将李光弼是契丹人,虽然他们曾同在朔方镇当将军,但两个人的关系并不太好,谁也不服谁。"安史之乱"爆发后,唐玄宗提升郭子仪为朔方节度使,级别在李光弼之上。李光弼怕郭子仪刁难他,就想办法调到别处任职。

当时，朝廷要郭子仪挑选一位得力的大将去平定河北，郭子仪毫不犹豫地推荐了李光弼。李光弼接到命令后非常难过，他认为郭子仪借刀杀人，让他去送死，恐怕这次出征不能活着回来，不知道自己死后妻子儿女能否幸免于难。

李光弼叹了口气，去拜访郭子仪，含泪恳求他说："我可以欣然赴死，只求你放过我的妻子儿女好吗？"

郭子仪见他误解了自己，不禁热泪盈眶地说："你我都是为国家而战，现在国难当头，我器重将军所以点你的将，希望同你共赴疆场讨伐叛贼，哪里是愤懑呢？"李光弼非常感动，二人扶手相对跪拜，尽释前嫌。

后来，他们在平息藩乱中屡次获得战功，郭子仪成为国家的栋梁之臣，一直到八十四岁高龄时才告别沙场。

◎ 传统文化小知识

【武科】 武科始于武则天时期，专为选拔武官而设的科目。武科的选拔程序与文科相同，只是加了"武"字用以区别。应试者必须身高六尺以上，考试分为内场和外场，内场主要考默写武经，外场主要考马箭、步箭、弓、马、石等科目。

【将军】 春秋时期称一军之帅为将军，到战国时才成为正式的官名。汉、晋时期，将军的名目众多，权位不一。唐代后有上将军、大将军、将军之职，多为环卫官和武散官。到了明清两代，有战事出征的时候才设置大将军和将军，战事结束后则免去，清朝还把将军设为宗室的爵号之一。

·泡脚戏门生

李鸿章的父亲与曾国藩同是清朝戊戌年的进士，有同年之谊。1845 年，李鸿章参加恩科会试，曾国藩出任考官，非常赏识李鸿章的诗文。虽然那年李鸿章没有考中，但从那时起，曾国藩就预料到李鸿章将来会被重用。

1858 年底，李鸿章来到江西曾国藩的大营拜访，想做曾国藩的门生。曾国藩知道他性情不稳，还狂妄自大，就想磨磨他的性子，让他变得内敛沉稳，便一直不见他。一个多月以后，李鸿章托人反复说情，终于成为曾国藩的门生。

李鸿章年轻气盛，为了磨炼他，曾国藩煞费苦心。有一天，李鸿章到家里拜访曾国藩。曾国藩平时很喜欢泡脚养生，当时正好是他泡脚的时间，他心念一动，吩咐下人把泡脚水端上来，然后故意在李鸿章面前脱鞋脱袜，旁若无人地泡起脚。李鸿章觉得受到了奇耻大辱，忍了一会儿，告辞而去。

　　曾国藩的生活很有规律，天不亮时就起床查营，然后在黎明时分与门生共进早餐，谈谈一天的工作安排或者谈谈当下时事。有些懒散的李鸿章非常不适应这种刻板的生活，觉得苦不堪言。

　　有一天，李鸿章谎称头疼想多睡会儿。曾国藩知道他是在装病，就派人多次去请他起来吃饭，告诉他必须所有门生到齐才能开饭。李鸿章只好匆忙起来，衣冠不整地赶来吃早饭。曾国藩一反常态，吃饭时沉默不语。饭后，他非常严肃地对李鸿章说："你既然已经做了我的门生，那么我奉告你，这里崇尚的只有诚。"说完怒气冲冲拂袖而去。李鸿章吓得胆战心惊，再也不敢装病偷懒。

　　许多年后，李鸿章与人回忆时说："以前在营中时，我的老师总要等我们同时吃饭，饭罢大家谈经论史，说的都是些有益实用的话语，吃一顿饭胜过上一回课。"

◎ 传统文化小知识

　　【门生】　春秋时，孔子对亲授业者和转相传授者都称为门人，即为最初的门生。东汉时门生指弟子的弟子，也有为了攀附权贵做门生的人。唐代时及第进士称主考官为座主，自称门生。后世门生，主要指学术上的师承关系。

　　【萌生】　封建社会中，凭借上代余荫取得的监生资格。清代时遇庆典取得的称为恩盟，因先代殉职取得的称为难盟。

　　【监生】　监生，明清时期在国子监肄业的人，起初由学政考取或皇帝特许，后则仅存虚名，由捐纳取得，不被重视。

　　【贡生】　封建科举时代，挑选府、州、县生员中成绩优异的人，升入京师的国子监读书，称为贡生，意为把人才贡献给皇帝。

　　【同年】　古代科举制度时期，考试后同榜登科者的互称，又称为年兄。

· 天下穷阁老

　　明朝人王鏊从小就非常聪明，八岁就能读经史，十二岁能作诗，十六岁随父到国子监读书。王鏊的八股文写得非常优秀，每次他写完文章，其他学生都争相传阅，因此被称为天下奇士。

　　1474年，王鏊在乡试中取得第一名，第二年在会试中又取得第一名，顿时名扬天下。1488年，明孝宗即位，王鏊被升为侍讲学士，充任讲官。当时明孝宗非常宠信李广，天天在他的陪伴下到处游玩，荒废了朝政。王鏊不怕触犯皇帝，时常用周文王勤政的典故劝谏皇帝。明孝宗非常感动，就重用了他，他曾担任右侍郎、户部尚书兼文渊阁大学士、少傅兼太子少傅、武英殿大学士。

　　王鏊一生为人正直，不畏权势。1505年，明孝宗因病去世，太子明武宗即位。侍奉太子的宦官刘瑾等八人得到新皇帝的宠爱，被称为八虎，刘瑾为八虎之王。刘瑾大权在握，诱导明武宗嬉戏娱乐，以便自己专擅朝政。他不但利用权势中饱私囊，还污蔑、陷害不服从他的官员。

　　有一次，刘瑾借故毒刑拷打朝廷忠良大臣，王鏊不顾自身安危，当面斥责刘瑾："士可杀，不可辱！"刘瑾毫不理会，日益嚣张，害死很多不顺从他的大臣。王鏊愤然辞职回乡，每天以读书写作为乐，著有《震泽编》《震泽集》《震泽长语》《震泽纪闻》《姑苏志》等。

　　王鏊做官清廉，没有什么积蓄，所以被称为天下穷阁老。1524年，七十五岁的王鏊病逝，朝廷追封他为太傅，谥号文恪。

◎ 传统文化小知识

　　【八股文】　八股文，明、清科举考试的文体，也称为制艺、时文。文章题目主要摘自四书五经，字数在清顺治时定为550字，康熙时增为650字，后又改为700字。文章先用两句话揭示题旨，称为破题；接着承上文而加以阐发，称为承题；然后开始议论，称为起讲；再后称为入手，为起讲后的入手之处；最后再分为起股、中股、后股、束股四个全篇重点段落，每个段落中都有两股排比对偶的文字，合共八股，所以称为八股文。

　　【国子监】　国子监，中国古代隋朝以后的中央官学，古代教育体系中的最高学府。明朝时因为首都北迁，所以在北京、南京分别设有国子监，南京的国子监称为南监或南雍，北京的国子监称为北监或北雍。清代时变为只管考试、不管教育的考试机构。国子监的学生相当于秀才，文称文生，武称武生。

【大学士】 明代时，朱元璋废除丞相和中书省，设立大学士作为皇帝的顾问。明永乐皇帝即位后，大学士进入内阁。明代中期，大学士实权在握，替皇帝起草诏令、批阅奏章、商讨政务，职权相当于宰相。

【三殿三阁大学士】 清朝最高的政务机构，三殿为保和殿、文华殿、武英殿，三阁为体仁阁、文渊阁、东阁。每殿、阁设大学士满、汉各一人，协办大学士满、汉各一人，以及学士、侍读学士、中书等官职。大学士官职都为正一品，极为尊崇，汉人非翰林出身则不授此官。

·桃李满天下

春秋时期，魏国大臣子贡得势的时候，曾培养和保举过许多人才，后来因为他得罪了魏文侯，又没人帮助他，所以不得不跑到北方去。

在北方，子贡遇到一个叫子简的人，两个人交谈甚欢。子贡忍不住向他发牢骚说："想当初，我费心费力培养别人，没想到我有难的时候，竟然没有人肯为我出力，以致我流浪至此。"

子简笑着说："如果在春天种下桃树和梨树，几年后的夏天就可以在树荫下乘凉，秋天还能吃到成熟的果实。可是，你春天种下的是蒺藜，不但不能利用它的种子，秋天长出的刺还会扎得你流血。所以君子培养人才，要像种树一样，应该先选准对象，然后再加以培养。"

子贡觉得子简的话很有道理，不禁开始反思自己。从那以后，人们就把培养人才称为树人，把提拔的人才称为桃李，用桃李满天下形容学生很多，各地都有。

◎ 传统文化小知识

【古代老师的称谓】 古代，老师的称谓有：师、司徒、秩宗、典乐、夫子、师长、宗师、博士、教授、讲师、助教、教谕、教习、经师、训导、学政、先生、山长、院长、西席、讲席、老师。

【私塾】 私塾，古代私人设立的教学场所，学生为儿童。入学时只需征得先生同意，并在孔老夫子的牌位或圣像前恭立，向孔老夫子和先生各磕一个头，即可取得入学资格。私塾的教材一般是古代通行的蒙养教本《三字经》《百家姓》《千家诗》《千字文》等，进一步则读四书五经、《古文观止》等。

·智立唐碑

　　唐朝时，嵩阳书院叫嵩阳观，里面住着一位名叫孙太冲的老道士，道号为嵩阳真人。嵩阳真人医术高超，每天上山采药，炼成丹药给别人治病，方圆几百里的人都慕名前来求医。

　　有一次，唐玄宗身染重疾，久治不愈，宫内太医急得束手无策。唐玄宗听说嵩阳真人医术高超，就派人到嵩阳观索要仙丹，果然药到病除。唐玄宗非常高兴，派了一个监工大臣到嵩阳观立碑铭志，专门纪念这件事情。监工大臣从各地挑选很多能工巧匠，然后下达命令说："由嵩阳知县监办，限期一百天完成，石碑越高越好，碑首要戴个碑帽。"

　　数百名工匠用了九九八十一天，终于做好了石碑，又绞尽脑汁想办法，把石碑立了起来，可最后，碑帽却怎么也戴不上。到了限定的时间，监工大臣一连杀了三个县官、六个领队，又给了三天时间，如果再戴不上碑帽，就要把工匠们都杀掉。

　　工匠们毫无办法，都愁得唉声叹气，又无法逃走，只等着三天后大家一起被处决。不知道什么时候，工地上来了个须发皆白的老头儿，他走到碑前，也不说话，笑眯眯地这儿瞅瞅那儿看看。工匠们对他说："老人家，别在这儿转悠了，你还是快点走吧，别在这里跟着我们送死。"

　　老头儿慢条斯理地说："我也是个手艺人，走到哪里就做在哪里吃在哪里，都快入土的人啦，还怕什么死不死的啊！还不是活一天少一天，啥时候土圆到脖子上，也就完事啦！"老人说完，转眼就不见了。

　　工匠们面面相觑，要不是大家都看到老人，真以为自己在做梦呢。大家琢磨老人说的话，那句"土圆到脖子"使他们茅塞顿开。工匠们抬来大量的黄土，一直圆到石碑脖子根儿，然后顺着土坡把碑帽滚了上去，戴到碑顶，最后再挑走黄土，圆满完成了任务。

宋仁宗景祐二年（1035 年），嵩阳观改名为嵩阳书院，成为历代名人讲授经典的教育场所。嵩阳书院经历了近千年的讲学历史，是古代影响最大的书院之一。

◎ 传统文化小知识

【四大书院】 四大书院，指江西庐山的白鹿洞书院，湖南长沙的岳麓书院，河南嵩山的嵩阳书院，河南商丘的应天书院。

【京师大学堂】 京师大学堂成立于戊戌维新运动，中国近代史上第一所国立综合性大学，既是全国最高学府，又是国家最高教育行政机关，统辖各省学堂。1912 年，京师大学堂改名为北京大学。

【太医署】 太医署，隋朝时期由国家开办的医学院，既是当时最高医学教育机构，又担负着一定的医疗职能，包括医学、药学两大部。医学部分设医、针、按摩、咒禁四科，每科都设有博士。药学部设有药园，在此学习的学生称为药园生。

·成也萧何败也萧何

楚汉相争时期，有勇有谋的韩信原是项羽的部下，因为得不到重用，便投奔到刘邦麾下。没想到刘邦只让他做了个管粮草的小官，韩信非常失望。一次偶然的机会，丞相萧何结识了韩信，他发现韩信是个不可多得的人才，便多次向刘邦推荐，可刘邦不以为然。

转眼韩信来到汉营已两个多月，因为刘邦一直没有重用他，韩信越想越气，怒气冲冲地离开了汉营。萧丞相得到消息后，马上放下公务，亲自策马追赶韩信。萧何不辞劳苦地追赶韩信，直追到天黑也没见到韩信的影子，他刚想下马休息会儿，忽然望见韩信牵着马站在远处的河边，于是快马加鞭冲过去，终于把韩信劝了回去。

这回刘邦信了萧何的话，封韩信为帅。韩信没有辜负萧何的举荐，在楚汉战争中率汉军连战连胜，为刘邦平定了天下。

汉朝建立以后，刘邦为了巩固新兴政权，便开始了剪灭异姓王的斗争。他见韩信功高权重，担心日后韩信有反叛之心，便想诛之。因为韩信当时兵权在握，如果捉不成功恐怕会引起反抗，后果将不堪设想。萧丞相为刘邦出主意，让刘邦起驾到离韩信不远的封地，然后派人传韩信前来，并告诉韩信萧丞相也将迎候他的到来。

韩信本来感到情势不妙，但想到帮助自己的萧丞相也在，就放心前往，结果被刘邦捉住囚禁起来，最后被吕雉太后杀害于钟楼之中，临死的时候，韩信长叹说："真是成也萧何，败也萧何啊！"

萧何设计诛杀韩信，为刘邦除去了一块心病。刘邦对萧何更加恩宠，不但加封五千户，还派了一名都尉率领五百名兵士做他的护卫，于是萧何成为封建政权中丞相的典范。

◎ 传统文化小知识

【丞相】 丞相，封建官僚机构中的最高官职，源于战国时期，有时称相国，常与宰相通称，简称相。丞相负责军事大计或其他要务，有任用官吏、向皇帝举荐人才、考察和诛赏地方官、主管律令及有关刑狱事务等职权，一般政务可由丞相决定后施行。

【宰相】 宰相，封建官僚机构中辅助国君处理政务的最高官职。西周春秋是公卿，战国以后是宰相。宰相的正式官名随着朝代的更替，先后出现过相国、丞相、大司徒、司徒、中书令、尚书令、同平章事、内阁大学士、军机大臣等几十种官名。

·袁彬大义护帝

明正统十四年（1449 年），北方瓦剌部首领也先兵分四路大举南犯。当时朝廷内宦官王振掌权，他擅自调动五十万大军挟持明英宗亲征。明军行至大同时，王振听说也先兵力强大，没敢交锋就下令撤回。没想到也先带领部队紧追不舍，在土木堡与明军展开激战，结果王振被杀，明英宗做了俘虏。

也先拥帝北上，明英宗的随从都抛下他仓皇逃跑，唯有锦衣卫袁彬寸步不离、无微不至地护卫着他。他们住在破旧不堪的蒙古包里，每到夜晚冷风刺骨，难以入睡，袁彬总是解开衣服，用身体为明英宗冻僵的双脚取暖；遇到车马难行的路，袁彬就背着明英宗前行；明英宗唉声叹气时，袁彬就反复开导他，坚定他回朝的信心。

有一天，也先派人到明英宗住处提亲，要将自己的亲妹妹许配给明英宗，以达到逼降的目的。袁彬规劝明英宗说："陛下乃是中原大国的君主，如果成为外族人的女婿，不但气节尽失，而且处处受制于人，别人也会以为陛下贪图享乐，这于陛下的声誉很不利，希望陛下能顾全大局，拒绝这门亲事。"

也先见此计不行，便选了六名美女去服侍明英宗。袁彬又教明英宗回话说："等朕回国娶了令妹以后，再将六女收入宫闱，这样也算没有辜负令妹。"也先见自己的计策总行不通，知道是袁彬为明英宗出谋划策，就在深夜偷偷派人将袁彬五花大绑，要将他五马分尸。

正要行刑的紧要关头，明英宗闻讯赶到。他不顾帝王尊严，哭着恳求也先放了袁彬。事后，袁彬帮明英宗设计除掉挑拨离间的奸人喜宁，在兵部尚书于谦的帮助下，明英宗和袁彬终于回到京城。后来，袁彬家乡的百姓为他建了两座保驾楼，纪念他护帝之功。这次护帝事迹，也被写成《北征事迹》，收入《四库全书》。

◎ 传统文化小知识

【锦衣卫】 锦衣卫，全名为锦衣亲军都指挥使司，明朝时专有的军事机构。锦衣卫直接听命于皇上，从事侦察、逮捕、审问活动，可以逮捕包括皇亲国戚在内的任何人，并实行酷刑，进行不公开的审讯。锦衣卫的首领称为指挥使，或指挥同知、指挥佥事，一般由皇帝的亲信武将担任。传统意义上的锦衣卫有飞鱼服，鸾带，绣春刀三大特征，古人习惯用朝廷鹰犬暗称锦衣卫与东厂。

【宦官】 宦官，也称太监、公公、寺人、阉人、内侍、中官、中涓、内竖、中贵人，是指古代宫廷中替皇族服务并被阉割的男性。中国早期宦官不一定都是阉人，东汉以后才完全用阉人做宦官。宦官只负责宫廷杂事的奴仆，不得参与国家政务，但因与皇室人员朝夕相处，很容易博取信赖，掌握国家政务大权。

· 三朝元老张廷玉

清雍正八年（1730年），长期与清廷对抗的蒙古准噶尔部煽动青海和硕特部及西北各族反清。雍正帝为了维护多民族国家的统一，决定出兵征讨。因为战事紧急，不但要迅速处理军令，而且要严守秘密，所以，雍正下令在隆宗门内设立军机房，后改称办理军机处，简称军机处，由怡亲王允祥、大学士张廷玉、大学士蒋廷锡三人主理。

雍正命张廷玉拟定军机处的规制。张廷玉本是康熙朝进士，曾任史部侍郎，在雍正年间得到重用，他为人严谨，被雍正称为大臣中第一宣力者。张廷玉根据军机处的性质和职能，在官职和纪律等方面制定了严格、细致的规定，不仅加强了皇权统治，防止泄密现象的发生，而且统一了办文机构，保证了档案的完整和安全。

张廷玉忠心耿耿，对于军机处的事务丝毫不敢懈怠，每天披星戴月地工作，成为雍正的心腹大臣。张廷玉最喜欢喝茶，雍正每月必赏他精贡之茶和精致的茶具。有一次，张廷玉病了几天，雍正非常担心。他痊愈后，雍正笑着对身边的人说："朕的股肱不舒服，几天才好。"众人不解其意，纷纷前来问安。雍正又笑着说："张廷玉病了，难道不是朕的股肱病了吗？"雍正十三年（1735 年），雍正帝死前发布遗诏，宣布张廷玉他日配享太庙。

乾隆二十年（1755 年），张廷玉病逝，享年八十三岁。乾隆帝不敢违背先皇的遗愿，赐张廷玉厚葬，谥号文和，配享太庙。至此，张廷玉成为清朝唯一配享太庙的汉大臣。

◎ 传统文化小知识

【军机处】 军机处，也称为军机房、总理处，是清朝中后期辅佐皇帝的中枢权力机关，处理军国要务及官员任免等一切重要奏章。军机处任职者一般由亲王、大学士、尚书、侍郎等兼任，称为军机大臣。

【三省六部】 三省六部是由隋文帝创立的最高权力机关，目的在于分割和限制丞相的权力。三省指决策机关中书省、审议机关门下省、执行机关尚书省，六部指吏部、礼部、兵部、户部、刑部和工部，每部各辖四司，共为二十四司。

·驻外大使郭嵩焘

1841 年，鸦片战争爆发。二十三岁的举人郭嵩焘在朋友的推荐下，入幕浙江学政罗文俊。鸦片战争中蛮夷强势的武器给郭嵩焘留下了深刻的印象，使他敏锐地觉察到商业对国家的重要。

太平天国起义后，郭嵩焘随曾国藩参赞军务，向清政府呈上《条陈海防事宜》奏折，阐述自己开办洋务的主张，可惜并没有得到重视。1856 年末，他离湘北上，到京城担任翰林院编修。有幸的是，郭嵩焘在京都得到户部尚书肃顺的赏识。

经肃顺的推举，咸丰帝数次召见郭嵩焘，让他进宫供职南书房，参奏军国大事。咸丰帝对他非常重视，嘱咐他说："南书房笔墨之事不多，你要多读有用的书，使自己成为朝廷的栋梁之材，将来能够处理军务。"不久以后，咸丰帝就派他到天津前线帮办防务，锻炼他的能力。此后数年，他在官场浮浮沉沉，直到归乡闲居。

1876 年 12 月，郭嵩焘在上海虹口码头登上英国邮船，开始了中国首任驻英公使的外交历程。驻英期间，郭嵩焘参观了英国各地的工厂、学校和政府机构，还第一次接触了电话，他的观念发生翻天覆地的变化。郭嵩焘极力向清政府介绍外国先进的管理理念和措施，把使英途中的所见所闻写成《使西纪程》，并提出效仿的建议，然后把书寄回国，希望总理衙门能够刊印学习。

郭嵩焘的建议受到保守派官员的仇视，他们污蔑他想投靠英国，极尽诋毁之能事。于是郭嵩焘被清政府召回，《使西纪程》的书稿也被毁了。心灰意冷的郭嵩焘因病辞职后回到湖南，隐居著书，他所著的《养知书屋文集》，有很高的批阅价值。虽然郭嵩焘的思想意识很超前，但当时的国人并不相信他，他最后郁郁而终。

◎ 传统文化小知识

【翰林院】 翰林院，我国封建社会王朝中一个文化色彩浓厚的官僚机构，它随着科举制度的创立而出现，从唐代至清代相继存在千余年。无论翰林院在各朝各代地位的高低，翰林学士始终是社会地位最高、最优越的群体，他们不仅致力于文化学术事业的传承，更踊跃参与政治和议论朝政，所以由科举至翰林，由翰林而朝臣是所有士大夫的人生理想。

【总理衙门】 总理衙门，全称为总理各国事务衙门，由王大臣或军机大臣兼任。总理衙门是中国最早的主管外交、通商及其他洋务事件的中央机构，凡是与外交及外国有关的财政、军事、教育、矿务、交通等事宜，通通归该衙门管辖，是清政府的重要决策机构。

·林则徐虎门销烟

清朝时期，鸦片贸易使中国人民与外国侵略者之间的矛盾日益尖锐，禁烟的呼声越来越高。道光帝下决心实行禁烟，于是召很有禁烟才能的林则徐进京，任命他为钦差大臣，节制广东水师，又赐他可以先斩后奏的尚方宝剑，允许他在紫禁城内骑马。

1839 年 1 月 8 日，林则徐冒着风雪从北京出发南下广东。在途中，他就向广州官员发布了捉拿六十一名烟贩的命令。3 月 10 日，广州官员兴高采烈地在天宇码头迎接钦差大臣林则徐的到来。第二天，为了防止走漏消息，林则徐下令随从人员不许私自外出。经过明察暗访，林则徐迅速掌握了英国船只贩运鸦片走私、烟馆开设等情况，然后给所有烟贩发出通告，限期三天上缴所有鸦片。

烟贩们接到通告后依然心存侥幸，以为只要躲避一下风头此事就会不了了之。三天后，他们见林则徐坚决禁烟，不得已交了 1037 箱鸦片，打算蒙混过关。林则徐早已了解到装有 2 万多箱鸦片的趸船正停泊在伶仃洋面，他立即下令查封外国商船上的货物，暂时停止贸易往来，商馆里外国人雇用的中国人必须全部撤离。就这样，那些装有鸦片烟的趸船被迫交出 2 万多箱鸦片。为了彻底销毁鸦片，林则徐派人到处访问老百姓，得到一种销毁鸦片的方法，决定在虎门当众销毁这些鸦片。

6 月 3 日那天，虎门海滩上人山人海，远近的老百姓都赶来观看林则徐销烟。随着惊天动地的阵阵礼炮声，只见一队队的搬运工人将一箱箱鸦片背到挖好的两个大水池边，先将海盐撒到池水里，然后将烟土投入池中浸泡，再将烧透的石灰抛入池中，顿时整个水池翻滚沸腾起来，一股浓烟直冲天空。

就这样，林则徐用了二十三天的时间，销毁了全部鸦片，沉重打击了鸦片贩子的猖獗气焰。

◎ 传统文化小知识

【钦差大臣】 钦表示皇帝，差表示派遣，钦差大臣是中国古代官名。从明代开始，凡由皇帝亲自派遣办理重大事情的官员称为钦差。清代沿袭，由皇帝特命并颁授关防者称钦差大臣，简称钦使，统兵者称钦帅，驻外使节称钦差出使某国大臣。钦差大臣权力很大，可以直接向皇帝上奏。

【总督和巡抚】 最初设立时，总督和巡抚仅仅是中央朝廷派往地方的监察官员，后来随着演变，渐渐取代地方官，称为真正的地方大员。总督为军政大员，以所辖地区军务为主。巡抚又称抚台，督理所辖地区的税粮、河道、边关等，后来渐渐也偏重军事。

【节度使】 唐朝时驻守各重要地区的武将称为都督，主要掌管军事、防御外敌，后来渐渐总揽一区的军、民、财、政，因为受职时朝廷赐予旌节，所以称为节度使。唐睿宗景云二年（711年），贺拔延嗣为凉州都督充河西节度使，节度使开始成为正式的官职。

·魏忠贤专权

明朝万历十七年（1589年），魏忠贤被选入宫，在东厂的太监手下当差。后来，他巴结上大太监魏朝，当上皇长孙朱由校的母亲王才人的典膳，进入未来皇位继承人的生活圈子里。

王才人体弱多病，朱由校从小由奶妈客氏抚养长大。母亲去世后，他更加依赖客氏，几乎没有离开过她。魏忠贤很快就和客氏打得火热。朱由校登上皇位不到一个月，就封客氏为奉圣夫人，同时提拔与客氏有暧昧关系的魏忠贤为司礼监秉笔太监。当时，每日大臣们所奏的文书，除皇帝御笔批阅数本之外，其余由归司礼监秉笔太监代替皇帝用朱笔批阅，目不识丁的魏忠贤竟然成了大权在握的太监。

1623年，魏忠贤兼掌东厂。他阴险毒辣，又有客氏撑腰，权势日益显赫，宫内无人敢和他作对。当时，朝中东林党派的大臣掌权，执政大臣们多次上章弹劾客氏和魏忠贤，魏忠贤耿耿于怀，处心积虑要除掉东林党。

熹宗帝朱由校嗜好木工活，最爱摆弄锛凿斧锯刨做些小工的器物。每逢他兴致勃勃地做木工活时，魏忠贤就故意送来一大堆奏章请他批阅，他不耐烦地说："朕都知道了，你看着办吧。"客氏也不断在皇帝面前唆弄，熹宗帝渐渐从任用东林党人变为宠信宦官近侍，大权便落在魏忠贤手里，出现了宦官专权的局面。

魏忠贤利用东厂和锦衣卫，大张旗鼓地排除了东林党人，凡是不听从自己的人，魏忠贤都加以污蔑残害，把宫廷内外全部换成他的心腹，从朝廷内阁六部直到各地方的总督、巡抚乃至州县都是阉党之人。从那以后，虽然熹宗近在咫尺，朝中大小事都必须到魏忠贤面前请示，经他认可方能办理。

东林党人对魏忠贤的所作所为非常愤慨，他们联合起来，上书痛斥魏忠贤的二十四大罪状，可是昏庸的熹宗偏听偏信，魏忠贤依然逍遥自在。经过这次被弹劾，魏忠贤决心对东林党赶尽杀绝，他污蔑东林党首领受贿，一一将他们逮捕入狱，然后在狱中百般折磨他们，使他们惨死在狱中。接下来又以剿灭东林党的名义，拆毁全国所有的书院，压制大家对时政的议论。

1627 年 8 月，熹宗病死，信王朱由检继承帝位，改元崇祯，即为思宗。思宗深恶魏忠贤的所作所为，一些幸免于难的东林党人纷纷上书弹劾。于是，思宗下令把魏忠贤发配到凤阳. 后又派人逮捕治罪。魏忠贤自知难逃一死，畏罪自杀，结束了他罪大恶极的一生。

◎ 传统文化小知识

【东厂】 明成祖朱棣即位后，对朝廷许多大臣不信任，而且宫外的锦衣卫调遣起来不是很方便，于是出于对宦官的信赖，在东安门北侧设立了称为东缉事厂的新官署，简称东厂，首领由宠信的宦官担任，获得的情报直接向皇帝报告。东厂的侦缉范围非常广，监视官员、查看文件、听审案件，甚至连百姓家油盐酱醋的价格都在侦查范围内。东厂的探子每天活动在大街小巷，更多是为自己谋取私利。他们常常诬陷良民、屈打成招，趁机敲诈勒索，使全国上下人人自危，民不聊生。

【西厂】 明宪宗为了加强特务统治，于东厂之外又增设了西厂，并且职权超越了东厂，势力遍及全国各地，后因遭到反对被撤除。

·八旗的传说

传说很久以前，天上有八条小龙，它们都非争强好胜，谁也不服谁，所以经常发生争斗，连玉皇大帝都知道它们很不团结。

有一天，玉皇大帝下令说："凡间有人向我告状，说太阳和月亮黏在一起，天总是半阴半阳的，使人们觉得很不舒服，吃不下饭也睡不好觉，连庄稼和动物都停止了生长。人们要求把太阳和月亮分开，传我的圣谕，让八条小龙火速去完成任务。"

八条小龙接到圣谕后，都争先恐后想立头功，这个搬月亮，那个挪太阳，可任凭它们使尽全身的力气，太阳和月亮依然黏在一起，急得它们抓耳挠腮。这时，威风凛凛的龙王来到它们面前责问说："你们怎么这么久还没完成玉帝的任务？"

小龙们七嘴八舌地回答说："太阳和月亮太重啦！我们跟在它们后面跑，即使追上了也分不开，还被它们撞到一边。"

龙王接着问："你们是怎么分开它们的？"

小龙们回答说："我们是一个接一个轮流进行的。"

龙王大发雷霆说："你们都赶不上凡间百姓，他们还知道人心齐泰山移呢！假如你们每人手中有一支箭，用力一掰就会断，但如果把你们的八支箭绑在一起，还能掰断吗？所以你们要团结起来，依靠总体的力量去完成任务。"

八条小龙听后恍然大悟，它们组合在一起，就如汉字的"金"字，其中两条小龙的龙头合在一起，变成金字头上的尖。它们齐心协力，像个楔子在太阳和月亮之间用全力一拱，就把它们分开啦！小龙们完成了任务，累得筋疲力尽，纷纷朝地上掉下去。此时，吹来一阵神奇的大风，刮来八块颜色不同的大布，八条小龙正好分别落在这八块布上，就在布上安了家。后来，后金将这八块带有龙图案的大布当作旗标，由于八条龙和八块布的颜色各不相同，所以就有了八旗。

◎ 传统文化小知识

【八旗制度】 八旗制度，清太祖努尔哈赤创建的一种耕战合一的社会组织形态，因为出征时用正黄、正白、正红、正蓝、镶黄、镶白、镶红、镶蓝八种颜色的军旗以示区别，所以称为八旗。后来又将被满洲人征服的蒙古、汉人编为蒙古八旗、汉八旗，连同满洲八旗一共二十四旗，但核心还是满洲八旗。

神秘有趣的
宗教传说

"宗教"一词源于西方的拉丁文，意思是人在祖先崇拜、神灵敬仰和巫祝献祭等宗教礼仪中的态度和行为，即人对神灵的敬畏和尊崇。而在我国，宗教本意是指佛教中的教理，后来才泛指一切"对神道的信仰"。它们早已形成独具特色的宗教文化，渗入建筑雕刻、绘画音乐、节日礼仪等方面。我们追踪这些宗教文化，似乎可以触摸到那些神秘而久远的传说。

· 妙善公主舍身救父

很久以前，有一位国王叫妙庄，他有三个美丽的公主：长女妙因、次女妙缘、小女妙善。妙善公主从小就聪明伶俐，不喜女红喜佛经，妙庄王对此很担忧。

妙因公主和妙缘公主成人后都听从父王的旨意成了婚，只有妙善公主不愿嫁人，立誓要削发为尼。妙庄王非常生气，让大家轮流劝说妙善公主，可她心意已决，绝不嫁人。妙庄王一气之下将她贬为平民，逐出皇宫，妙善公主便去寺庙出了家。

过了几年，妙庄王得了重病久治不愈，有位医术高明的世外高人告诉妙庄王："陛下想要治好病，必须用亲生骨肉的手和眼做药，否则非但不能痊愈，而且很快就会有性命之忧。"

妙庄王马上派人传来妙因和妙缘，可她们一听说要为父王斩手挖眼做药，吓得都不肯进宫。妙善公主修行时，感应到父王有难，于是不计前嫌挖下自己的双眼，砍下自己的双手，制成药丸派人送给妙庄王，治好了他的病。

妙庄王痊愈后，得知救他的竟然是小女妙善，顿时悔恨不已，便去求天地神灵帮助妙善恢复手和眼。佛祖得知此事非常感动，为了能让妙善公主随时拯救苦难众生，佛祖赏赐给她千手千眼，妙善公主就成了千手千眼观世音菩萨。

◎ 传统文化小知识

【千手观音】 千手观音，又称为千手千眼观世音菩萨。千手表示大慈悲的无量广大，遍护众生。千眼表示智慧的圆满无碍，遍观世间。千手观音常以四十二手象征千手，每只手中各有一眼。

【西方三圣】 千手观音是阿弥陀佛的左胁侍，与阿弥陀佛、阿弥陀佛的右胁侍大势至菩萨合称为西方三圣。

·大肚容天下的弥勒佛

相传，唐朝末年，有的一天，村民张重天正在江边的田里辛苦劳作，忽然天色暗下来，雷声震响，大雨滂沱而下。张重天正要找地方避雨，忽然远处传来阵阵动听的仙乐声，好像穿过雷声来到他的耳边。他向远处望去，只见江中竟然逆流漂来一朵金黄色的莲花，莲花放射着奇异的光芒，还飘来阵阵清香。

张重天呆立在那里，莲花突然变成了柴草，上面还有个赤裸裸、呼呼大睡的小男孩。这时，一道闪电把天空照得大亮，张重天害怕雷劈到小男孩，赶紧用镢头将柴草扒拉过来，抱起小男孩向家里跑去。

张重天夫妇多年未育，见小男孩长得虎头虎脑，还睁开眼冲着他们笑，不禁十分喜爱。夫妇俩认为是老天体恤他们，就拜托岳林寺的禅师给小男孩起了个名字，叫契此，便收养了他。

小契此天真活泼，给张重天夫妇带来很多欢乐。他经常随父母到岳林寺拜佛，与寺里的罗汉圣僧塑像称兄道弟，大家觉得十分有趣。契此似乎对佛像和寺庙有着强烈的向往，长大后，就在岳林寺落发做了僧人。

契此做了僧人以后，无论走到哪里都带着一个大布袋，里面装着他的木鱼瓦钵、衣裳草鞋，甚至捡来的废品破烂，就好像永远也装不满似的。有人嘲笑他的布袋是个垃圾袋，他总是呵呵笑着说："有时备无时，无用变有用。"于是大家都称他为布袋和尚。

布袋和尚身材矮胖，挺着个大肚子，经常袒胸露腹到集市上化斋，不管化来的食物好还是坏，他都吃得很香。令人惊异的是，他到哪里化斋，哪里的生意就格外地好。即使他躺在雪地里，身上也不会沾丁点儿的雪花。

布袋和尚逢人便笑，常常把布袋里的甜点干果分给孩子们，还在貌似无意的言谈中说别人的吉凶祸福，而且非常灵验。他常常告诫对世人要胸怀宽广，不要过于计较，要包容天下事物。没过几年，大家都认识了他。

有一天，契此端坐在岳林寺的磐石上，缓缓说道："弥勒真弥勒，分身千百亿。时时示世人，世人皆不识。"说完微微一笑，坐化而逝，大家这才知道他是弥勒佛的化身。从那以后，许多寺院便按照布袋和尚的形象塑造弥勒佛了。

◎ 传统文化小知识

【弥勒佛】 释迦牟尼佛的徒弟。因其负有特殊的使命，先离开人世到候补佛基地兜率天内院接受洗礼，而后降生下界成佛。

【四大天王】 佛教的护法神，二十诸天中的四位天神，居住在婆娑欲界第一重天须弥山腰的四座山峰上。以黄金为地的东方为持国天王，以琉璃为地的南方为增长天王，以白银为地的西方为广目天王，以水晶为地的北方为多闻天王。

·女乞丐五台山化斋

有一年，佛教圣地五台山举行无遮大会斋，熙熙攘攘的人群好不热闹。忽然，有位蓬头垢面的女乞丐带着两个孩子和一只小狗挤到最前面。其实是大家看她太脏，而且身上还散发着难闻的气味，都纷纷避开，他们才顺利来到前面。

女乞丐对施斋的和尚说："我有急事，先分给我们饭吧。"和尚看了他们一眼，盛了三份递给她。女乞丐又说："小狗也是生灵，也应该得到一份。"和尚犹豫了一下，又盛了一份给她。没想到女乞丐又说："我肚子里还有个没出生的孩子，还应该再分给我一份。"

这下，周围的人都忍不住了，纷纷指责女乞丐说："没出生的孩子都想要一份，你也太贪婪了！"

女乞丐争辩说："佛说众生平等，难道我肚子里的胎儿就不是人吗？"说完从袖口里拿出一把剪刀，剪下自己的一缕头发，放在桌上念念有词："苦瓠连根苦，甜瓜彻蒂甜，是吾超三界，却被阿师嫌。"念罢腾空而起，女乞丐转眼变为文殊菩萨，两个孩子也变为菩萨的童子，小狗变为文殊菩萨的青狮坐骑。

大家都惊呼不已，纷纷虔诚跪拜。待菩萨离去，大家再一看桌上的头发，竟然变得如金丝般光芒四射，更觉神奇，于是专门修了一座塔，存放文殊菩萨的头发。

◎ 传统文化小知识

【华严三圣】 华严三圣，即华藏世界的三位圣者，即毗卢遮那佛、文殊菩萨和普贤菩萨，一佛二菩萨，合称华严三圣。

【天龙八部】 天神八部又，称为龙神八部，指天众、龙众、夜叉、阿修罗、迦楼罗、乾闼婆、紧那罗、摩呼罗迦八类佛教护法神。因为以天众和龙众为首，所以称为天龙八部。

·玄奘万里取经

玄奘是唐朝著名的三藏法师，本名叫陈祎。他从小就聪明好学，十一岁时开始诵读经书，十三岁出家当了和尚。他凭着坚韧不拔和百折不挠的毅力，最后成为中国佛教法相唯识宗创始人、汉传佛教史上最伟大的译经师之一。

玄奘二十五岁那年，离开长安到西方取经。快走到嘉峪关的时候，他遇见一位骑着马的老人家。听说玄奘独自西行取经，老人家劝他说："西行的道路非常艰险，前行的沙漠里不知道有多少人迷失方向，再也没法返回，最后葬身在茫茫黄沙中，何况你只有一个人，还是趁早返回吧！"

玄奘毫不犹豫地说："我既然立志西行取经，就不会因为困难而退却，即使死在途中也心甘情愿！"老人家不禁被玄奘坚定的意志所感动，将自己的马送给了他。

玄奘骑着马行进在大漠中，果然在一望无垠的沙漠中迷了路，更不幸的是他的水不小心洒光了。没有水，玄奘甚至都不敢吃干粮，他忍着饥渴，给自己不断打气，滴水未进地走了四天四夜。多少次，他以为自己会倒在地上再也无法起来，是心中坚定的信念支撑着他，最后，他找到水，走出沙漠，越过高山峻岭，渡过阿姆河……用了近一年的时间，终于到达目的地。

玄奘在印度学经十五年，成为一流的佛教学者。回到长安以后，他大规模翻译带回来的六百五十七部经书，为后人留下极为宝贵的佛教遗产。

◎ 传统文化小知识

【四谛】 佛教认为世界是一个无边的苦海，四谛就是说明苦难和解决苦难的方法，分为苦谛、集谛、灭谛、道谛。苦谛是说明生命中的苦难，集谛是召集所有的苦难，灭谛是用智慧和修为灭尽苦难，达到净妙安稳的境界，道谛是指修成正果。

【八戒】 八戒指佛教为男女信徒制定的戒条。一戒杀生，二戒偷盗，三戒淫欲，四戒妄语，五戒饮酒，六戒奢华，七戒卧好床，八戒非时食。前七种为戒，后一种为斋，所以总称为八关戒斋。

【皈依三宝】 三宝是佛、法、僧的总称，皈依含有投靠、救济、救护之意。皈依三宝是正式成为佛教信徒、确定信仰目标的表示，表示自己从此成为三宝佛法僧的弟子。

·地藏菩萨袈裟求得九华山

唐太宗时期，原为新罗国王子的地藏比丘带着爱犬善听，驾着帆船顺风来到长江流域。因为受到沙滩阻碍，他弃船徒步而行，一直走到九华山。九华山的山岩顶端很像九个小孩子在玩耍，当时又称作九子山。九华山诸峰罗列、景色秀丽，地藏比丘便决定留在山中苦修。

当时九华山归富豪闵阁老公公所有，闵公平日乐善好施，时常举行供养百僧的斋会。巧的是，自从地藏比丘进山修行以后，闵公每次举行百僧斋会都缺一位僧人，所以他总是恭敬地亲自上山来请地藏比丘。看到地藏比丘在极其艰苦的条件下，日复一日地坚持修行，闵公很是钦佩。

过了几年，地藏比丘决定为众生开辟道场，于是请闵公送些九华山的土地。闵公问："不知道需要多少土地？"

地藏比丘回答："我只要一件袈裟覆盖的地方就足够了。"

闵公很疑惑，那才多大地方，哪里够建造寺庙啊？可是看地藏比丘不像开玩笑的样子，就点头答应了他。

只见地藏比丘脱下袈裟，扬手一抛，袈裟飘飘扬扬从空中落下，竟然盖住了整个九华山！闵公又惊又喜，没想到地藏比丘有此神通，于是欣然奉上土地，并发愿为地藏比丘护法，让儿子出家跟随地藏比丘修行。

地藏比丘在九华山住了七十五年，九十九岁那年安坐圆寂。三年后，信徒们打开装其肉身的石函，发现非但没有腐烂而且栩栩如生，抬动时骨节发出金锁般撼鸣的声音，于是知道地藏比丘实为地藏菩萨。

从那时起，四面八方的佛教信徒们都不远千里来到九华山朝拜，尤其是每年地藏菩萨的圣诞之期，九华山数十里的范围内都是前来叩拜的佛教信徒，九华山成为地藏菩萨的应化道场。

◎ 传统文化小知识

【六道轮回】 佛教认为世间分为天道、修罗道、人间道、畜生道、饿鬼道、地狱道，前三种为三善道，后三种为三恶道。世间众生尽在六道轮回之中，有如车轮回旋，只有佛、菩萨、罗汉才能不入轮回之苦。

【五百罗汉】 五百罗汉的来历说法不同。一说是随释迦牟尼佛听法传教的弟子，二说是参加结集三藏的五百比丘，三说是五百只大雁听佛祖讲法后所化，四说是五百只蝙蝠因听诵经不避火灼而成正果，五说是五百仙人听天女歌声失禅定后终成证罗汉果，六说被剜掉双眼的五百强盗感恩佛祖救助皈依佛门终成正果。五百罗汉秉性不同，外形各异，俨然一幅惟妙惟肖的人间百态图。

·济公救阿福

济公原名李心远，南宋台州人，出家后法名为道济，相传为降龙罗汉转世。他不守出家人戒律，嗜酒嗜肉，举止疯疯癫癫，被称为济癫僧。济公常常为百姓拔刀相助，智斗丞相、惩治贪官、劫富济贫，是百姓心中的活菩萨。有一天，济公算出卖狗肉的阿福将有大祸，就急匆匆下山相助。

阿福的父亲死得早，母亲含辛茹苦把他养大。可阿福不但不体谅母亲，而且脾气很暴躁，动不动就骂老娘是老不死的。更过分的是，从他懂事开始，就没叫过一声娘，这样的不孝之人，为什么济公还要去救他呢？

原来前几天，阿福买了一只老母狗和一只小狗，打算杀狗卖肉。他把杀狗刀放在地上，就进屋提水去了。小狗叼起杀狗刀藏在自己身下，偎着母狗低低哀吼着。阿福出来不见了杀狗刀，就诬赖母亲大骂起来。老母亲被骂习惯了，在一边忍气吞声默默流泪。

阿福越骂越生气，一脚踢开小狗，发现了杀狗刀。那一刻，他猛然醒悟过来：连小狗都知道爱护母亲，难道我却不如一只狗吗？他扑通给母亲跪下，请求她原谅自己，并发誓要好好孝顺母亲。从那以后，阿福真的改过自新，变成了一个远近闻名的孝子，因此济公才决定下山帮助他。

阿福挑着担正走在大街上，突然感到阵阵内急，赶紧放下担子跑进路边的茅厕。阿福还没解开裤子，发现有个人挑着他的担子就跑，他连声大喊，跑出来去追。只听轰隆一声，茅厕的墙砖倒塌，就砸在阿福刚才站的地方，真是万幸啊！

这时，济公挑着担子笑嘻嘻走过来，阿福这才知道是活佛救了他，从此更加孝顺母亲，生意也越来越好。

◎ 传统文化小知识

【六字真言】 六字真言，又称为六字大明咒，蕴含宇宙中的大能力、大智慧和大慈悲，象征一切诸菩萨的慈悲与加持。

【哼哈二将】 哼哈二将，佛教中守护庙门的两个神。他们身材魁梧、面目狰狞，身披重甲相向拱卫在寺院门前。

· 老君借李得圣名

太上老君忧患于人类听天由命者多、信仙修炼者少，决定下凡投胎现身说法。他召来玄妙玉女嘱咐说："我想下凡投胎，然后修炼成仙，以教化百姓。你可先下凡投胎到天水之地尹氏之家，然后选个行善之人出嫁，做我托生的母亲，帮助我修仙。"玄妙玉女奉旨立即下凡投胎。

陈国苦县有户李姓人家，父子俩乐善好施，相依为命，儿子灵飞成年后与天水尹氏女结为夫妻。有天夜里，灵飞从梦中惊醒，看到妻子正祥和端坐，头顶灵光环绕。忽然，窗外天空大亮，竟然出现了一道大门，有九条龙从门内戏珠而跃。顷刻间，那颗明珠划过天空变为五色小珠，穿透窗户射入妻子口中。灵飞惊得闭上眼睛屏住呼吸，不敢出声。

第二天，妻子告诉灵飞怀孕之事，父子俩都觉得很神奇，知道尹氏女一定是仙人下凡，便求她指导修炼之术，从此父子二人静心修身，后来得道升天。

尹氏女就是玄妙玉女的投胎之身，虽然自怀孕起过了八十一年没有分娩，她依然面如少女，健步如飞。有一年二月，李树反常结出累累硕果，玄妙玉女攀枝摘果，突然左肋撕裂，蹦出来一个婴儿。

婴儿落地就会走路，他指着李树说："这就是我的姓。"因为他的耳朵非常大，就取名李耳，又因为他满头白发如七旬老翁，所以又称为老子。

老子尊玉女指导，遍游名山大川，炼丹修行，数十年后终于得道，不但为百姓们解除危难，驱凶避灾，还帮助百姓们修心养性。

◎ 传统文化小知识

【道教三清】 道教三清，指元始天尊、灵宝天尊、道德天尊道教中的三位最高神灵。元始天尊是道教中第一位尊神，存在于混沌之始，宇宙万物之前，为开天辟地之神，也称为玉清元始天尊。灵宝天尊又称为太上道君，列为第二。道德天尊就是太上老君，其原形为道家学派创始人老子，列为第三。

【玉皇大帝】 玉皇大帝，全称为"昊天金阙无上至尊自然妙有弥罗至真玉皇上帝"，是道教神话传说中天地的主宰。玉皇大帝上掌三十六天、下握七十二地，有制命九天阶级、征召四海五岳之神的权力，是道教中最高的主宰之神。

·八仙送寿联

有一年夏天，八仙正四处云游。铁拐李忽然想起王母娘娘快过生日了，就提议说："王母娘娘生日那天，我们去祝贺好不好？"大家听了纷纷赞同。

可是，给王母娘娘送什么寿礼呢？总不能空手去吧？可世间稀罕物，哪有王母娘娘没有的啊！八仙绞尽脑汁，最后吕洞宾有了主意："咱们的能力有限，王母娘娘又什么都不稀罕，不如咱们送一副有意义的寿联如何？"于是大家商议，每人出一个字，编成寿联送给王母娘娘。

铁拐李先说了个"凤"字，张果老想了想，嘿嘿一笑，说了个"毛"字。轮到汉钟离了，他脑筋一转，说了个"麟"字，韩湘子马上就接了个"角"字。现在已经出来了上联——凤毛麟角。蓝采和心想，既然是寿联，就要送上最长寿的字，世间万物龟最长寿，就来这个"龟"字好啦！吕洞宾哈哈大笑说："容易容易，我一个'寿'字接得刚刚好。"曹国舅信手拈来，说了个"鹤"字，最后何仙姑说了个"冠"字，下联也出来了——龟寿鹤冠。

玉皇大帝和王母娘娘看到八仙呈上的寿联，连连称好。玉皇大帝正式封八人为仙，位列天庭仙班。他们八人继续云游天下，为百姓解除苦难、造福人间，成为道教尊崇的神仙。

◎ 传统文化小知识

【王母娘娘】 王母娘娘，也称为西王母、瑶池金母，由先天阴气凝聚而成，原是掌管灾疫和刑罚的怪神，在流传中逐渐转化成温柔慈祥的女神。相传王母娘娘住在昆仑山的瑶池，园中种植可使人长生不老的蟠桃。在天上，王母娘娘掌管宴请各路神仙的责任，在蟠桃成熟时召开蟠桃宴会，宴请各路神仙。在人间，王母娘娘掌管婚姻与生儿育女之事。

·张道陵七试赵升

张道陵得道以后，拜他为师的人络绎不绝，竟然有数万人之多。可张道陵对他们说："你们大多数人没有抛却俗念，很难成仙。我的精要之学只能传给王长和正月初七从东方来的那个人。"

正月初七那天，有个叫赵升的人从东方来到山上，想拜张道陵为师。张道陵见他跟自己预测的长相一样，想试试他的根基和道行，就故意设局试探他。

还没等赵升进门，张道陵派的人在门口拦住赵升并恶言恶语谩骂他。赵升视若无睹，根本不理会他们，在门外露宿了四十多天。张道陵很满意，允许他进了门。

接着，张道陵派他去看管粮仓。到了晚上，一个美若天仙的女人推门进入，说自己路过此地，因为天黑请求借宿。第二天，女人说自己脚疼不肯离去，一连住了好几天，而且极尽所能勾引赵升，赵升依然不为所动，过了张道陵的第二关。

一天，赵升在路上见到三十块金子，他眼都没眨就走过去了，过了第三关。张道陵让赵升去砍柴，忽然三只老虎跳出来咬住赵升的衣服，赵升毫不慌张地说："我只是个小道士，至今为止没做过什么坏事。我千里迢迢到这里，只是为了跟名师学道，难道你们是来考验我的吗？"三只老虎默默地离开了，赵升过了第四关。

第五关，赵升卖掉自己的衣物偿还绢布的钱，只因卖主污蔑他没有给钱。第六关，赵升把自己的衣服和食物赠给向他乞讨的，衣衫褴褛、臭味难闻的乞丐。

张道陵见赵升顺利过了六关，心里十分高兴，便带领众弟子来到山上的悬崖边，崖壁上有一棵结满桃子的桃树。张道陵对弟子们说："谁能摘来桃子，我就传给他修仙的精要。"

众弟子上前一看，天啊，桃树下面是万丈深渊，看着腿都发软，谁敢去摘啊，于是一个个默不出声。只有赵升毫不畏惧跳了下去，正好落在桃树上，把桃子都摘下来扔给大家吃。

张道陵哈哈大笑说："赵升心术正，毫不畏惧，才能顺利通过了七次考验。"从那以后，赵升正式跟张道陵学习修仙之术，终于得道成仙。

◎ 传统文化小知识

【十大名道】 张道陵、葛洪、寇谦之、陶弘景、孙思邈、吕洞宾、陈抟、林灵素、丘处机、张三丰。

【道教之符】 又称为符书、丹书，道教的基本法术之一。道教认为符是由天云气自然形成，把符描摹在纸张或丝帛上，可以在笔墨中体现道的精气。

·三星高照福禄寿

传说福星是汉代道州刺史杨成，因为汉武帝觉得道州的侏儒很好玩，所以让他负责每年向宫中进贡几名侏儒做宫奴。杨成觉得这么做很不人道，于是冒死上谏，对汉武帝说："道州只有长得矮的百姓，没有长得矮的宫奴，恳请皇上废除这项进贡。"汉武帝听了以后深感惭愧，马上下令废除这项进贡。道州百姓为了感谢杨成，奉他为福星，纷纷画像建祠供养，而后渐渐传到各地。

禄神掌管人间的荣禄贵贱，因为来历不明，往往以财神赵公明黑脸长须、头戴铁冠、手执铁鞭、骑着老虎的形象来绘塑。

寿星是一位慈祥可爱的长寿之神，外形精神饱满、额头隆起、鹤发童颜，又叫南极老人。民间传说老子为寿星，称他存在于天地形成之前，经历了三皇五帝直到周朝依然长生不老，所以称为老寿星。

福、禄、寿三星是中国民间信仰之神，能带给人们荣华富贵和健康长寿。三星常常成为民间绘画的题材，福星手中拿着"福"字；禄星捧着金元宝，寿星拄着拐杖，另一只手托着寿桃。

◎ 传统文化小知识

【文武财神】 民间传说的文财神指财帛星君和福禄寿三星。财帛星君面白须长、锦衣玉带，手捧财宝，专管天下金银财帛。武财神指黑口黑面的赵公明和红面长须的关公。赵公明是位威风凛凛的猛将，既能降魔伏妖，又可招财进宝。关公是三国时期的名将关云长，又称为关帝圣君。

【青龙白虎】 青龙是古代神话中的东方之神，白虎是古代神话中的西方之神。青龙、白虎、朱雀、玄武，合称四方四神，是道教的守护神。青龙神名为孟章、白虎神名为监兵，朱雀神名为陵光，玄武神名为执明。

·土地除蛟龙

从前，有个以砍柴为生的单身汉名叫土地。有一天，土地上山砍柴，砍完后才发现忘记带捆柴禾的绳索了。他正发愁，不经意间瞥见岩洞口有两条长藤，于是用柴刀割下，捆好柴禾下山了。

那天夜里，土地梦见有个白发红须的老头儿瞪着眼睛，怒气冲冲地对他吼："长藤连着我的心，你为什么割断我的老龙须？"

土地问："你是什么人？"

老头儿恶狠狠地回答："我是在南山修炼了九百九十年的蛟龙，马上就要功德圆满出山入海了，我的龙须伸出洞外是为了汲取日月精华，你却把它们割断了！我警告你，要是你胆敢再割一次，我就要好好教训你，还让你做一辈子穷人、打一辈子光棍！"土地气极了，刚要说话就从梦中醒了过来。他回忆梦中所见，记得以前听别人说过，蛟龙出山洪水就会淹没村落、残害生灵。哼！我土地一定不让恶龙出山入海！

天亮了，土地依旧上山砍柴，砍完柴，他看到洞口仍然伸出两根长藤，就毫不犹豫地又割下来捆柴禾。夜里，土地梦见老头儿放在他面前一包银子，然后和气地对他说："土地啊，只要你不割我的龙须，我就送你一百两白银。"

土地把银子扔向老头儿："谁要你的银子，你出山入海会毁了我们的村落！"

老头儿紧皱眉头，流出两行泪说："土地饶了我吧，不要让我的修行毁于一旦。明年夏至我出山入海的时候，保证大水从桥下过，绝不让洪水涨过桥。"土地见他哭得可怜，心想：他既然不害我们，我也应该成全他啊！于是答应了他。

转眼到了第二年夏至，晴朗的天空突然乌云密布，下起倾盆大雨。到了正午时分，只听轰隆一声，山洪汹涌而泻，转眼间就涨到桥口，涌向稻田。

土地知道老蛟龙没有守信用，拿起锄头向桥头奔去。刚到桥头，就看到老蛟龙借着洪水向山下游来。土地举起锄头锄向蛟龙，一下子就锄断了龙须，老蛟龙吐出最后一口洪水，慢慢退回山里。

土地因为用力过猛，不小心掉落下桥被淹死了，洪水也奇迹般退去。从那以后，每年洪水涌下来时，流到桥下便转向别处，使村庄不受洪灾之苦。当地村民为了纪念土地，就把那桥称作转洪桥，并在桥边建了一座土地庙。

◎ 传统文化小知识

【土地公】 又称为土地爷，他的老伴儿称为土地婆、土地奶奶，他们是级别最低、权力最小的神仙，绝大多数无名无姓。

【灶王爷】 又称为灶神、灶君，民间居家保护神。灶王爷在每年的腊月二十三小年那天，要升天向玉皇大帝汇报人间喜恶，所以凡间各户都要在那天举行祭灶活动。虽然各地祭灶形式有所不同，但是祭品都缺不了麦芽糖做成的灶糖，目的是为了粘住灶王爷的嘴，免得他上天说坏话。

· 忘却前尘孟婆汤

传说孟婆生于西汉，从小就喜欢研习儒家书籍，长大后开始吃斋念佛，孟婆一生未嫁，常常规劝世人吃素行善。

孟婆熬得一手远近闻名的好汤，喝的人都赞不绝口，渐渐就传到皇帝那里。吃遍天下山珍海味的皇帝也迷上了孟婆的汤，想留孟婆在宫中为他一人熬汤，孟婆不应，皇帝一怒之下杀害了孟婆。孟婆到了阴间后，阎王爷体恤她一生勤恳而乐于助人，就命她为幽冥之神，在奈何桥畔开了个店，专门熬煮给鬼魂喝的孟婆汤。孟婆汤分甘、苦、辛、酸、咸五种口味，喝下以后就会忘记一切。

鬼魂在各殿受过刑罚后，最后都被押到十殿转轮王那里登记，然后投胎。投胎前，他们要到孟婆店里喝孟婆汤。如果有不肯喝的鬼魂，它的脚就会被双钩绊住，喉咙被铜管刺破强制灌下。

孟婆日复一日地煮着汤，见了太多不想忘记前生的鬼魂，那些哀求与绝望的表情总是在孟婆脑海里回荡。渐渐地，孟婆承受不住了，她觉得自己在逼那些有情人各奔东西、逼背负仇恨的人忘记血债……于是，孟婆喝了一碗自己熬煮的汤，变成了没有思想、没有记忆的孟婆，在奈何桥畔默默地熬着汤。

◎ 传统文化小知识

【十殿阎王】 十殿阎王，十个分管地狱的阎王总称。每个阎王都有各自明确的分工和职责，都听从地藏王的调遣，第五殿阎王为他们的统领。

【四大判官】 四大判官，权位仅次于十殿阎王的冥界官员，职责是判处人的生死轮回，惩罚恶人，奖赏善人。有身穿绿袍的赏善司、身穿紫袍的罚善司、身穿蓝袍的察善司、身穿红袍的崔判官。其中，崔判官左手执生死簿，右手握勾魂笔，专门给善者添寿，判恶者归阴，是四大判官之首。

·钟馗怒打宰相

钟馗原是唐朝终南山一个博学的秀才，外形威猛魁梧，而且生性耿直。只是，钟馗的容貌十分丑陋，铁面虬须、豹头环眼，令人望而生畏。

又是一年应考时，钟馗前往长安应试，在考场上文思泉涌、一气呵成，被录取为贡士之学。皇上殿试时，见钟馗容貌丑陋，心中十分不悦，说："堂堂大国选状元，不仅要德才兼备、文武双全，外貌也要仪表堂堂，才能显我大国之威。此人相貌异常丑陋，怎可做状元！"

宰相见皇上发怒，赶紧附和说："候选之人三百名，皇上可另选他人。"

钟馗闻言大怒，跳起来举起手中的笏打向宰相，整个大殿乱成一团。皇上大发雷霆，喝令武士拿下钟馗。钟馗又气又怒，拔出站殿将军腰间的剑自刎而死。皇上念其忠烈，追封他为驱魔大神，让他遍行天下，专斩妖邪鬼魅。

【十八层地狱】 传说人活着的时候如果为非作歹，死后就要进入十八层地狱。一拔舌、二剪刀、三铁树、四孽镜、五蒸笼、六铜柱、七刀山、八冰山、九油锅、十牛坑、十一石压、十二舂臼、十三血池、十四柱死、十五磔刑、十六火山、十七石磨、十八刀锯。十八层地狱的传说，意在奉劝人们要积德行善，勿做不良之事。

·朱元璋重建城隍庙

1344 年的九月，由于春夏大旱和瘟疫，古濠州寸草不生，处处一片荒凉景象。朱元璋的父母和大哥都在灾疫中死了，小哥哥也到他乡逃荒去了，只剩下朱元璋一人。

朱元璋家的老邻居汪母很喜欢朱元璋，从他孩童起就很照顾他，这时见他可怜就好心收养了他。可汪氏也是孤儿寡母的穷苦人家，自家的生活都很困难，哪里养得起他呢？没办法，汪母只好流着泪送他去皇觉寺出了家。

从此，朱元璋就在皇觉寺当了名小行童，负责打扫大殿和禅房。过了不到两个月，寺庙里也穷得揭不开锅，朱元璋只好到处云游化斋，讨口饭吃，一直在外过了三年。

在古代，最常见的庙宇就是城隍庙。城隍的古意指护城河，是保障城市安全之神，许多受到人们敬仰的人物都被奉为城隍。

朱元璋三年的云游生活中，各地的城隍庙就是他的栖身之所，他对城隍庙有着很深的感情。他做了皇帝以后，不但封京城的城隍为承天鉴国司民升福明灵王，与人间皇帝同等待遇，还下旨各地重建城隍庙，规模与当地衙门等同，于是，各地就出现了阴阳两个衙门。

◎ 传统文化小知识

【牛头马面】 牛头、马面，阴曹地府的勾魂使者，各地的城隍庙中都有他们的形象。牛头又叫阿傍，外形为牛头人身，手持钢叉，力大无穷。马面又叫马头罗刹，外形为马面人身，是牛头的老搭档。

【黑白无常】 黑白无常，城隍庙中常见的小鬼塑像，一黑一白，不但负责捉拿恶鬼，按照阎王爷生死簿上的名单到阳间索命，还负责在城隍爷前捉拿不法之徒。

·张路斯夺龙宫

　　唐代时期有个叫张路斯的人，从小聪明好学、博览群书，十六岁就及第做了县令。任县令期间，张路斯上不溜须拍马，下体恤民情，而且办案明察秋毫、公正不阿，深受百姓爱戴。可惜后来，张路斯遭到小人陷害，被免官搬到乡下务农。

　　张路斯和夫人石氏生了九个儿子，各个身强力壮，是做农活的好手。他们住的地方属丘岗地带，收成多少只能靠天，百姓都深受其苦。张路斯利用农闲时观察地势，带领九个儿子在低洼处修建了一口大塘，可蓄水浇灌下游田地，帮大家解决了多年的旱地之苦，于是百姓都很拥护他。

　　过了一段时间，石氏发现张路斯经常在夜里偷偷出去，到天快亮时才浑身湿漉漉地回来，觉得很奇怪，便忍不住问他怎么回事。张路斯回答说："我现在做了龙王，可是郑祥远那条龙要来霸占我的大塘，所以我天天出去和他争斗。明天是我们决战的日子，你叫儿子们用箭射他，助我一臂之力。"

　　石氏非常惊讶，连忙问道："二龙混战，他们怎么分辨哪个是你呢？"

　　张路斯说："我是系红绡的白龙，他是系青绡的乌龙。"

　　第二天，天空电闪雷鸣，暴雨倾盆，两条龙在塘中不停地翻滚着、厮杀着。张路斯的九个儿子早已准备好箭，朝着乌龙嗖嗖嗖射去。乌龙受伤腾空飞跃，触山峰而亡。

　　张路斯把大塘交给九个儿子管理，就和石氏隐居在村外的树林。九个儿子精心管理大塘，后来都变成了龙，后来百姓就把那口大塘叫作九龙塘。

◎ 传统文化小知识

　　【四海龙王】 四海龙王，指东海龙王沧宁德王敖广，南海龙王赤安洪圣济王敖润，西海龙王素清润王敖钦，北海龙王浣旬泽王敖顺。

　　【龙生九子】 民间流传龙生九子不成龙的说法，就是说龙的九种子嗣都不是龙，而是九种不同的动物。

·关公巧排风雨

自从关公升天掌管风雨后，年年四季风调雨顺，五谷丰登。百姓为了感谢关公，为他建起关公庙，络绎不绝地前来朝拜。

关公庙的对面有座土地庙，一年到头没有多少香火，土地爷不由发起牢骚："这掌管风雨有什么难，让我管肯定比他管得还好！"

没想到才过了几天，机会就来啦。关公要去参加王母娘娘的蟠桃会，只好拜托土地爷代他掌管风雨。土地爷扬扬自得地想：这回可要看我的能耐啦！关公刚走，庙里就来了四个人，一齐跪下求愿。

晒烟叶的祈愿说："求关公老爷行行好吧，千万别下雨，我的烟叶再不晒就要发霉了。"土地爷心想这不容易，就答应了他。

种庄稼的祈愿说："求关公老爷行行好，快下雨吧，我的禾苗都快干死了。"土地爷想都没想就答应了。

栽树的祈愿说："求关公老爷行行好，千万别刮风，把我果园里果树上的花刮掉了就不结果了。"土地爷又答应了。

乘船赶路的祈愿说："求关公老爷行行好，快快刮起大风吧，船行得太慢就会误事的。"土地爷又答应了他的要求，于是四个人心满意足地走了。

土地爷仔细一想四个人的要求，不禁犯了难，这不是互相矛盾吗？他左思右想也没有想出万全之策，只好把关公叫了回来。

关公听土地爷说了四个人的要求，拿起笔刷刷刷地写出执行措施：白天太阳晒烟叶，黑夜下雨浇庄园，刮风不进果树园，清风顺河送客船。

土地爷一看关公这么轻松就解决了令他头疼的问题，佩服得五体投地，再也不敢轻视关公了。

◎ 传统文化小知识

【关帝圣君】 关帝圣君，指三国时期的名将关羽，因为他忠义仁信，千百年来一直得到后人的拥戴，历代帝王都为他加封。宋代以后，关羽逐渐被神化，被尊称为武王、武圣人，与文圣人孔子并肩。因为他的地位越来越显赫，民间各行各业都奉他为行业崇拜神，渐渐就变成了著名的武财神。

·妈祖救父

大约在北宋年间，福建湄洲湾有位林都巡检与妻子王氏乐善好施。他们的儿子从小就体弱多病，夫妻俩一直盼望能再生个孩子。

有天夜里，王氏梦见观音菩萨温和地对她说："你们夫妻平日行善积德，现在我赐给你仙丸，服下后会圆你多年的心愿。"王氏接过药丸吞下，醒来才发觉是场梦。可令人惊奇的是，王氏竟然真的怀孕了，生下一个漂亮的女孩。因为小女孩出生后不哭也不闹，便给她取名叫默娘。

默娘聪明伶俐，八岁时就读私塾，喜爱研究道法，十三岁时就获得道典秘法。十六岁生日那天，默娘到古井边梳妆。突然，井里射出金光，一位白胡子老公公出现在默娘眼前。他笑眯眯地递给默娘一对光闪闪的铜符，转眼又不见了。

默娘得到铜符以后，发现自己能够夜观天象、辨别潮音，于是开始为渔民们预报天气和鱼汛，远近的渔民都很感激默娘。

有年秋天，默娘的父亲和哥哥有急事坐船去江浙。船行到半途时，忽然间狂风大起，波浪滔天，一下子就把船掀翻了。此时默娘正在家中织布，突然觉得胸口闷痛，就趴在织布机上睡着了。她梦见父亲和哥哥都在大海里挣扎，于是赶紧跳下海救他们。默娘用嘴咬住父亲的衣服，用双手托着哥哥，奋力向岸边游去。

这时，默娘的母亲见她趴在织布机上睡觉，就喊她起来，想让她去床上睡。默娘听到母亲喊她，刚张口答应，父亲就掉到海中被巨浪冲跑了。她急得从梦中哭醒，后来哥哥自己回来，才知道父亲真的遇难了。

二十八岁那年的重阳节，一大早，默娘就焚香念经，然后对大家说："我的心很清静，不愿居于凡间。今天我要登山远游，实现自己的心愿，所以跟大家告别。"说完，默娘就登上湄峰最高处，只见封顶浓云聚合，默娘腾云而去。

渔民们为了纪念默娘，尊敬地称她为妈祖，在沿海建了许多妈祖庙。此后，妈祖经常显灵，乘云穿游各岛屿之间，营救遇难迷航的船只。

◎ 传统文化小知识

【麻姑献寿】 麻姑是民间传说中的女寿仙，相传是北赵十六国有名的残暴将领麻秋的女儿。麻秋生性暴虐，役使百姓时只准在鸡叫时才稍作休息。心地善良的麻姑非常同情百姓，于是偷偷学鸡叫，让民工可以早点休息。后来，麻秋发现女儿的秘密，要用鞭子抽打她，麻姑逃到丹霞洞中潜心修炼，最后得道升天。王母娘娘在三月初三生日举行蟠桃会时，麻姑献上亲手用灵芝酿成的美酒，王母娘娘非常高兴，就是著名的麻姑献寿。

·雷神镇妖魔

很久以前，人间有很多妖魔鬼怪出来作恶，百姓深受其害，恳请玉帝相助，于是玉帝派雷神掌管人间雷电，为百姓除妖镇魔。

可是雷神也没做过除妖镇魔的事情啊，他思来想去也没想出来怎样除妖镇魔。后来他索性先下凡到人间，没准能找到好办法呢。

雷神刚下凡，天上就掉下来一件东西，咣的落到他前面的大青石上。他捡起来一看，原来是太上老君炼仙丹用的拨火棒。这时，他耳边传来太上老君的声音："我那拨火棒能自动发出火花，所以经常使炼丹炉走火，让我炼不好仙丹，所以送给你啦，也许你能派上用场哩。"

雷神哈哈大笑，谢过太上老君。别说，这个拨火棒还真是好东西，指向哪里，哪里就闪电发光，雷神给它取名叫霹雳棒。

雷神听说有一对能采集阳光叫作夔的野兽，用夔皮制成的鼓能发出惊天动地的雷声，可以震住妖魔。雷神捉住母夔，用它的骨头做成鼓槌，又用霹雳棒击中公夔，用它的皮制成了夔鼓。雷神挥起霹雳棒，一道闪电划过天空，雷神敲起夔鼓，雷声轰隆震撼大地。

电闪雷鸣不但镇住了妖魔鬼怪，而且能够替天行道，惩罚为非作歹的恶人，所以百姓还尊雷神为正义之神。

◎ 传统文化小知识

【天象崇拜】 古人无法解释风雨雷电等自然现象，认为这都是由神灵主宰，只能取悦于神灵，祈求保护，于是形成了天象崇拜。

【山神崇拜】 古人认为高山上云雾缭绕，是适宜神仙居住的场所，而高耸入云的山峰则是神仙登山的途径，所以将高山视为神灵，定期举行祭祀活动。

【图腾崇拜】 史前时代的人们认为，本氏族的人都与某种动物或植物有着特殊的关系，所以奉那种动物或植物为图腾，作为该氏族的标志和象征，并举行种种隆重的祭祀活动，以示尊敬。

第五辑

光耀千古的
名川胜水

　　仁者乐山智者乐水，奇山秀水一向是文人雅士们的钟情之地。遍览三山五岳，可见黄山之奇丽、庐山之秀美、雁荡山之灵幽、泰山之雄伟、华山之险峻、衡山之烟云、恒山之奇崛、嵩山之萃秀。再看五湖三江，洞庭湖、鄱阳湖、太湖、洪泽湖、巢湖各具秀姿，怒江、澜沧江、金沙江三江并流更显浩荡。山的厚重沉实与水的灵动秀美形成绝佳组合，引得古人从上善若水说到子在川上，也许在那时，人文诗情就已与名山胜水自然融合，形成了光耀千古的山水文化。

·秦始皇泰山封禅

秦王嬴政消灭六国以后，把三皇的"皇"字和五帝的"帝"字合在一起，自称皇帝，为了表明自己是第一代皇帝，又称为秦始皇。他听说帝王必须亲自到泰山举行封禅大典，让上天接受帝王的祭祀，承认帝王的德行，才能成为真命天子，就急匆匆带领文武大臣和一群儒生来到泰山脚下。

封，指到泰山上筑坛祭天；禅，指在泰山脚下的小山梁甫扫除祭地。由于很久没举行过这种仪式，大臣们都不知道该怎样进行，秦始皇就询问儒生。儒生们告诉秦始皇，帝王应该上山，如果非坐车，也要用蒲草裹着车轮，显示对泰山的敬重。儒生们的话让秦始皇觉得有辱尊严，他心想：我倒要看看泰山能奈我何！于是就禁止他们参加封禅，坐着车带领亲信大臣一路砍树凿石向泰山顶而去。

秦始皇他们浩浩荡荡地上了泰山，祭完天又在山顶立起块大石碑，正绞尽脑汁想在碑上刻点什么丰功伟绩，突然天色大变，滚滚乌云从天边而来，马上就要降下倾盆大雨。秦始皇大惊失色，看来一定是自己没听儒生们的话，惹怒了山神，所以要降下暴雨发起山洪，要把大家都冲走。想到这儿，秦始皇车也不敢坐了，拔腿就往山下跑。

刚跑到五松亭，震耳欲聋的雷声响起来，暴雨劈头盖脸浇下来。秦始皇站立不稳，眼看着就要被冲下山。紧急时刻，他发现路边有棵大松树，就连忙扑过去抱住树干，不停地念叨"树神保佑"。大臣们也都跪在地上，乞求山神饶恕不敬之罪。

过了一会儿，雨停了，乌云也散了。秦始皇认为是树神救了他，就给那棵松树封爵为"五大夫松"。

◎ 传统文化小知识

【三山五岳五岭】 三山指安徽黄山、江西庐山、浙江雁荡山。五岳指中岳河南嵩山、东岳山东泰山、西岳陕西华山、南岳湖南衡山、北岳山西恒山。五岭指越城岭、都庞岭、萌诸岭、骑田岭、大庾岭。

【泰山四大奇观】 泰山位于山东省中部，山势雄奇，景色秀美，居五岳之首，古时被称为五岳之长、五岳独尊等。泰山是中国历史上受过皇帝封禅最多的名山，也是佛、道两教兴盛之地。泰山日出、云海玉盘、晚霞夕照、黄河金带四大景观是中外游客必看的奇观。

·黄帝炼金丹

相传，黄帝在位一百多年，他夜以继日为百姓操劳，使天下安定、风调雨顺、百姓安居乐业。渐渐地，黄帝觉得自己的精力逐渐衰落，就让出皇位，拜大臣中的两位仙翁容成子和浮丘公为师，跟着他们学习修道炼丹和升仙之术。

浮丘公说："修道炼丹必须在名山秀水之地，才能事半功倍炼成丹药。"于是他们跋山涉水，游历大江南北，最后来到黄山。他们见这里气贯群峰、清泉叮咚，到处都是奇花异草，认为是炼丹的绝佳之地，于是就在黄山安住下来。

每天，黄帝都和容成子、浮丘公一起伐木烧炭、采药煮石，不管是狂风暴雨还是寒冬酷暑，从不间断。据说丹药必须反复炼九次才能成功，尽管难度一次比一次大，黄帝的决心也越来越大。就这样一天天过去，过了四百八十年，金丹终于炼成了。

黄帝非常欣喜，马上就服了七粒金丹，顿时感觉身轻如燕，竟然能腾空而起。两位仙翁让他再服四十粒，过了一会儿，黄帝的苍苍白发变得乌黑油亮。这时，从紫云峰的崖隙间流出一道香气扑鼻、热气腾腾的红泉，黄帝在红泉中沐浴了七天七夜，竟然脱胎换骨、返老还童了。

突然，一条白龙从红泉中腾空而出，天空如仙境般云雾缭绕。云开雾散以后，空中降下上天赐予黄帝的霞衣、宝冠、珠履等衣物，还有一壶琼浆玉液。黄帝回到望仙峰石室，饮尽琼浆玉液，换上衣物，顿时身上霞光万道。

这时，天上又降下飞龙，黄帝与两位仙翁乘上飞龙，在望仙峰顶升天而去。至今，黄山上许多山峰的名字依然和这个传说有关。

◎ 传统文化小知识

【黄山"四绝"】 风景秀美的黄山位于安徽省南部，屹立着成群的巍峨奇特的山峰，号称七十二峰。其中海拔 1500 米以上的大峰不下 30 个，天都、莲花、光明顶为三大主峰。黄山的奇松、怪石、云海、温泉集天下名山之美，堪称黄山"四绝"。

· 弄玉乘凤飞华山

春秋时期，华山有位擅长吹箫的隐士叫箫史，他吹的箫声有如仙乐飘飘，绕梁而不绝。秦穆公听说箫史技艺高超，便召他进宫，让他在文武百官面前吹奏乐曲。悠悠扬扬的箫乐响起，所有人都陶醉在美妙的音乐中，连百鸟也闻声而来，在宫殿外盘旋鸣唱。

秦穆公有个聪明美丽的女儿名叫弄玉，她非常喜欢音乐，而且擅长吹笛。优雅悦耳的箫声把弄玉公主吸引过来，她偷偷地看着英俊潇洒的箫史，爱慕之情油然而生。从那以后，每次箫史吹箫，弄玉公主都偷偷来看。有一天，令人如醉如痴的箫乐使弄玉公主再也按捺不住，她吹起笛子为箫史伴奏。他们合奏的乐声连叽叽喳喳的小鸟，都落在大树上安静地倾听。就这样，箫史也爱上了多才多艺的弄玉公主。

秦穆公见女儿与箫史相爱，便把她许配给了箫史。夫妻俩婚后恩爱无比，可箫史非常讨厌宫廷内慵懒浮华的生活，他决定带妻子回幽静的华山修身养性。箫史拿出紫玉箫吹奏起来，随着美妙的箫乐响起，一对赤龙彩凤从空中飞来，落在眼前，箫史和弄玉公主骑上它们腾空而去，很快就飞到华山中峰。

夫妻俩过起神仙般自由自在的生活，每日骑着神马在山峰间驰骋，以吹箫引凤为乐。后来，人们就把华山中峰叫作玉女峰，并修建了玉女祠、引凤亭等与弄玉公主有关的名胜古迹。

◎ 传统文化小知识

【华山】 华山位于陕西省渭南市的华阴市境内，北临渭河平原和黄河，南依秦岭，是秦岭支脉分水脊北侧的一座花岗岩山。华山群峰挺秀，山势峻峭，素来以险峻称雄于世，得到很多诸如"华山天下险""奇险天下第一山"的美誉。

【自古华山一条路】 因为华山非常险峻，所以唐朝以前很少有人攀登。历代君王举行祭祀西岳的大典时，都是在山下的西岳庙中进行。古书上记载，华山是轩辕黄帝会群仙之所，黄帝、虞舜也曾到华山巡狩，秦昭王曾命令工匠施钩搭梯攀上华山。唐朝时，随着道教的兴盛，道徒们开始依山建观，在北坡沿溪谷而上开凿了一条险道，一直使用至今，所以称作"自古华山一条路"。

·涂山氏女惊变启母石

相传远古时期，大禹的父亲鲧是嵩山一带的部落酋长，因为治理洪水九年没有成功，被祝融杀死。舜推举大禹继承父位，继续治理洪水。

大禹来到嵩山，借鉴父亲失败的经验教训，决定采取以疏导为主的治理方法，在太室与少室两山之间，开凿一条疏泄洪水的通道。大禹每日奔波在山川河流之间，妻子涂山氏女很心疼他，为了支持他的工作，也来到了嵩山，给他洗衣做饭。

有一天，大禹出门前嘱咐妻子说："我今天很忙，不知道什么时候能有空吃饭，你听到我的击鼓声后，再来给我送饭吧。"于是涂山氏女在家准备饭菜，等着大禹的鼓声。

大禹为了尽快凿开山间通道，就变成一只大熊在山石间忙忙碌碌，不知不觉就忘记了吃饭的时间。大禹不小心踢落一块石头，正巧落在鼓上，发出"嘭"的一声。涂山氏女听到鼓声，以为大禹饿了让她送饭，赶紧装上饭菜跑上山。可是她东张西望，也没看到大禹，只看到一只大黑熊在忙着治水。

涂山氏女突然明白过来，原来跟自己生活在一起的丈夫竟然是只熊！她越想越害怕，越想越气愤，转身就向山下跑去。大禹发现妻子发疯般地跑，知道是自己吓坏了她，赶紧在后面追赶。追到太室山南麓时，涂山氏女眼看大熊就要追上自己，吓得一停步，转眼就变成块巨石。

大禹知道妻子身怀六甲，急得大喊："把孩子还给我！"只听轰隆一声巨响，从巨石北面破裂的地方出现一个男婴，就是后来的君主夏启。那块巨石，就被称为启母石。后人为了纪念大禹治水辛勤忘我的精神，就在启母石前建造了启母庙和启母阙，一直保存至今。

◎ 传统文化小知识

【嵩山】 嵩山位于河南省登封市，由太室山和少室山组成。根据山峰坐落方位、形状外观、名人遗迹等，把嵩山分为太阳、少阳、明月、万岁、凤凰、松涛、罗汉……七十二峰。嵩山有许多美丽的传说，是历代帝王祭祀封禅、文人学士游宴讲学、僧佛学家传教修行的圣地。

【中岳八大景】 嵩门待月、轩辕早行、颍水春耕、箕阴避暑、石淙会饮、玉溪垂钓、少室晴雪、卢崖瀑布。

·火神祝融

　　古时候，有个管理天地的神名叫高阳氏。为了方便管理，他把天上的事情交给大儿子高阳重掌管，把地上的事情交给二儿子高阳黎掌管。两个儿子很有才干，都把自己的管界治理得井井有条。哥哥还把天上的火种送给弟弟，让人间能够用火照明和烤制熟食。弟弟为了报答哥哥，便教凡人用食物祭天，于是天上人间相处融洽，大家生活得其乐融融。

　　高阳氏见兄弟俩能够互相帮助，很是高兴，就封高阳重为祝神，封高阳黎为融神。因为兄弟俩亲密无间，后人总是把他们当一个人看待，将他们的神号合称为祝融。就这样天下太太平平过了很多年，直到出现了恶神共工氏。

　　共工氏长着铜头铁额，不但力大无穷，而且非常凶猛。他要夺取高阳氏的权位，便带头起来造反、攻击高阳氏。祝融兄弟俩带领天兵天将和凡间的兵马，好不容易帮助父亲打败了共工。不幸的是，高阳氏死后，继承者高辛氏害怕祝融兄弟俩功劳太大，将来不服他的调遣，就推说他们没有在战场上杀死共工氏，导致他撞到不周山，给天上地下带来了灾难，就把兄弟俩杀害了。

　　可是，人间少了管理火种的神，闹出了不少乱子。高辛氏为了安抚民心，赶紧把高阳氏的三儿子吴回封为祝融，让他承袭了两位哥哥的封号，只是不许他掌管天上的事情。吴回非常憨厚耿直，并不与高辛氏争夺权力，勤勤恳恳地住在南岳衡山，管理凡间火种。

　　祝融在衡山活到一百岁才死去，百姓把他埋在衡山的一个山峰上，把那个山峰称为赤帝峰，把他曾居住的最高峰称为祝融峰，并在祝融峰顶修建了祝融殿，永远纪念他。

◎ 传统文化小知识

　　【衡山】 位于湖南省衡阳市南岳区，全山由巨大的花岗岩体构成，重峦叠嶂、气势磅礴。由于气候条件较好，衡山处处终年翠绿，各种奇花异草四季飘香，自然景色十分秀丽。衡山还是著名的佛教圣地，南岳大庙有江南第一庙、南国故宫的称号。

　　【南岳八绝】 祝融峰之高、藏经殿之秀、水帘洞之奇、方广寺之深、磨镜台之幽、大禹碑之古、南岳庙之雄、会仙桥之险，被称为南岳八绝。

·姑嫂舍身跳岩

很久以前，浑源县有位非常美丽的姑娘。有一年夏天，姑娘的老母亲得了重病，她便和嫂子上恒山为母亲采草药。

她们刚走进树林深处，就遇见一只恶狼张着血盆大口扑过来，姑嫂二人吓得惊叫起来。正在这危急时刻，从后面冲过来一位青年，挥起木棍向恶狼打去，恶狼疼得逃跑了。姑嫂二人连连向青年道谢，得知他是在恒山修庙的画匠。

姑娘见他谈吐不凡、英俊忠厚，不由产生爱慕之情。嫂子看出她的心思，在一旁穿针引线，帮助画匠和姑娘定下终身。没想到，知府大人的公子久闻姑娘美貌出众，姑娘的母亲也嫌贫爱富，逼着她答应知府公子的婚事。姑娘没办法，连夜逃出家门去恒山找画匠，嫂子知道小姑逃跑后，怕她出意外，追着她来到恒山。

姑娘寻遍恒山也没有找到画匠，她站在恒山峰顶，望着正一点点逼近的知府公子和他的家丁们，义无反顾地从万丈峰顶跳了下去。嫂子听说小姑从峰顶跳下，也从峰顶跳了下去。

姑嫂二人的壮烈行为感动了北岳之神，他施展神术，把姑娘化为百灵鸟，嫂子化为找姑鸟，每天绕着恒山飞，凄凉的鸣叫声响彻在恒山各峰之间。从那以后，她们姑嫂跳崖的地方就被称为姑嫂崖，因为瑰丽的晚霞总是把姑嫂崖映染得缤纷如画，所以又称为夕阳岩，成为恒山的一处胜景。

◎ 传统文化小知识

【塞北第一山】 恒山坐落于浑源县城南，绵延数百里，主峰分为天峰岭、翠屏山双峰。山上怪石嶙峋，古树参天，亭台殿宇美如画卷。恒山自古以来就是重要的天然屏障，是塞外高原通向冀中平原的战略要地，被称为塞北第一山。

【恒山十八景】 恒山十八景，即磁峡烟雨、云阁虹桥、云路春晓、虎口悬松、果老仙迹、断崖啼鸟、夕阳晚照、龙泉甘苦、幽室飞窟、石洞流云、茅窟烟火、金鸡报晓、玉羊游云、紫峪云花、脂图文锦、仙府醉月、弈台弄琴、岳顶松风。

【恒山悬空寺】 恒山悬空寺创建于北魏后期，是中国仅存的儒、佛、道三教合一的独特寺庙。全寺离地百余尺，建于绝壁之上，采用凿洞架木为基础，凌空构筑整个寺庙，就像是悬在山腰上的一尊精巧别致的玉雕。寺内共有殿宇楼阁 40 间，有铜铸、铁铸、泥塑、石雕像共 78 尊。

·白居易雅兴题字

相传，唐朝著名诗人白居易非常喜欢庐山，心情不好的时候常常来庐山游玩以消愁解闷。因为朝廷奸臣弄权，白居易空有其志难以报国，便决定远离仕途，在庐山买了块荒地，建起"草堂"，过着隐居生活。

有一天，他听说庐山西边的山顶上有座晋代建筑的大林寺，寺前边有片桃树林，正是桃花盛开的时节，风景格外迷人，便邀请东林寺的慧恩和尚，一起往大林寺而去。果然，大林古寺与山下相比，别有一番景致。寺前庙后，盛开的桃花点缀在青山绿林之中，似一幅美丽的画卷。

大林寺的方丈热情接待了他们，在清净的林荫下摆上桌椅，亲自为他们备茶。白居易有些累，靠在躺椅上不知不觉睡着了。朦胧中，他感觉到自己来到一片桃树林，密密麻麻的桃树使他无法找到前行的路。忽然，有位穿着粉色素裙的美貌少女拨开花枝，飘飘然来到他的面前施礼说："我是这里的桃花公主，得知白居士来游桃林，特来为您引路。"

白居易赶紧还礼道谢。桃花公主轻拂双袖，桃树林神奇地显现一条小径，白居易随着桃花公主走进桃树林。顿时，满园芳菲直扑眼帘，彩蝶、蜜蜂在桃花间飞舞，随风飘扬的花瓣落在白居易身上，花香沁人心脾。白居易流连其中，在通幽的曲径上走了一程又一程，似乎永远走不到头，他不禁感慨道："真是人间仙境啊！"

慧恩和尚听见白居易在说梦话，连忙把他叫醒。大林寺方丈听白居易讲完梦中所见，对他们说："离这里不远的确有片桃树林，贫僧可带你们前去观赏。"到了桃树林，白居易惊讶极了，眼前的美景竟然与梦中见到的一模一样！

白居易非常高兴，当即找来纸笔，题了"花径"两个字，被后人刻在石上，置于花径的景白亭中。

◎ 传统文化小知识

【庐山】 庐山位于江西省北部，山体呈椭圆形，共有九十九峰。传说周朝时，曾有匡氏七兄弟上山结庐修行，所以又把庐山称为匡庐。庐山素以雄、奇、险、秀闻名于世，庐山的云雾千姿百态、瞬息万变，巍峨俊秀的山峰，飞流直下的瀑布，众多的历史古迹和盛夏如春的气候，使它成为著名的风景游览区和避暑、疗养的胜地。

·峨眉四女图

从前，在峨眉县城外有个西坡寺，寺里的和尚有位技艺高超的老画家朋友。有年春天，老画家邀请和尚同游乐山乌龙寺。和尚推辞说："这里到乐山有几十里路，来回要一天时间，我实在腾不出时间。"

老画家见和尚没时间去，便独自去了乌龙寺，还不到半天的时间，他就兴冲冲地回来了，还带回来几张乌龙寺的画送给他。和尚很奇怪，他咋那么快就回来了呢？看他拿回来的画，也的确是出自乌龙寺。和尚自幼喜欢字画，只顾着欣赏字画，也就没有再问究竟。

老画家在寺里住了几天，临走时要给和尚食宿费，和尚坚决不收。于是老画家取出纸墨笔砚，给和尚画了四幅画，每幅画上都有位美丽的姑娘。第一幅画上的姑娘穿着绿衣裙，头上披着白纱巾；第二幅画上的姑娘穿着红衣裙，头上披着绿纱巾；第三幅画上的姑娘穿着蓝衣裙，头上披着黄纱巾；第四幅画上的姑娘穿着黄衣裙，头上披着红纱巾。老画家为四幅画题名为《峨眉四女图》，意为美丽的姑娘。

老画家嘱咐和尚说："你把画放在箱子里，七七四十九天过后才可以拿出来看。"老画家走了以后，和尚越想越蹊跷：我是个和尚，他怎么画四个美女给我啊？这也太不合常理了！于是，还没到四十九天，和尚就把画取出来挂在客堂里，想看看有什么奇妙之处。

有一天，和尚外出回来，一进门就看到有四位美女坐在客堂里说笑。和尚觉得她们看上去很眼熟，就问她们："几位女施主是来烧香拜佛的吗？"她们也不答话，微笑着向外跑。和尚突然醒悟到她们是画上那四位姑娘，抬头看墙上的画，果然画中人都不见了，和尚赶紧出门去追。

三个姐姐跑得快，四妹被落在后面，和尚追上去抓住她的衣角，要拖她回去。四妹连忙喊："大姐、二姐、三姐，你们快来救我啊！"

三个姐姐见和尚拖住四妹不放，生气地骂道："这个和尚真不害羞！"

四妹隔得远，只听见姐姐们说"不害羞"，以为是在说自己，顿时羞得无地自容，变成了大山。三个姐姐见四妹变成了大山，也跟着变成山等着妹妹。和尚心想即使你们变成山，我也不能放你们走，于是在旁边守着她们，直到死，死后变成了一个瓷罗汉。后来人们在那里修了一座庙，叫作瓷佛寺。

四姐妹变成的四座山峰，一座比一座美丽，分别叫作大峨山、二峨山、三峨山和四峨山。从远处看去，只见大峨山、二峨山、三峨山并肩站在一起，好像在等待什么，四峨山隔了一段距离，好像在急切地盼着什么。

◎ **传统文化小知识**

【峨眉天下秀】 峨眉山位于四川峨眉山市境内，是中国四大佛教名山之一，有寺庙约二十六座，收藏了许多珍贵精美的佛教瑰宝。全山气势巍峨，草木葱郁，共有三千多种植物，在山顶，可观赏到日出、云海、佛光、圣灯四大绝景，成群结队的猴子也是峨眉山的一大特色。

【峨眉十景】 峨眉十景，即金顶金佛、万佛朝宗、小平情缘、清音平湖、幽谷灵猴、第一山亭、摩崖石刻、秀甲瀑布、迎宾滩、名山起点。

·群雁战恶龙

很久以前，在海边一座高高的山岗下住着位贫穷的少年，他的名字叫阿嘎。阿嘎不但长得非常英俊，而且忠厚善良，靠着一把开山锄和砍柴刀，打柴养活自己，还时常帮助别人。

那时候，每天总有许多大雁成群结队从山顶上飞过。阿嘎怕它们飞累了，时常喊它们停下来歇歇脚，于是大雁们经常聚集在山顶上歇息。阿嘎看大雁飞得满头大汗，心想它们一定很想喝水，想有水能洗洗澡，就暗暗下决心要在山顶挖个湖，方便大雁饮水和洗澡。

阿嘎说干就干，第二天空闲时就开始动手挖湖。山上的石头特别多，到处都是缠绕着的草藤树根，一天下来锄刀就卷刃了，看来在山顶挖湖真不是件容易的事啊。阿嘎白天挖湖，晚上回到家再把锄刀磨得快快的，就这样磨啊磨啊，挖啊挖啊，足足挖了七七四十九天，终于挖出来一个湖。歇息的大雁见到山顶碧蓝碧蓝的清水湖，高兴得拍打着翅膀抬头长鸣，它们在湖里尽情地洗澡、嬉戏，阿嘎看它们那么高兴，心里也乐开了花。

可是，来这里喝水、洗澡的大雁越来越多，整个湖面都被大雁挤满了。阿嘎鼓足劲头，又挖了九九八十一天，挖出了两个湖，把三个湖分别叫作上湖、中湖、下湖，又在湖边种上了厚密的芦苇，方便大雁乘凉。

过了很多日子，一条恶龙腾云驾雾路过这里，它正走得大汗淋漓，突然发现山顶上有三个湖泊，便高兴地冲入湖中打滚。只见它的龙头钻进上湖，龙尾甩进下湖，龙身浸在中湖里，真是舒服透顶了！阿嘎砍柴回来，见恶龙在湖里翻滚，搅得湖水污浊不堪，就气愤地喊道："湖是我给大雁挖的，你在里面做什么！"

恶龙想把湖据为己有，于是瞪眼吼道："我是专管江河湖海的神龙，不管是谁挖的湖，只要我发现就是我的了！"

阿嘎一听火冒三丈，一把揪住恶龙的尾巴与它评理，恶龙用力一甩尾巴，把阿嘎甩到山下去了。这时候，大雁们飞来洗澡，见一只粗大的恶龙霸占了三个湖，就齐声呵斥道："恶龙恶龙快滚开！"

恶龙傲慢地说："阿嘎已经被摔到山下了，现在这是我的湖，哪有让主人走开的道理。"大雁们朝山下一看，哪里有阿嘎的踪迹，只看见一摊一摊的鲜血。大雁们愤怒了，一群一群的大雁飞过来，几乎遮住了天空，它们的怒吼比惊雷还要响，震得地动山摇。

恶龙吓坏了，偷着喝光三个湖的湖水就要溜走。大雁们蜂拥而上，围着恶龙又啄又打，啄瞎了它的眼睛，啄光了它的鳞片。恶龙疼得直打滚，只好往岩石底下钻。大雁们抓起岩石猛砸恶龙，又用泥土把恶龙埋在岩石下面，恶龙再也出不来了。

为了纪念阿嘎为大雁挖湖、勇战恶龙的事迹，人们就把这座高山取名为雁荡山。至今，还可以在灵峰的北斗洞看到恶龙的身躯，在灵岩的龙鼻洞看到伸出的一只龙爪。

◎ 传统文化小知识

【东南第一山】 东南第一山，即雁荡山，位于浙江省境内，部分位于永嘉县和温岭市，总面积450平方公里，在八个景区内有五百多个景点，以奇峰怪石、古洞石室、飞瀑流泉著称。其中，灵峰、灵岩、大龙湫三个景区被称为"雁荡三绝"，特别是灵峰夜景，灵岩飞渡堪称中国一绝。

·武夷一家亲

很久以前，在武夷山这个地方生活着武族和夷族两个部落。武族人生活在七曲城高岩一带，他们每天上山种竹栽树，下河打捞鱼虾，过着自给自足的生活。为了保护大家的幸福生活，武族人在高岩上筑起石墙，空闲时就铸剑练兵。夷族人生活在山前的土窑洞里，他们手持弓箭和长矛，靠打猎和耕种为生。平时两个部落井水不犯河水，没有任何往来。

有一天，夷族的首领带领部下追杀猛虎，一直追到武族筑起的石墙附近。只见石墙四面耸立，墙内溪水环流、花香怡人，眼前美景令人流连忘返。夷族首领越看越喜欢，就动起了霸占的念头。回去后，他立即下令打造竹梯，训练部落成员，准备了九九八十一天后，带领部落成员攻打武族。

天黑以后，夷族人偷偷架上竹梯攀上石墙。武族人发现他们入侵，拼死捍卫家园，两族人互相冲杀，打得天昏地暗，难解难分。突然，天空中闪过几道金光，有位白发老翁骑着五彩羽毛的金鸡从天而降。老翁跳下金鸡大声喝道："住手！两族兄弟要和睦相处，不要争斗！"

两族首领见老翁仙风道骨，忙上前问道："请问老仙翁尊姓大名，来自何方？"

老翁捋了捋胡子说："我乃是天宫的神仙，得知你们相斗，特地前来劝解。我把金鸡送给你们，从此以后每天听到金鸡报晓，你们就得起来劳动，武族和夷族要亲如一家，世代和睦相处，大家都过上幸福、快乐的日子。"老翁说完一挥手，金鸡腾空而起，飞进了七曲琅玕岩上的金鸡舍，老翁哈哈大笑腾云而去。

从那以后，武族和夷族就成了亲亲热热的一家人，共同刀耕火种、纺纱织布。为了纪念两族人的情谊，就把他们共同生活的家园称为武夷山。

◎ 传统文化小知识

【奇秀甲东南】 武夷山风景名胜区位于福建省崇安县城南 15 公里，景区面积约 60 平方千米，九曲溪流横贯于群山环抱中，沿溪耸立的三十六峰奇险秀丽，红色的砂岩，玉带般的溪流，碧水丹山相映，别有一番景色。

【三三六六九九】 三三指蜿蜒于群峰翠海的九曲溪，六六指姿态万千的三十六峰，九九指怪异迷人的九十九奇岩，三三六六九九是武夷山瑰丽风光的代名词。

·武当日出

传说，后羿接受人们的恳求，嗖嗖嗖朝天射了十箭，当即有九个太阳应声而落，还有一个太阳受伤滚进崇山峻岭中。天上没了太阳，整个世界变得漆黑一团，人们什么事情都不能做，感到非常恐慌。

后羿非常后悔自己的莽撞，对人们说："大家不要担心，我去把受伤的那个太阳找回来，让它再回到天上去。"于是骑上宝马，去寻找受伤的太阳。后羿骑着马不吃不喝地追啊追啊，马不停蹄地追到武当山里。宝马因为长途跋涉，耗尽体力倒地而亡，变成了秀丽的天马峰。

后羿沿着山峰寻找，终于在剑河畔上的一个岩壳里找到了太阳，那支神箭还插在太阳的身上，流出的血把太阳染得通红。后羿庆幸可以弥补自己犯下的大错，连忙小心翼翼地抱住太阳，拔下宝箭，轻轻按摩它的伤口。伤口很快愈合，只留下一个大黑疤。

后羿用弓箭顶着太阳，把它推向天空。太阳缓缓地升起，终于又挂在了天上，大地重新恢复光明，人们欢呼雀跃起来。

因为后羿是在武当山找到的太阳，所以在那里看到的日出要比其他地方的早，武当日出成为武当山非常著名的景观。

◎ 传统文化小知识

【武当山】 武当山，又叫太和山，位于湖北省西北部均县西南，著名的道教圣地。武当山高峰林立，沟谷纵横，主峰天柱峰海拔 1612 米，有七十二峰、三十六岩、二十四涧、十一洞、九泉、十池、十石、九台等名胜古迹，它们有的建在奇峰上、幽谷中，有的建在绝壁之间，布局精巧，构思奇特，被列为世界文化遗产。

【四大道教名山】 湖北武当山、江西龙虎山、安徽齐云山、四川青城山为我国四大道教名山。

·不肯去观音堂

五代时期，有位名叫惠萼的日本僧侣来到中国游览名山古刹。游到五台山时，他看到有尊檀香木雕制的观音佛像工艺精湛，栩栩如生，顿时连声称赞。方丈见他非常喜爱，就把观音佛像送给了他。惠萼喜出望外地接过佛像，决定立即动身回日本建寺供奉，让日本众生都来朝拜。

惠萼不顾水路艰险，乘着帆船日夜兼程，顺着长江朝东海驶去。船行到普陀山时，突然起了风暴，船在水里直打转，无法前行。惠萼只好把船驶到普陀山的一个岔口，想等大风平息后继续赶路。

第二天是个好天气，海面风平浪静，惠萼的船刚驶出岔口，水面上突然升起一团白色的烟雾，烟雾逐渐散开越升越高，像一面屏障挡住船的去路。惠萼见头顶是蓝天，左右都是清晰明亮的大海，觉得很奇怪，只好绕着烟雾行驶。没想到不管他怎么绕，烟雾都跟着绕来绕去挡着船的去路，惠萼没办法，只好又回到岔口。

第三天的清晨，红彤彤的太阳从海面上慢慢升起，一幅云淡风轻的好景象，惠萼非常高兴，立刻扬帆起航。没想到船刚驶出岔口，令人惊奇的事情发生了！天色突然变得昏暗，刹那间起了狂风巨浪。因为在这里已经耽搁几天，惠萼决心乘风破浪前进。他端坐在甲板上，静心念诵佛经，过了一会儿，风浪终于平静下来。惠萼满心欢喜地站起来，却发现海面上密集了大片的铁莲花，把船紧紧围在中间。

这下惠萼明白了，一定是观音菩萨不愿意去日本。于是他跪在观音佛像面前祷告说："菩萨若不愿去日本超度众生，我定会按照菩萨所示另建寺院，虔诚供养。"话音刚落，只听轰隆一声，有头铁牛从海底钻出，一边游一边大口大口地吞食铁莲花，为船开出航道。铁牛沉入海底后，惠萼发现船又回到了普陀山这个岔口。

惠萼定神望去，整个普陀山郁郁葱葱，沙滩在阳光的照耀下显得金碧辉煌。惠萼心想：此处景色颇佳，就在这山上建座寺院，让菩萨定居吧！周围百姓听说要把观音菩萨供奉在普陀山上，都争先恐后前来帮忙修建寺院，很快就在潮音洞旁建起了一座大庵堂。于是，这尊檀香木雕制的观音佛像就留在了普陀山，那座小庵堂，就叫作"不肯去观音堂"。

◎ 传统文化小知识

【海天佛国普陀山】 普陀山位于浙江省舟山群岛东南海面上，四面环海，是一座小岛。岛上海天奇秀、碧峰环列、古樟遍野，有金碧辉煌的寺庙、工艺精湛的佛像，晨钟暮鼓不绝于耳，一派海天佛国的景象，是佛教四大名山之一。

【四大佛教名山】 浙江普陀山（观音菩萨）、山西五台山（文殊菩萨）、四川峨眉山（普贤菩萨）、安徽九华山（地藏王菩萨）为我国四大佛教名山。

·鲁班下山助大禹

大禹治理好黄河的时候，四川盆地还没有出口，周围山上的水全部灌向中央的西海。大禹巡视到西海边，察看如何开通河道，治理长江之水。如果不能根治西海，就难以真正去除这里连年的洪灾。经过几天的察看，大禹决定在白帝城到南津关开一道沟，彻底解除泛滥的洪灾。说干就干，大禹立刻开工，一边畴量一边开凿。周围的百姓纷纷前来帮忙，开凿的声音在山谷中回荡。

大禹的妻子知道后，非常心疼自己的丈夫。她害怕大禹父亲治水失败遭到杀害的历史重演，翻山越岭来找大禹。几年不见，丈夫黑瘦得几乎让她认不出来了，她流着泪劝大禹放弃治水，跟着她一起回家。大禹劝她不要担心，有这么多的百姓帮忙，他一定能成功治水。大禹百折不挠的精神打动了妻子，她决定留下来陪着丈夫一起治水。

酷热的盛夏过去了，凛冽的寒冬过去了，大禹手上的老茧结了又结，开峡前进了一寸又一寸，凿山磨短的长錾子堆成了小山，再也找不到能用的了。大禹不禁犯起愁，坚硬的石头总不能拿手指头去抠啊！

这时候，从山上走来一个老汉，肩上的竹扁担一头挑着小火炉，一头挑着大风箱。他走到那堆废錾子前，放下火炉和风箱，捡了几块石头丢进炉子里。令人惊奇的是，炉子里的石头竟燃起直冲云天的熊熊大火。老汉的风箱也非常神奇，不用拉就呼呼直吹，把炉火变得炙热无比。只见老汉捡起废錾子丢进炉子，錾子就自动变长变粗，而且非常锋利。一会儿工夫，废錾子全变成了新錾子。

有了老汉的帮助，大禹干得更加起劲，一鼓作气开通了西海东部的山峦，西海水汹涌着向东奔流而去，西海变成了盆地，就是四川盆地。周围山上的水在盆地中冲开许多河道，纷纷汇入长江。纵横的长江水滋润着周围的土地，沧海真的变成了桑田。大禹望着三峡的雄伟秀丽，饱经风霜的脸上露出了微笑。

大禹要好好感谢那位帮助他的老汉，可是老汉已不知所踪，只有大风箱丢在高高的山崖上。大禹发现风箱做得精巧绝伦，而能做出这么好的木工活儿的人只有鲁班，大禹这才知道原来是鲁班下山帮助他治水。

为了纪念大禹和鲁班，后人就把这个峡称为风箱峡。风箱峡里的风特别大，据说是从鲁班的风箱里吹出来的。

◎ 传统文化小知识

【长江】 长江，亚洲第一长河，发源于青海省西部的唐古拉山脉，流经青海、西藏、四川、云南、重庆、湖北、湖南、江西、安徽、江苏，在上海吴淞口附近注入东海，全长约6300公里，是我国第一大河，有雅砻江、岷江、嘉陵江、沱江、乌江、湘江、汉江、赣江、青弋江、黄浦江等重要支流。

【长江三峡】 长江三峡位于中国重庆市和湖北省境内的长江干流上，西起重庆市奉节县的白帝城，东至湖北省宜昌市的南津关，全长192公里，由瞿塘峡、巫峡、西陵峡组成。三峡两岸高山对峙，崖壁陡峭，水力资源极为丰富，还有许多著名的名胜古迹，是中国古文化的发源地之一。

·大禹飞马跳黄河

大禹治理黄河时，用神斧将高山劈成人门、神门、鬼门三道峡谷，鬼门岛和神门岛将河道分成三流，如同三座门，因此得名三门峡。汹涌的河水咆哮着从三门中穿过，撞击着礁石能击起一丈多高的浪花。遇到大风大浪的时候，河面上波浪滔天，河谷里飞沙走石，想要渡过黄河根本是不可能的事。

有一天，大禹骑着白色的千里马来到三门峡。正要渡河时，白马突然停下，前腿离地，高声嘶鸣。大禹知道白马在警告他有危险，急忙挥马离开河岸。只见河谷里突然巨石乱滚，河水激起大浪发出震天的啸声。

大禹决心要凿开阻碍河水畅流的礁石，想到南岸察看地形。刚走进河谷，白马又大叫三声，再也不肯往前走，大禹只好又挥马后退。这时狂风大作，河谷中掀起几丈高的巨浪，连石块都被狂风卷起，在河谷中横冲而过。好险啊，白马又救了大禹一次。

大禹两次都没渡过河，心里非常焦急，好不容易等到风浪平息，他挥马第三次渡河。走到狮子岩的山岗上时，白马再次抬起前腿嘶鸣，不肯朝前走。大禹一看，这里周围都是悬崖峭壁，的确很危险。可他治水心切，决心从山顶上直接跳过河，于是他对白马说道："我的好白马，为了治理这穷山恶水，你勇敢地跳过河吧！"

白马明白了大禹的心意，它用尽全身力气猛蹬地面腾空而跃，越过河跳到了鬼门岛上。由于落地太重，鬼门岛的岩石都被踏出两只深深的前蹄印，大禹终于顺利地渡过黄河，继续他的治水事业。

◎ 传统文化小知识

【黄河】 黄河，是中国第二长河，全长约 5460 公里，从青藏高原越过青、甘两省的崇山峻岭，横跨宁夏、内蒙古的河套平原，奔腾于晋、陕之间的高山深谷之中，在西岳华山脚下转头向东，横穿华北平原，急奔渤海。黄河流经九个省区，汇集四十多条主要支流和一千多条溪川，是中国第二长河。黄河流经黄土高原时，支流带入大量泥沙，使它成为世界上含沙量最多的河流。

【母亲河】 早在远古时期，因为黄河流域气候温和，水利条件优越，华夏民族就在黄河流域定居、繁衍。华夏文明的初始夏商周三朝及以后的几个强大王朝的核心区域都在黄河一带，许多古代经典著作和标志性的科学技术创造也都产生在这里，所以说黄河孕育了华夏儿女，是华夏民族的母亲河。

【京杭大运河】 京杭大运河，又称京杭运河或简称大运河，肇始于春秋时期，形成于隋代，发展于唐宋，最终在元代成为沟通海河、黄河、淮河、长江、钱塘江五大水系、纵贯南北的水上交通要道。大运河全长 1794 公里，是世界上里程最长、工程最大、最古老的运河之一，与万里长城并称为我国古代的两项伟大工程。

·鲁班设计除害

因为喜欢西湖的景致，鲁班便带着妹妹从山东来到杭州挂牌收徒。名师出高徒，他们收的一百八十个徒弟，个个都成了能工巧匠。

有一天，不知道从哪里来了一条黑鱼精，扎进西湖中兴风作浪。一时间大雨滂沱，猛涨的湖水淹没大街小巷，老百姓被突来的大水逼得爬上四周的山头。突然，湖中央的漩涡中翘起只大鱼头，鱼头往上一挺，变成一朵乌云升到天上飘来飘去，一直飘到鲁班兄妹等人躲避的宝石山顶，变成个又丑又黑的后生。

原来，这条黑鱼精相中了鲁班漂亮的妹妹，他威胁鲁妹，如果不嫁给他，就要涨水湮灭所有的山岗。如果继续涨水，全城人将性命难保，这可怎么办呢？聪明的鲁妹灵机一动，笑着对黑鱼精说："我可以嫁给你，但是得让我哥哥替我办件嫁妆。"

黑鱼精高兴地说："不管你有什么要求我都答应，你想让哥哥给你办什么嫁妆呢？"

鲁妹回答说："我想让哥哥用那座高山上的大岩石，凿成大香炉送给我。"

黑鱼精听了哈哈大笑说："很好很好。这个简单，等我立了庙堂，正好用你陪嫁的石香炉收供养。"

鲁妹跟鲁班商量了一会儿，鲁班对黑鱼精说："现在到处都是水，我怎么动手开工啊？你先把水退下去吧！"于是黑鱼精张开大嘴巴一吸，满城的大水都飞到他的嘴里。

鲁班指着山上的一个大悬崖问黑鱼精说："我想把这半座山劈下来凿只香炉，可是这重重的香炉怎么搬得动啊？"

黑鱼精连忙说："只要我摇摇头，我身后就能刮起黑风把香炉吸走，就算是一座山，我也能吸得走！"

鲁班领着徒弟们抡起大榔头开始砸悬崖，没多久，只听轰隆隆的响声，悬崖翻了下来，宝石山上留下了一面刀切样的峭壁。鲁班朝湖心的深潭瞄瞄，用绳子估量好大小，捏着绳子的一头站在悬崖当中，鲁妹拉紧绳子的另一头绕着哥哥跑了一圈，脚印便在悬崖上画了一个大圆圈。

鲁班先凿了个大样，徒弟们都依着样子凿，一直凿了七七四十九天，把悬崖凿成了大香炉。圆鼓鼓的香炉底下，有三只倒竖的葫芦形的尖脚，每只尖脚上都凿有三面透光的圆洞。鲁班让黑鱼精把香炉搬下湖，然后用花轿来抬妹妹。

黑鱼精摇头卷起旋风，把大香炉吸在身后跟着他滚。黑鱼精跑到湖中央后，钻进湖底，大香炉滚啊滚啊，在湖面上一滑，倒覆过去把湖罩得密密实实，没有一丝缝隙。黑鱼精在下面被闷得透不过气来，他无论怎么顶大香炉都纹丝不动，只好拼命往下钻，大香炉也随着他往下陷，最后把黑鱼精闷死了。

从那以后，石香炉就陷在湖底的烂泥里，只在湖面上露出三只葫芦形的尖脚。每年的中秋夜，人们都划船来到湖中央，在炉脚上三面透光的圆洞里点起烛火。烛光印在湖中，就出现好几个月影，于是人们称这里为三潭印月。

◎ 传统文化小知识

【西湖十景】 西湖位于钱塘江畔杭州市的西面，一面临城，三面环山，不但山水秀丽，林壑幽深，还有丰富的文物古迹、优美动人的神话传说，是我国著名的旅游胜地，被誉为人间天堂。苏堤春晓、曲院风荷、平湖秋月、断桥残雪、柳浪闻莺、花港观鱼、雷峰夕照、双峰插云、南屏晚钟、三潭印月是形成于南宋时期的西湖十景。

·石顶真银河取水

传说很久以前，太湖地区是一片杂草丛生的荒地。这里人烟稀少，野兽成群，只有很穷苦的人为了活命，才在这开荒种地。因为缺少水源，无论种什么，收的都没有种的多，大家的日子越过越苦。

有个汉子外号叫石顶真，因为他向来诚实，说一不二。他听说天上有条银河，就想到那去借点水，银河那么大，估计取一点水大家都用不完。为了大家、为了子孙后代，石顶真立志无论多么艰难，也要去银河取回水。

要去银河，必须经过高高的昆仑山。在山顶，石顶真遇见位满头白发的老奶奶。老奶奶听说他要去银河，好心告诉他说："去银河得先上月宫，那里非常寒冷，会把你冻死的。"老奶奶见石顶真决心已下，就送给他一双草鞋。

石顶真穿上草鞋后，顿时离开地面向空中飞去，不一会儿就落在石头山上。

他冷得发抖，心想一定是到了月亮上，就开始寻找月宫。在一座雄伟的宫殿前，他遇见位穿着彩衣的美丽姑娘。姑娘告诉他说："去银河得先上太阳，太阳上全是火，会把你烧死的。"姑娘见石顶真决心已下，就送给他一件披风。

石顶真披上披风，觉得自己飞得更快了！他感觉越来越热，不一会儿就飞到太阳上，在那遇见位满面红光的老爷爷。老爷爷告诉他说："去银河得先过天桥，天桥又窄又滑，又长又高，而且桥下就是刀山，跌下去就会粉身碎骨。"老爷爷见他决心已定，就送给他一顶斗笠。

石顶真戴上斗笠，稳稳地飞过了天桥，到了银光闪闪的银河边上。只见银河两岸绿树成荫，到处都是奇花异草，仙女和仙童们载歌载舞欢迎石顶真的到来。护河大将军递给石顶真一个小瓶说："欢迎你这个不畏艰辛、不怕死、一心为大家取水的勇士。水就在这个小瓶里，你回去后要在荒地中央的地方放水，这个小瓶千万不能脱手，否则你就会有性命之忧。"

石顶真点点头，谢过护河大将军，捧着小瓶日夜兼程地赶路。回到家乡一看，他离开时的小孩都已经变老，大家都不认识他了，他自己也变成了老头儿。他顾不上歇息，马上来到荒地中央，把小瓶里的水倒了出来。顿时，银河水滚滚地涌向四周，大家再也不用为水发愁啦！

石顶真高兴得忘了大将军的嘱咐，情不自禁鼓起掌来。小瓶落在地上，石顶真立刻变成了一座石山，山的形状就是石顶真倒水的样子。那座山就在太湖中心，大家为了纪念石顶真，就把那座山称为石公山。

◎ 传统文化小知识

【太湖天下秀】 太湖古称震潭，位于江苏、浙江和安徽三省交界处，长江三角洲的南部，横跨苏、浙两省，由长江和钱塘江孕育而成，是中国第二大淡水湖。太湖烟波浩渺，水天相连，绮丽妩媚的湖光山色令人流连忘返。

【五湖四海】 五湖指江西鄱阳湖、湖南洞庭湖、江苏太湖、江苏洪泽湖、安徽巢湖，四海指渤海、黄海、东海、南海。

·龙太子借花降妖

传说很早以前，松花江两岸长满了开花的松树，松树花硕大如莲，芳香无比。江中一群群闪着金光的鲤鱼、江底珠光四溢的蛤蜊、岸边悠闲的野鹿、丛林中啼鸣的百鸟……无一处不显现这是块风水宝地。

有一天，不知道从何处闯来只神通广大的癞蛤蟆，它经常施展法术，打翻渔船、活吞人畜。渐渐地，清亮的江水变得又黑又臭，江两岸被它搅得乌烟瘴气。东海龙王闻到流入大海的恶臭江水后非常生气，立刻派龙太子出海调查情况。龙太子腾云驾雾，顺着黑臭的江水逆流而上，发现是只蛤蟆精在兴风作浪。原来在蟠桃会上，王母娘娘身边的童子不小心打漏蛤蟆壶的壶嘴，就随手抛到人间，落到江中成了妖。

龙王赐给龙太子赶妖鞭，派他速速前去擒妖。龙太子虽是第一次擒妖，却信心百倍，在路上兴高采烈地猛甩赶妖鞭。没想到甩赶妖鞭发出的阵阵雷声被蛤蟆精听到，它便逃到森林里躲藏起来。龙太子在江中搅了个底朝天，也没见到蛤蟆精的踪影，只好悻然而回来。

不久以后，黑臭的江水再次流入大海，龙王又派龙太子前去擒妖。蛤蟆精因为有了第一次脱逃的经验，时不时蹦到高山上观察动静。这天，它刚刚蹦到山上，就看到黑黑的江水中有条白色的银光在游动，它认出是龙太子，连忙又躲了起来。

龙太子不甘心两次失败，决定偷袭蛤蟆精。当时正值秋季，江面上漂浮着败落的松树花瓣。龙太子忽然心生一计，便连夜赶到江上游，借用雷公之手，将两岸的松树花全部击落在江中，江面上铺了厚厚密密的一层。第二天清晨，龙太子逆流而上，在花瓣的掩护下潜入江底。

蛤蟆精正在闭目养神，龙太子挥动赶妖鞭，几鞭子就打死了蛤蟆精。蛤蟆精死后，变成了江边的蛤蟆石。从那以后，在江边生长的蛤蟆背上，都有红一道紫一道的花纹，据说是被赶妖鞭抽出来的。江边的松树自从经过雷劈后，再也不开花了，因此人们就把那条江称为松花江。

◎ 传统文化小知识

【松花江】 松花江是黑龙江在中国境内的最大的支流。松花江流域不但水产丰富，而且遍布原始森林，土地肥沃，物产和矿产也非常丰富。

【吉林雾凇】 冬季的松花江气候严寒，结冰期长达五个月，但在吉林市丰满水电厂附近的流域内，由于通过发电厂流入江里的水温较高，从不结冰的江面夹带暖流起了团团蒸汽，凝结在岸边的柳枝和松叶上，形成一簇簇晶莹如玉的冰花，两岸长堤成了玲珑剔透、玉树银枝的世界，这就是著名的雾凇奇景。

·黑龙勇胜白龙

很久以前，我国东北部一个小山脚下有条小河，河水经常白浪翻滚，淹没附近的小村庄，百姓们苦不堪言。村庄里有对姓李的老夫妇，平日靠打鱼为生，他们无儿无女，非常盼望能有个孩子。

有一天，李老头儿到河里捕鱼，捕了半天什么都没捕到，正要收拾东西回家。忽然，他发现一条小黑鱼跳出水面，连忙撒网捕住，把它放进水盆里带回了家。小黑鱼在盆里不停地翻滚着，眼睛黑亮黑亮的，游动的样子就像条小黑龙。老太婆非常喜欢这条小黑鱼，舍不得吃掉它，就把它放回河里。

那天晚上，老太婆做了个奇怪的梦，梦见小黑鱼说要做他们的儿子。过了没多久，老太婆真的怀孕了！夫妇俩乐得合不拢嘴，全村的人都来祝贺。老太婆足足怀了三年的孕，才生下个黑皮肤的儿子，样子和梦里见到的小黑鱼差不多，就给孩子取名叫小黑龙。小黑龙简直是个神童，三个月就会叫爹娘，六个月就能和大人说话，三岁时就能帮爹娘干活，村里人都羡慕老夫妇有个聪明能干的好儿子。

有一天，小黑龙帮爹娘干完活，觉得很累，喝了点酒就躺在地上睡着了。老两口进屋一看，地上有着一条又长又粗的黑龙，都吓得惊叫一声昏了过去。小黑龙醒来见自己吓坏了爹娘，急得哭了起来。他救醒爹娘，告诉他们自己其实是条小黑龙，就是当初他们放走的那条小黑鱼。因为看他们没有子女，特意前来承欢膝下。老两口听了小黑龙的话，搂着他流下了眼泪。

几年过去了，小黑龙一家三口生活得其乐融融。这年夏天，河里又翻起白浪，迅速上涨的河水几乎淹没整个村庄。小黑龙告诉大家不要怕，是白龙故意发水淹没村庄，他要和白龙大斗一场。说完，小黑龙就扎进河里，河里顿时翻起一层黑浪。只见黑浪白浪翻滚在一起扑打着，最后河面出现一层血浆，白浪和黑浪都不见了，河水又恢复了宁静，可小黑龙再也没有回来。

老两口日夜思念着儿子，老太婆总是去河边哭啊哭啊，盼望儿子能突然出现在眼前。有天夜里，老太婆似睡非睡，感觉儿子就站在身边对她说话，告诉她自己受了伤，刚刚养好伤从别处回来。这个月十五的晚上，白龙还会前来危害村庄，叫大家准备些馒头和石灰，黑浪上来时扔馒头，白浪上来时撒石灰。

第二天，老两口把这件事告诉大家，大家齐心协力准备好馒头和石灰。十五那天晚上，果然有白浪呼吼着朝岸边扑来，大家赶紧向它撒石灰，白浪一下子不见了，黑浪翻滚上来，大家赶紧扔给它馒头。几个回合后，白浪越来越小，黑浪越来越大，最终黑浪吞没了白浪，河面泛起了鲜红的血。

从那以后，这条河再也没有泛滥过，小黑龙也没有再回过家。大家为了纪念小黑龙，就把这条河称为黑龙江。

◎ 传统文化小知识

【黑龙江】 黑龙江，跨蒙古、中国、俄罗斯三国。为中国四大河流之一。

第六辑　／

瑰丽多变的衣冠服饰

　　从皇帝垂衣治天下起，我国的服饰文化就有了开源之说。随后，殷商之际出现兽皮甲胄，周朝出现祭礼服、朝会服、从戎服、吊丧服、婚礼服，春秋战国至秦汉时上衣下裙、头巾方履已为日常着装，隋唐之时袄、衫、袍、腰巾、裙、裤、膝裤、袜、鞋靴等相继登台，元明清时更是频频引入异域风采，胡服皮帽、旗袍褶裙、长袍马褂等轮番亮相，整个中华大舞台上出演了一场斑斓多彩、瑰丽多变的千年服装秀。

· 黄帝垂衣治天下

上古时期，各个氏族部落的华夏先民们衣不蔽体，穿着简单，不管男女老幼都身披兽皮制作的斗篷状贯头衣，所谓贯头衣，就是在大块兽皮的正中央破出一条直缝，将头从这条缝里套过去，再用根草绳系在腰间。这种贯头衣长及大腿，平时用来遮挡私密部位，可一旦奔跑跳跃起来，又将私处暴露无遗，极为不便。

当时华夏族分由三大部落联盟统领：神农氏炎帝族与轩辕氏黄帝族最初居于陕北黄土高原一带，后来他们东移扩张，辖区分界变得比较明显，神农氏炎帝族辖治着由渭水与黄河两岸至今天的河南及冀南、鲁东北一带；轩辕氏黄帝族辖治着中条山、太行山至今天河北省北部；另一个是统领南方多个氏族部落、以蚩尤为首的九黎族，居于豫东、苏北一带。

炎帝族与黄帝族的发展速度非常快，当两大部族继续向东、南发展时，炎帝率先遭遇了领军北上的蚩尤。九黎族据说那时已经掌握了最原始的炼铜方法，他们成功制造出精良坚利的青铜兵器，在北上拓疆时一路所向披靡，攻无不克。当手执石刀、木棍的炎帝族与披坚执锐的九黎族相遇时，战场上的优劣势顿时显现：人数较多的炎帝族根本无力抵挡敌方，以暴虐与骁勇闻名的蚩尤率领九黎族大肆逞威，将他们打得大败而逃，蚩尤率部乘胜追击，一直将炎帝逼到今天的河北省涿鹿郊野。

为了维持部族生存，炎帝向黄帝紧急求救。此时的蚩尤，军力空前壮大，人多势众、武器精良，黄帝为抵御凶猛的来犯之敌，调集了多个氏族，趁风沙漫天、蚩尤族迷乱惊骇之时，利用指南车指示方向，率众向敌军发起总攻，终于成功擒杀蚩尤，大败九黎，取得了涿鹿之战的最终胜利。

天下太平之后，黄帝下令将原先的贯头衣分成"衣"与"裳"两部分，上身的"衣"是缝制袖筒、前开式的衣装，下身的"裳"是前后各围着一片类似于裙、可用来遮羞的裙裳，这就是我国最早的"上衣下裳"服装款式。与此同时，黄帝还命四妃之首的西陵氏嫘祖先教人们养蚕，再教缫丝、织帛、染色等方法，华夏先人们这才结束了披兽皮束麻葛的原始衣着，学会了制作与穿着色泽鲜艳、图案美丽的帛类衣料，后人遂将黄帝此举称为"垂衣治天下"。

【衣裳】 黄帝定名为衣裳，主要用来象征天地。因为古时讲究天玄地黄，所以上衣色玄，下裳色黄，那时的一件下裳往往由好几幅布帛拼凑而成，状如腰围。汉以前人们将其多称为裳，汉以后就多称为裙了。

·裁缝巧手制龙袍

龙袍又称龙衮、吉服，泛指古代帝王穿的龙章礼服，也专指帝王在参加庆典活动时穿着的礼服，它因帝服上绣有龙形图纹而得名。

史上龙袍的传说有很多，最早一则是关于它的制作渊源。相传，有位年轻裁缝因为手艺高超、制衣精巧而名闻乡野，他的大名终于传到了皇宫里，皇帝便召他入宫为自己做衣服。小裁缝一点也不打怵，目测了皇帝的身材后立即就开始动手裁剪衣料、穿针引线，不消半天工夫，一件手工细密、漂亮精致的皇服便完工了。他将衣服平展铺开，含了口水逐一将衣服濡湿后，再手持烙铁细致地熨烫着……一阵清香扑鼻而来，小裁缝忍不住抬头前望，有位手托玉盘的漂亮宫女正袅袅婷婷经过眼前，冲自己莞尔一笑，又轻移莲步走远了。小裁缝直瞪瞪地看着宫女的背影，将手中活儿忘了个干干净净！

"哎——"阵阵焦糊味传来，小裁缝猛然想起新做的衣服，低头瞧去，晚啦！那件崭新皇服的胸襟和后背已被烤焦。"这可怎么办？皇帝知道了要杀头的呀。"小裁缝又急又愁，"嘿，有了，皇帝不是自称龙体吗？我把烧焦的地方补上两条龙吧。"他嚓嚓嚓动起剪刀，又在两片新绸上用金线、银线分别绣出活灵活现的两条龙，补到胸襟和后背上。

第二天，皇帝穿上新衣服左看右看，越看越高兴，直接冠以龙袍之称，这种贴方绣龙的皇服制作方法，就被世代相传下来。

◎ 传统文化小知识

【龙袍】 龙袍主色为明黄色，领、袖处为石青色。因古时帝王为九五之尊，所以龙袍上常绣有九条金龙：前胸与后背各有一条正金龙，下面前后分别有两条行金龙，肩部左右两侧分别有一条金龙，右面内襟里有一条行金龙。每件龙袍从正面或背面单独看时，又是五条龙，恰好与九五之数相吻合。

【海水江崖】 龙袍下摆斜向排列着许多弯曲的线条，此谓"水脚"。"水脚"之上，有许多波浪翻滚的水浪，水浪上立有山石宝物，此谓"海水江崖"，它表示绵延不断的吉祥之意与"一统山河""万世升平"的王者意愿。

【十二章纹样】 龙袍上除了龙纹，还有十二章纹样，衣上有日、月、星辰、山、龙、华虫、黼、黻八章，裳上有藻、火、宗彝、米粉四章，同时配以五色祥云与蝙蝠等，寓意至善至美的帝王德行。

·妇好英姿爱武装

商朝中后期出了位明君武丁，武丁有位王后叫妇好，她容颜娇丽，身着华服，头戴精美的骨笄、玉笄，耳下坠有珥珠，脖上系着红色丝练，腕上戴有金色镯子，整个人显得美艳异常、贵气逼人。但让妇好青史留名的不是她的容貌，而是杰出的军事指挥才能，据说，她是我国历史上有文字记载的第一位女将军。

武丁执政时，商朝的武器已非常发达，除有锐利兵器外，将士的战服也多种多样，有皮革甲、练甲、铜甲和铁甲，等等。皮革甲是妇好最为喜欢的战服，她经常身着甲胄，跨上铁骑，四处率兵出击。

当时距商朝都城北面一千多里，有个叫土方的强大部族，该部族连年南下入侵商朝边境，掳掠人口、牲畜和财物，武丁几度派兵都无法降服，最后他特命妇好领军征伐，没承想妇好只凭一战就彻底挫败了土方部族，令这个曾经的强敌再无昂头之时。接着，妇好又亲率精兵三千，联合其他将帅的一万人，指挥这支铠甲之师痛击西面的来犯之敌羌国，将羌国一路追赶至西部的荒凉之地。

商朝的东南面和西南面分别是夷国和巴方。夷国并不强大却多狡智，平时按兵不动总在出人意料时偷犯商境。妇好针对敌军这一特点，派人暗中窥探，待夷国再次偷袭时，埋伏已久的妇好突然全线出击，将夷国军士打了个落花流水，大败而逃。西南面的巴方因为武力较为强大，妇好便与武丁制订了联合作战的方案。待巴方出兵时，武丁率领精锐部队快速偷袭巴方大本营，巴军纷纷溃逃，预先埋伏的妇好形成合围之势，将巴军残部尽数歼灭。

智勇双全的妇好为商王武丁立下了汗马功劳，她死后，武丁特地建造了一座妇好墓来纪念这位王后与爱将。

◎ **传统文化小知识**

【皮革甲】 是古代作战时人马用的防护装具。早期的皮革甲以皮革为主，辅以藤条、木片等原料制成，在夏朝时即已出现；到了商朝，将士作战时一般会以整皮护住躯干，四肢不着甲；周朝时，由于整皮裹身不便作战，皮革甲已改由身甲、甲块、甲袖三部分组成，每部分由小块皮革以丝带连缀而成。

【牛皮甲胄】 最早的牛皮甲胄是用整张牛皮像斗篷一样覆盖于身，牛头被制成帽子戴在头上，仿似牛首人身，战斗时披牛皮甲胄者即以牛角刺人，极为厉害。据传我国最早使用牛皮甲胄的是蚩尤，许多古代石刻上他的形象都被是四目八肱八趾，即牛眼睛两个、人眼睛两个、牛皮上垂着的牛腿四个，加上人肢四个，手中还握有剑戟。

·范雎念绨袍

范雎，战国时期魏国人，他才学过人，智谋深远，年轻时想报效魏国却因身份低贱无法求见魏王，转而投至魏国中大夫须贾的门下。

某日，魏昭王派须贾出使齐国，范雎得以随行。不承想这次出行竟让齐王见识了这位魏国使者的满腹学识与雄辩之才，当即许以客卿一职与黄金十斤、美酒无数加以挽留，范雎婉言谢绝了这番好意，踏上返程。

须贾亲眼看到范雎的才能，心里极为嫉妒，回国面见魏王时不仅没有如实相告，反而诬蔑范雎私受贿赂、通敌卖国。魏王龙颜大怒，下令兵士将范雎打得肋折齿落，体无完肤，而后又用草席裹身，弃于茅厕中，让往来宾客往其身上撒尿。遭受奇耻大辱的范雎为逃一命，不得不当场装死，后来兵士们便将这具"死尸"抛于荒郊野外。

死里逃生的范雎后来化名张禄逃往秦国，很快，他凭借出色的才干与学识出任秦相。某年，须贾受命出访秦国，范雎得知后故意穿得破破烂烂前去求见。须贾看到后大吃一惊，感其落魄便拿出好酒好饭招待，末了又送绨袍一件。范雎面对昔日仇敌本想杀而快之，此时见他相赠绨袍有眷恋故人之意，遂放了他一条生路。

事过很久，须贾才知原委，他庆幸得连连慨叹道："没想到竟是件绨袍救了我一命啊！"

◎ 传统文化小知识

【袍】 袍最早出现在战国时期，是继深衣之后的另一种长衣。它一般为交领、两襟登压、直腰身、长过膝盖，袖身部分较宽大，形成圆弧，袖口部分则明显收敛，便于活动。袍最初做成两层，冬天时即在其间纳入棉絮，称为冬衣。根据纳入物的不同，人们又将它分为蕴袍和绨袍等，蕴袍中间蓄有麻缕，多为穷人御寒所用。绨袍中间蓄的是粗帛，普通平民穿得最多。到了战国后期，袍已发展成普及的衣物，从普通百姓到王公贵族都有穿戴。

【深衣】 深衣也叫"申衣"，是古代衣与裳相连合缝的一种长衣，它在有虞氏时即出现。古代深衣大致有三大特点：一是衣裳相连，即上衣下裳于腰间缝合；二是矩领，即领口为方形；三是续衽钩边，即衣襟接长一段，做成斜角，穿时由前绕至背后，以免露出里衣。

·风情万种的石榴裙

石榴裙是盛唐时极为流行的一种服装，这种裙子色如石榴红，裙摆飘飘，穿上后艳丽动人，平添风韵。俗语中有句话叫"拜倒在石榴裙下"，是关于唐明皇、杨贵妃的一则典故。

石榴在百果之中，口味独特，外形别致，果内又百子同包，金房玉隔，粒大籽满，所以古人将其视为子孙后代繁衍兴旺。杨贵妃特别钟爱这石榴花、石榴果，还喜着缀满石榴花的艳丽彩裙。唐明皇最爱欣赏杨贵妃的妩媚醉态，经常将她被酒色染红的粉红面颊与石榴花相比，满朝大臣们对日渐疏于朝政的皇帝不敢指责，只得迁怒于杨贵妃。

某年，唐明皇为讨宠妃欢心，在华清池西绣岭、王母祠等地广泛栽种石榴，当榴花竞放之时，这位风流天子即在花丛中摆下盛宴。这日，群臣刚刚饮酒完毕，唐明皇兴致勃勃地邀请杨贵妃起舞助兴。杨贵妃早知群臣的不满，当即向皇帝附耳说道："这些臣子大多对臣妾侧目而视，不施礼，不恭敬，我不愿为他们献舞。"皇帝生怒，立即下令所有文官武将见了贵妃后一律施礼相待，拒不跪拜者，以欺君之罪处置。

群臣敢怒不敢言，唯有遵令。杨贵妃这才起身走向台前，群臣不敢瞩目，偷眼但见那鲜红似火、飘然团起的石榴裙款款近前，只得纷纷下跪，施礼拜见。"拜倒在石榴裙下"就此流传开来，日后渐渐演绎成男子崇拜女性的专用俗语了。

◎ 传统文化小知识

【霓裳羽衣】 由西域传入的霓裳羽衣是唐代宫廷舞女所穿的一种舞衣。舞女穿上五色羽服后，珠围翠绕，蝉纱薄饰，璎珞叮当，摇冠而来，姿态曼妙至极。千古名曲《霓裳羽衣曲》亦由此而来。

· 武则天造裙

武则天是我国历史上唯一的女皇帝，她荣登帝王宝座之后，造过不少汉字，"裙"字就是其中之一。

说起这个"裙"字，还有番来由。唐朝的女子以胖为美，武则天也不例外，养尊处优的皇宫生活让她的身体日渐发胖，平时行走时，绫罗绸缎经常会发出"噬噬"的声音，武则天不厌其烦，干脆让人找来块绸子缠裹住自己的腿，往镜前一站，还挺好看。再走几步，那"噬噬"声也没了！

高兴之余，武则天立即命人找来绸料进行裁剪、缝制，很快，一件样式新颖的服装面市了！武则天穿上这件新款服装满心欢喜，这时，有大臣建议造字，武则天沉吟片刻，提出了个"裙"字，"裙"字拆分为"衣"与"君"，"衣"指女性，"君"指君王，即武则天本人。新款服装就这样定名为"裙"了。

新裙装在宫内迅速流行起来，可是不久武则天又发现了问题，"噬噬"声没了，又冒出更轻微的杂声。恼火的她抬起头，正看到宫廷楼阁四角飞檐上挂着的铃铛被风儿吹得直响，于是突发奇想，赶紧令宫女找来几个小铜铃挂在裙上。站起身走一走，那"叮铃当啷"的铃声听起来十分悦耳，武则天龙颜大悦，当即将其命名为"铃铛裙"。

此后，这种新式裙装迅速流行起来，不管是王室公主还是平民女子都喜穿着，"铃铛裙"一时成为京城盛景。

◎ 传统文化小知识

【襦裙】 古代称短上衣为襦，它是我国服饰史上最早、最基本的服装形制之一，其特征是短小的上衣配长裙。一般襦裙的交领右衽是汉服标准的领口式样，外观如英文字母丫，襦裙的腰带用丝或革制成，起固定作用。裙，也就是裳，从六幅到十二幅不等。该服装在战国时期就出现，唐代最为流行，一直到明末才逐渐消失。

·孟嘉酒醉落纱帽

在今天湖北荆州西北的龙山附近，有个叫"落帽台"的地方，据说这是当年魏晋名士孟嘉酒后失态落帽之处。

孟嘉是著名诗人陶渊明的外祖父，曾在东晋名将桓温帐下任参军。桓温那时任大司马，又是晋明帝的女婿，权倾朝野威风一时，许多人都对他极尽奉迎。这年九月九，桓温在山顶上举行一场登高盛会，邀请众位宾客前来写诗作赋、饮酒取乐。正值众人推杯换盏之时，阵阵山风刮过，孟嘉头上的纱帽竟被风吹下山崖！

那孟嘉喝得微有醉意，丝毫不觉，仍然与旁人谈笑风生。桓温见此不由得哈哈大笑，点名让孙盛写篇文章好好嘲笑他。孙盛自恃才情甚高，正愁没有机会取悦桓温，闻听此言立刻提笔而写，不多时草就了一篇文章。

孟嘉接过此文，略略过目便知大意，此时他酒醒了大半，根本没将这篇小文放在眼里，当即取过笔来，挥毫泼墨即成一篇，全文词句精彩流畅，条理分明，不见酒客的丝毫醉意，才华远在孙盛之上。满座宾客竞相传阅，交口称赞，就连桓温看后也止不住赞誉有加，之前趾高气昂的孙盛不得不拱手认输！

无意中一次小小的失态，引出孟嘉的满腹才华与洒脱风度。几经演绎之后，人们就常用"孟嘉落帽"来形容人的潇洒姿态了。

◎ **传统文化小知识**

【乌纱帽】 乌纱帽，也称"乌纱"，是用黑色罗纱制成的软帽，这种软帽通常被制成桶状，高戴于头顶。魏晋以后，乌纱帽较为盛行，天子百官、文人雅士以及平民百姓都有佩戴；隋唐时期，帽上出现了玉饰，主要用来区别官职的大小，如一品有九块，二品有八块，三品有七块，四品有六块，五品有五块，六品以下不准装饰玉块；宋、元、明时，乌纱帽已成为官阶的一种象征。

【红缨帽】 继乌纱帽之后，清朝开始采用红缨帽作为礼帽。红缨帽顶披红缨，分为暖帽和凉帽两种。一般冬春戴暖帽，暖帽以缎为顶，以呢、绒或皮为帽檐；夏秋戴凉帽，也叫纬帽，凉帽无檐，多用纱或竹丝制成内胎。

·孛儿帖助夫献貂裘

孛儿帖是铁木真的第一位妻子，她比丈夫年长一岁，为人贤达，明辨是非，曾以一件貂裘帮助铁木真扭转了战局。

铁木真幼年时，担任部落酋长的父亲被人毒害而死，他在母亲的艰辛抚养下终于长大成人。很快，铁木真遵从母命，迎娶了弘吉刚部的孛儿帖，也得到了这个部落的大力支持。为了重新集合当年失散的旧部，夺回父亲的首领之位，他准备向父亲的盟弟——克烈部的首领王罕寻求帮助。

可是，拿什么献给王罕呢？铁木真犯了愁，这时，孛儿帖取出一件非常珍贵的黑色貂裘送到丈夫眼前。铁木真大吃一惊，要知道这可是孛儿帖的心爱之物啊，他怎能让妻子忍痛割爱？

深明大义的孛儿帖说道："貂裘放在我这里只能御寒，交给你就能换回一支旧部，为什么我们不让物尽其用呢？"铁木真左右思量，最终采纳了妻子的建议。当他带着珍贵华服率领将士赶到克烈部后，王罕非常喜欢这份厚礼，答应出兵相助。

有了王罕的支持，铁木真顺利地召回旧部，集聚起一支威武之师。依靠这支强大的武装力量，他几经征战最终夺回部落首领之位，并随之开始了征服世界的伟大战争。

【蒙古袍】 在蒙古草原上生活的人们，不论男女老幼，一年四季都喜欢穿"蒙古袍"：春秋一般穿夹袍，夏季穿单袍，冬季穿棉袍、皮袍。蒙古袍的特点是宽大、袖长、高领、右衽，大部分下端不开衩。袍子边沿、袖口、领口常缀以绸缎花边，有"盘肠""云卷"等图案，或用虎、豹、水獭、貂鼠等皮毛作装饰。蒙古袍不仅外表美观，还非常实用：冬天可以防寒护膝，夏天可防蚊虫叮咬，还可遮挡日光暴晒。

【胡服】 胡服是古时对北方和西方各族人民所穿服装的总称。它与当时中原地区宽大博带式的汉族服装有明显的不同，胡服的特点是紧窄短衣配长裤、革靴，肢体可随意舒展，马上行动也极为便利。

·马皇后长裙遮大脚

朱元璋建立大明王朝后，结发妻子马秀英进京入宫成了马皇后。

那时候缠足裹脚之陋习已沿袭百年，早已蔓延至全国，马皇后因自小长在乡下，侥幸逃脱这酷刑的折磨，长了一双大脚。马氏当上皇后以后，对自己的一双大脚也无可奈何。

聪明的宫人看在眼里，为她量身定做了一款长裙。这款长裙腰间系有绸带，裙摆宽大，拖及脚底，集合了后来的百褶裙、凤尾裙和月华裙的特点，马皇后穿上后既有飘逸之感，又恰到好处地遮住了那双大脚。她非常满意，便常常身着长裙出宫游玩。

某日，风和日丽，马皇后又带着宫女们外出巡视，百姓们都想一睹皇后的风采，就竞相在道旁翘首以待。坐在轿内的马皇后挑起帘角，探头外望，看到这么多人笑脸相迎，心中很是高兴，恰巧这时一阵风吹过，卷起整幅轿帘，也卷起了马皇后的长裙，那双大脚便完完全全暴露在众人眼底！

【月华裙】 月华裙，出现于明朝末年，据说是一种浅色画裙，裙幅共有十幅，腰间每褶各用一色，裙面上轻描淡绘有多种雅致的图案。行走时或风吹时，因裙摆飘动如皎皎月华，呈现出仿若月光的浅晕，所以取名月华裙。

【凤尾裙】 凤尾裙在制作时先将绸缎裁剪成大小规则的裙条，每条绣上花鸟图纹，并在两侧镶上金线，拼缀成裙，下方再配上彩色的流苏，看起来形同凤尾，故此得名凤尾裙。

· 苗家姑娘兜花

很久以前，在一个寨子里有老两口，他们有个美丽的女儿叫兜花。兜花姑娘不但长得漂亮，而且心灵手巧，刺绣飞针走线又快又好，绣出来的图案栩栩如生，远近闻名。那时候苗家妇女不穿裙子，穿的是粗布缝制的裤子，裤脚很大，兜花姑娘总是在裤脚绣上些好看的小图案。

寨子附近有一座大森林，森林里有个黑咕隆咚的朝天洞，洞里住着只巨大的猴精，它的嘴巴像山洞，耳朵像两只大蒲扇，脚有树干那么粗。大猴精时常从森林里跑出来抢漂亮的姑娘，被抢走的姑娘谁也没有从森林里出来。因为森林里终年被树叶覆盖，白天看不到太阳，夜晚看不到月亮，一年四季都是漆黑的，连猎人都不敢进去，所以人们都拿大猴精没办法。

有一天清晨，天下着大雨，兜花姑娘撑着伞，提着箩筐出门采猪草，家里的黄狗也跟在后面去了。可天都黑了，兜花也没回来。老两口慌了，喊寨子里的人打着火把去找，一连找了三天三夜也没有找到，看来兜花一定是被猴精捉去了。

老两口急得病倒了，放出口信说哪个小伙子能找到兜花，就把兜花许配给他。一时间远近寨子里的年轻小伙儿们，全都背上弓箭、带着锋利的钢刀走进大森林。几天过去了，大家都一无所获，有的小伙儿带着伤回来，有的小伙儿却再也没从森林里出来。

兜花姑娘的确被大猴精抓走了，她在朝天洞里受尽了折磨。不但每天要挑很多水，还要给大猴精烤野猪，抓它身上的虱子。兜花动作稍慢点，大猴精就用鞭子抽打她，打得她皮开肉绽，到处是伤痕，还不准她哭。

有一天深夜，大猴精睡后，兜花再也忍不住，偷偷地痛哭起来，不知不觉哭累睡着了。她梦见一位白胡子老爷爷告诉她说："姑娘，大猴精不是每天中午都坐在洞口的石头上捉虱子吗，你去森林里多找些松脂，然后涂在大石头上，大猴精坐上去就被粘住无法起来，你就可以逃跑啦。"

从那天起，兜花就趁大猴精不在洞里的时候出去找松脂，用指甲一点点把松树上的松脂抠下来收集在一起。一天又一天，不知道过了多少天，兜花的手指甲都抠掉了，手指流出血……终于积攒了很多松脂，涂在了石头上。大猴精坐上去就被粘得紧紧的，气得吼声惊天动地。

兜花姑娘带着她的伞逃出了朝天洞，在大森林里整整走了一个月，渴了就舔露水，饿了就吃野果，最后终于走出了大森林。可是她的衣服裤子全破了，怎么回家见爹妈啊？兜花看了看手里的伞，突然有了办法。她拆掉伞杆，用伞罩住了下半身，色彩鲜艳的伞衣就像盛开的花朵般美丽，兜花高高兴兴地回家跟爹娘团聚去了。

后来，兜花用布仿造者伞的样子缝制了一条百褶裙，姑娘们都觉得很好看，就跟她学着做，一传十、十传百，渐渐地，百褶裙传遍远近的山寨。

◎ 传统文化小知识

【百褶裙】 百褶裙也称"百折裙""百叠裙"，为多褶女裙。通常以数幅布帛制成，少则数十，多则上百，每道褶皱宽窄相等，制作时被固定于裙腰处。百褶裙始于六朝，盛行多年，一直到今天仍有不少女性喜爱。

·黑娘娘制旗袍

传说很久以前，在镜泊湖边有位渔家姑娘叫黑妞儿。黑妞儿不但不黑，反而长得特别漂亮，做起针线活儿手巧得很，谁都比不上。

那时候，满族妇女都穿着传统的肥大衣裙，在河边打鱼时，常被岸边的树枝刮扯，特别不方便。心灵手巧的黑妞想：要是有件既漂亮又方便干活的裙子多好啊！她就在脑海里描画她想象的裙子，然后就开始动手剪裁，最后缝制了一件连衣带裙的多扣长衫。这种长衫两侧开叉，平时纽扣一直扣到膝盖当裙子穿，打鱼的时候可以撩起衣襟系在腰间，既合体又省布料。

后来，黑妞被选进皇宫封为黑娘娘，因为她心灵手巧，很受皇帝宠爱。黑娘娘见宫里的裙子又肥又长，不但走路不方便，还总在地上拖着，时不时被脚踩鞋蹬，觉得太可惜啦！她想起在家时改制的长衫，于是把裙子剪开，改成在家穿的长衫。

没想到，这件事给她招来了杀身之祸。那些嫉妒她的娘娘和妃子们见她剪了裙子，就一起到皇帝那去告状。

皇帝本来就为统一天下烦恼，听了她们的话非常生气，派人叫来黑娘娘责问。黑娘娘据理力争，说明这样改的好处。皇帝见她非但不认错，还跟他顶嘴，不由怒火中烧，一脚踢中黑娘娘的后背，可怜的黑娘娘就这样被踢死了。

黑娘娘虽然死了，她改制的漂亮长衫却在旗人妇女中流行起来。

◎ 传统文化小知识

【旗袍】 旗袍是中国的传统女性服装，它的样式很多。开襟有如意襟、琵琶襟、斜襟、双襟，领有高领、低领、无领，袖口有长袖、短袖、无袖，开衩有高开衩、低开衩，还有长旗袍、短旗袍、夹旗袍、单旗袍等。

【唐装】 因为唐代盛期，声誉远播海外，此后海外各国便称中国人为唐人，把美国的华人居住区称为唐人街，把住在唐人街的中国人所穿的传统服饰称为唐装。其实，现在所称的唐装是由清代马褂演变而来，制作面料多用织锦缎，样式多为立领、袖子和衣襟没有接缝、对襟或斜襟、盘扣。

·量小非君子

很久以前，在沂河边的村庄里有户人家，儿子量小出生后不久，父亲就得病去世了，只剩下母子俩相依为命。

有一天，量小娘到河边洗衣服，看见河滩的淤泥里有根小黄瓜。她走过去一看，不是黄瓜，而是条像没有翅膀的蜻蜓似的虫儿。那虫儿见有人走过来，喊了声娘，把量小娘吓了一跳。小小的虫儿竟然会说话，量小娘感到很惊奇，就用量小的兜兜把它包了带回家，每天喂它食物养着它。

起初，量小娘有些担心，怕虫儿有毒伤到量小，它非常喜欢跟量小玩，见到量小就往他身边爬。可是她发现，虫儿见到有毒的虫蚁就咬死，家里蜈蚣啊、蝎子啊等毒虫全都没了。量小娘很高兴，心想：正缺个照看量小的人，尽管是只虫儿，也把它当作儿子养吧。于是就给虫儿起个名字叫无毒，量小是哥哥，无毒是弟弟。

几年后，量小娘去世了，无毒除了杀毒虫，别的活都不会干。量小每天做饭、砍柴、卖柴、买米，忙个不停。无毒整天吃了饭没事干，个子越长越大，饭也越吃越多，量小每天得砍五担柴卖掉换米。无毒见哥哥日夜为自己操劳，实在于心不忍，便决定离开。

这天早晨，量小做好饭喊无毒来吃，却发现无毒不在屋里，只有个彪形大汉坐在那里，眼里含着泪对他说："哥，我不能再连累你，我决定走了。"量小这才知道无毒变成了一个人，不禁喜出望外。无毒接着跟量小说："我要去泰山采药赚些银两给哥哥成家，三年之后春暖花开的时候，我们在泰山见。"

转眼间三年过去了，量小日夜思念弟弟，等到春暖花开的时候，他就背上干粮动身去找无毒。刚到泰山脚下，迎面来了一个道士，走到量小跟前就拜："哥哥来了，我就是无毒。"原来，无毒采了很多药材卖不掉，全都发霉烂掉了，万般无奈才当了道士，靠化缘为生。他拉着哥哥的手说："哥哥，我有颗夜明珠是无价之宝，哥哥可以拿回去卖掉，足够你以后生活的了。"量小听了很惊疑，无毒这么穷，哪来的夜明珠啊？可是他怎么问，量小也不肯说。

第二天清晨，量小醒来不见无毒，只有张留给他的字条，上面写着：哥哥，夜明珠我已经放在你的口袋里，我们兄弟见一面就够了，我出去化缘，就不送哥哥回去了。

量小回去后，用夜明珠换回一担银两，买地盖房娶媳妇，日子好起来。没想到那颗夜明珠传到了京城，皇上见了非常喜欢，就想配对成双，派钦差大臣按夜明珠的来路查找，限期再弄来一颗夜明珠。量小没办法，只好又去找无毒。

无毒不知道哥哥是被官府逼来的，还以为量小贪心不足呢！气得指着自己失去的左眼说："我给你的夜明珠是我的左眼，你难道要把我变成瞎子吗？"量小听到无毒的话，惊得连连后退，不小心绊倒在地，头磕在大石头上，鲜血直流，不一会儿就气绝身亡。无毒见哥哥死了，不禁捶胸顿足，后悔莫及。

庙中有位老道不知道事情起因，在纸上写了"量小非君子"五个字，无毒觉得这样评判对哥哥不公平，就咬破中指写下"无毒不丈夫"五个大字，然后脱下道袍遁土而去，为天下的孩子们驱杀毒虫，传说艾子就是无毒的化身。从那以后，人们就把无毒绣在小孩肚兜的中央，表示对他的尊敬和爱戴。

◎ **传统文化小知识**

　　【肚兜】　肚兜又称为抹胸、抹肚、抹腹、裹肚等，是中国传统服饰中护胸腹的贴身内衣，上面用布带系在脖颈上，下面两边有带子系于腰间，形状近似展开的折扇形或菱形，上角裁成凹状浅半圆形，下角呈尖形或圆弧形，制作方法以刺绣为主，包括缝、绣、剪裁、造型及色彩，属于民间艺术的综合表现。

第七辑 /

溢齿留香的
饮食茶酒

　　从伍子胥为解民困藏年糕到诸葛亮为破瘟邪制馒头，从东方朔智助宫女见双亲到张仲景治病救人做娇耳，从苏东坡巧制风味东坡肉到元世祖征战沙场涮羊肉，各种精巧爽口的中华美食就开始源源不断地推陈出新：年糕馒头小笼包、南京板鸭北京东来顺、八大菜系四大火锅样样鲜香绝美，还有那茅台汾酒竹叶青、杭州龙井黄山毛峰苏州碧螺春等美酒名茶，更让人齿颊留香入口难忘——流传几千年的美食文化与美食名点一样，让你品味之后，念念不忘。

·诸葛亮巧制馒头破瘟邪

公元前 225 年秋，诸葛亮七擒七纵降服了孟获后班师回朝，当大军行至泸水一带时，天气突变，狂风乱卷，阴云密布，江面上波涛翻滚，水声轰鸣，根本就无法渡河。诸葛亮暗自疑惑；为何会有如此怪异天气？

这时，孟获上前说道："这里常年战乱，属兵家必争之地，有很多士兵战死在此，他们的冤魂纠缠在一起形成瘟邪之气，经常作怪闹事，凡是想顺利渡河者，必须献祭供品。"

诸葛亮听后，非常体恤战死沙场的将士们，深为他们成为异乡孤魂而心感不安，当下有心祭祀，便问："孟将军可知需献上什么供品？"

孟获回答说："按照惯例，需用七七四十九颗人头祭奠才能确保平安无事，而且上供者来年定会连得好运，喜获丰收。"

四十九颗人头？这代价也太大了！诸葛亮左思右想，决定不以人头相祭，而改由另一种人头的替代物。他当即下令士兵杀牛宰羊，将牛羊肉斩成肉酱，拌成肉馅，在外面包上面粉，并做成人头模样，入笼屉蒸熟，而后亲手将其摆在河边供桌上，率众隆重拜祭一番，再将其一个个丢进了泸水！受祭后的泸水登时云开雾散、风平浪静，诸葛亮急命大军摆起渡船，安安全全到达了对岸。

因为当时南方人多被称为南蛮，诸葛亮发明的这种祭品最初就被称为蛮首。后来因为它在祭祀完毕后常被食用，人们觉得称为蛮首太过吓人，就将"蛮"换为"馒"，"首"替换为"头"，称为馒头。久而久之，馒头就渐渐成了北方人的主要面食。

◎ 传统文化小知识

【生煎馒头】 生煎馒头，上海的一道点心，据传已有上百年的历史，上海称包子为馒头，生煎馒头实为生煎包子，馅心以鲜肉加皮冻为主。20 世纪 30 年代后，上海有了生煎馒头的专业店，馅增加了鸡肉、虾仁等许多品种。生煎馒头的特点是底酥、皮薄、肉香，一口咬上去，肉汁裹着肉香、油香、葱香、芝麻香喷薄而出，令人回味无穷。

【高桩馒头】 高桩馒头，山东临沂地区的传统名食，又名呛面馍馍，因为外形细高，比一般的馒头高很多而得名。高桩馒头白而光洁，掰开可见里面是密密麻麻细如针孔的小眼，味道香甜，吃起来很有韧性和弹性，越嚼越香。

·伍子胥为民贮年糕

公元前514年，正值春秋时期，吴国全盛之时，吴王阖闾兴致勃发，命令相国伍子胥在吴国都城，也就是今天的苏州城里筑造一座全长四十七里二百一十步又二尺的大型城池。

伍子胥征用了成千上万的劳工，花费两年左右的时间终于完成这项浩大工程。当吴王阖闾登上城头，放眼展望，眼前这座巨大城池让他心花怒放，当即便将其命名为阖闾城，并下令大摆盛宴为伍子胥庆功！

酒宴上，宾朋满座，歌舞升平。一道道美味佳肴、一壶壶玉液琼浆次第敬上，君王与大臣们嬉笑纵乐，欢声笑语，唯独伍子胥闷闷不乐，面对轮番而至的褒奖之词淡淡敷衍，全然没有筑城完工之后的欢悦。

宴席结束后，伍子胥回到营地，不无忧虑地对贴身随从说："你看，大王身为一国之君，只知纵酒狂欢，居安而不思危，怕是将来必有后患，真让人担心啊。"伍子胥沉思片刻，叫过随从附耳小声说道："天有不测风云，如果我死后吴国有难，黎民百姓必遭荒遇灾，你可带人在相门城下掘地三尺，也许能帮助百姓们渡过饥饿困苦。"

公元前484年，伍子胥被逼自杀。此后没过多久，吴越战争爆发，苏州城被围，年关将至，百姓被得奄奄一息，城中一片哭号声。昔日的那位随从也米水未进，正躺在床上闭目待死，忽地感觉伍子胥来到床前问道："你怎么不带领百姓去相门掘地呢？"他一个激灵惊醒，发现竟是场梦。

老随从愣怔片刻，急忙叫上家人、邻居带着锹、镐赶去相门拼命挖掘。当掘地约有三尺深时，他们看到此处城砖居然是用糯米粉制成，而非泥土烧制！老随从当即跪地泪流满面地哭喊着"伍大人"，围观百姓这才知道这救命之粮全拜当年的伍子胥所赐！

全凭相门城墙下一块块珍贵的"城砖年糕"，吴国百姓终于渡过了灾荒之年。后人们为了纪念伍子胥，就每年春节做年糕、吃年糕，经年累月之后，渐渐成为我国一种风俗习惯。

◎ 传统文化小知识

【年糕】 年糕，即用糯米或糯米粉蒸成的糕点，是农历年的应时食品。年糕有黄、白两色，象征金银，年糕又称"年年糕"，与"年年高"谐音，寓意工作和生活一年比一年高。

【驴打滚】 驴打滚，又称豆面糕，北京小吃中最古老的品种之一，特点是香、甜、黏，有浓郁的黄豆粉香味。它是用黄米面加水和软，蒸熟后蘸上炒熟的黄豆碾成的粉面，再擀成片，抹上赤豆沙馅或红糖卷起来，切成百克左右的小块，最后撒上白糖。因为是将黄米面放在黄豆面中滚一下，看上去就如郊外野驴打滚时扬起的灰尘，所以得名驴打滚。

·天津小吃狗不理

清朝咸丰年间，河北武清县有个人叫高贵友，小名狗子。狗子十四岁来到天津刘家蒸吃铺做小伙计，凭着脑瓜机灵、手脚勤快学得一手做包子的好本事。三年满师后，他觉得时机成熟，就自己开了家"德聚号"小吃铺，专门卖包子。

狗子做包子非常讲究手上功夫，他按肥瘦以3：7的比例兑以适量的水，佐以排骨汤或肚汤，再加上小磨香油、特制酱油、姜末、葱末等，精心调拌成包子馅料。包子皮也很有说头，狗子用半发面搓条、制剂，擀成直径为8.5厘米左右、薄厚均匀的圆形皮，再包入馅料，用一双巧手精心捏折，再用力捻褶，使每个包子有15个固定褶，皮上褶花疏密一致，如同白菊花之形，最后上屉蒸制而成。

这样做出的包子色香味俱全，咬一口满嘴流油却鲜香不腻，而且狗子做事认真从不掺假，周围一带百十里地的人都喜欢吃他的包子，每天在小店门前排起一溜长队。由于买包子的顾客越来越多，狗子忙得只顾手里的活儿，根本没空打招呼，所以顾客们都戏称他"狗子卖包子，不理人"。时日一长，人们喊顺了嘴，索性就叫他狗不理，把小吃铺也叫成狗不理包子，原先的德聚号反倒被渐渐忘记了。

狗不理包子越叫越响，后来袁世凯任直隶总督在天津编练新军时都闻其大名，据说他回京后特意带着几笼狗不理包子，作为贡品献给慈禧太后。慈禧太后整日在皇宫里吃惯了山珍海味，何时尝过这等鲜香爽口的民间小吃？当时就容颜大悦，赞道："山中走兽云中雁，陆地牛羊海底鲜，不及狗不理香矣，食之长寿也。"狗不理包子从此名声大震，狗子的店也遍地开花，在全国各地都开设了分号。

◎ 传统文化小知识

【开封灌汤包】 北宋时期，京城开封有家第一楼主要经营灌汤包。第一楼做的灌汤包表皮看似景德镇细瓷，有透明感，包子上捏褶32道，放入盘中像朵白菊，用筷夹起又如灯笼，吃时需抄底而咬，若是横中一咬，皮中汤汁就会溅射而出，淌至手腕、手臂。有人赞其为"提起一缕线，放下一蒲团，皮像菊花芯，馅似玫瑰瓣"。

【上海南翔小笼包】 上海南翔小笼包，也叫南翔小笼、上海汤包，具有皮薄、馅大、汁多、味美等特点，选用精白面粉擀成薄皮，再以精肉为馅，不加味精，用鸡汤煮肉皮取冻拌入，稍后撒上少量研细的芝麻，另外，还可以根据不同时节取用蟹粉或春竹、虾仁拌入肉馅。蒸熟后的小笼包形如荸荠，小巧玲珑，呈半透明状，极为惹人食欲。

·元世祖与涮羊肉

南宋末年，元世祖忽必烈统帅大军南下征战。这日，激战刚过，元军部队人困马乏饥辘辘，忽必烈猛然起馋瘾想吃家乡的清炖羊肉，便令人杀羊烧火。正当厨师宰羊割肉时，前方探子飞马而至，说敌军大队人马快速赶来，距离营地不过十里！

忽必烈一面紧急下令军队开拔，一面又恋恋不舍嘴边那口美食，连声大喊着："我的羊肉！羊肉！"要做清炖羊肉显然已经来不及了！厨师情急生智，干脆甩动菜刀，"唰唰唰"飞快削下数十薄片羊肉，丢入开水锅里迅速搅和起来。待肉色刚变，就立即捞出、盛盘，撒上盐粒、葱花、姜末，热气腾腾就端上了桌！忽必烈作战心切，埋头大吃，一连吃了几大盘他才掉头翻身上马，扑腾腾赶去迎敌——没想到这一战元军居然大获全胜！筹办庆功酒宴时，忽必烈忽然想起那道被"改装"过的战前美食，于是又命厨师给他再做一次"清炖羊肉片"。厨师这回精挑细选了一只小绵羊，宰杀后将上胸、后腿、肥瘦适中的部位和羊尾等处嫩肉切成薄片，再配以葱、姜、盐、腐乳、辣椒等佐料，同样以锅涮之。忽必烈与众将士细细品尝之后，觉得比家乡的那道"清炖羊肉"更胜一筹，当场赞不绝口。机灵的厨师趁机说道："此菜尚无名称，还请大汗赐名。"忽必烈心情大好，随口说："我看就叫涮羊肉吧。"从此，这道名菜即成宫廷佳肴，元朝王室们百吃不厌。

清朝光绪年间，涮羊肉传至民间，由于各地习性与选料千差万别，吃法也各不一样，很多地方都加入了土豆、白菜、豆腐等蔬菜，以求适合不同地方的饮食需求，"涮羊肉"这道佳肴终被推而广之。

◎ 传统文化小知识

【火锅】 火锅，中国独创的美食，古称"古董羹"，因投料入沸水时发出的咕咚声而得名。火锅历史悠久，作为民间流行的美食，流行于全国各地。火锅在重庆和四川等地称为火锅，在广东称为打边炉，在宁夏称为锅子，在江浙一带称为暖锅，在北京一带则称为涮锅。

【北京东来顺】 东来顺经营涮羊肉久负盛名，多年来一直保持选料精、加工细、佐料全、火力旺等特点。东来顺的羊肉只选用内蒙古地区锡林郭勒盟产羊区所产的，经过阉割的优质小尾绵羊的上脑、大三岔、小三岔、磨档、黄瓜条五个部位，切出的肉片薄、匀、齐、美，半公斤羊肉可切二十厘米长、八厘米宽的肉片八十到一百片，且片片对折，纹理清晰。涮羊肉所需的酱油、香油、芝麻酱、糖蒜、韭菜花、火锅等都由自己的作坊制作。

【中国四大火锅】 我国的火锅花色纷呈，百锅千味。著名的有广东的海鲜火锅、钙骨火锅，苏杭一带的菊花火锅，云南的滇味火锅，湘西的狗肉火锅，重庆的毛肚火锅，北京的羊肉涮锅，杭州的三鲜火锅，湖北的野味火锅，东北的白肉火锅，香港的牛肉火锅，上海的什锦火锅等。其中，四川麻辣火锅、广东海鲜打边炉、北京羊肉涮锅、江浙菊花暖锅被称为中国四大火锅。

·酸汤点豆腐

贵州一个山村里有位聪明贤惠的媳妇叫巧兰，丈夫非常疼爱巧兰，可婆婆对她恶声恶气，无理刁难。按照当地习俗，没有公婆的允许，媳妇不准擅自做饭吃饭，否则会被骂作嘴馋、不敬长辈。

某日，公婆去邻乡走亲戚，早早离家。巧兰心中暗喜："我何不趁此良机磨点豆浆喝呢？"她立即在厨房忙活起来。那时人们还不会做豆腐，只知道将黄豆或煮或炒，再就是将它磨成豆浆，巧兰现在想吃的就是这么碗香喷喷的豆浆。

炉火渐渐烧得旺，锅里豆浆欢快地沸腾着，飘出阵阵清香，巧兰正取瓢欲盛豆浆，突然听到门闩响动，传来脚步声。哎呀，一定是公婆回来了！她吓得手中瓢儿无处藏起，耳听得那脚步声越来越近，巧兰急得东寻四找，正好看到灶上有个坛子，当下不管三七二十一，揭开坛盖一股脑儿都倒了进去！

待她封好坛盖迎出门，原来是丈夫回来了！惊魂未定的巧兰这才长长舒了口气，满心欢喜地拽起他就嚷嚷："快快快！跟我喝豆浆去。"一开坛盖，呀！这是什么？一团团雪白雪白的东西，小两口面面相觑，巧兰醮着手指尝了尝，觉得鲜美异常，丈夫尝后也惊奇不已："你是怎么做的？怎么这么好吃？"

巧兰认真寻思，自己也没往豆浆里加什么呀，这坛子原来是泡酸菜的，虽然多时不用，可坛里还留有些酸汤，莫非是这酸汤起了作用？她决定再试试。当第二瓢豆浆再掺入酸汤，那雪白鲜嫩的团状物又出现了！小两口很高兴，就将其取名为豆腐，酸汤点豆腐的方法也就传了下来。

◎ 传统文化小知识

【王致和臭豆腐】 安徽人王致和上京赶考，因无钱回乡，遂在京做起豆腐生意。可他夏天腌制的豆腐到了秋天才想起，揭盖一闻，扑鼻的臭味中含有独特的香气，送给邻人品尝，大家都连声称赞。王致和受此启发，改进制作方法，以含蛋白质高的优质黄豆为原料，经过泡豆、磨浆、滤浆、点卤、前期发酵、腌制、灌汤、后期发酵等多道工序，腌制成今天的王致和臭豆腐。

·张仲景怜贫送饺子

东汉时期，有位行医者叫张仲景，因他医术高明，被人们尊称为"医圣"。

这年，张仲景从长沙辞官告老还乡，行走到白河岸边时看到百姓们顶着刺骨寒风，冒着大雪仍在四处奔波，很多人耳朵都被冻烂了，遍布着脓疮，他心里非常难受。到达家乡后，张仲景尚未休息几日，门口就聚集了数千人前来求医。出门一看，乡邻们冻耳的现象也很严重，他知道这是由体虚风寒引发，便先劝回大家，而后关起门来叫徒弟用羊肉、辣椒和一些祛寒草药在锅里熬煮，熟后捞出来切碎，再用面皮包成耳朵样子。因为此物形似耳朵，功效又在于祛除寒气、防治冻耳，所以张仲景就为它取名"祛寒娇耳"。

过了几天，张仲景亲自指挥徒弟们在村口空地上搭起大棚、架起大锅，生火熬制成一锅热气腾腾的"祛寒娇耳汤"，为穷人舍药治病。但凡冻耳者或是穷苦百姓都可免费分得一碗汤、两个"娇耳"，每日供应一次，直到患者耳疮痊愈为止。

喝完汤、吃了娇耳的百姓很快感觉周身发暖、两耳生热，数日后，耳疮就完全消失了。时日一久，百姓们都知道了这东西名叫"娇耳"，只是因为口误，常将它念成"饺儿""饺子"。于是，"饺子"的大名就这样产生了。

219年的冬至，人们爱戴的医圣张仲景溘然长逝。当送葬的队伍走到当年舍药治病的地方时，棺绳突然断裂，大家按照他生前的嘱咐，就地打墓、下棺、填坟，为张仲景建起一座高坟，并在坟前特意修建了寺庙，这就是今天的医圣祠。

虽然"祛寒娇耳汤"现在已经没有人食用，可为了纪念这位千古名医，从那时起民间就有了在冬至这天吃饺子的习俗。

◎ **传统文化小知识**

【锅贴】 锅贴，东北也称水煎包或煎饺，多以猪肉为馅，根据季节不同配以新鲜蔬菜，包时一般是馅面各半制成月牙形，再上锅煎制而成。锅贴成品色泽黄焦，面皮软韧，咬一口灌汤流油，鲜美溢口。

·东方朔智助宫女元宵

东方朔是西汉时期的朝廷重臣，以足智多谋、能言善辩著称。

某年冬日，东方朔去花园游玩，发现园内有个宫女泪流满面正欲投井，他急忙劝住连问是怎么回事。那宫女抽泣着告诉他，自己名叫元宵，家有双亲，可进宫后长年幽于宫中不得归家，更无从孝敬老人，她觉得愧对父母，就想投井自尽。东方朔很同情她的遭遇，就设法让她与家人团聚。

没几天，东方朔在长安街上摆了个占卜小摊，不管谁来求卦他都解说成"正月十六必有火焚身"。很快，这句话引起全城百姓的恐慌，越来越多的人向他求问如何避灾，东方朔不紧不慢道："正月十五傍晚，玉帝会派出火神君火烧长安城，我把抄录的偈语给你们，可让当今天子想想办法。"说罢，扔下一纸红帖走了。

这张红帖当日便被送至皇宫，汉武帝展开一看，上面写着："长安在劫，火焚帝阙，十五天火，焰红宵夜。"不知内情的他心中一凛，赶紧请来了东方朔出谋划策。东方朔这才说出最终想法："听说火神最爱吃汤圆，宫里有位元宵姑娘不是做汤圆最拿手吗？十五那晚可以让她多做些献给火神，然后再传令城中百姓挂灯笼、点鞭炮、放烟火，看起来就像满城大火，这样方能瞒过玉帝，保住长安城。"

汉武帝听后依计布置下去。到了十五晚上，长安城里张灯结彩，游人如织，一派热闹景象，元宵的父母也进城观灯，当他们看到正在忙忙碌碌做元宵的女儿时，兴奋地大叫起来："元宵！元宵！"元宵听到呼唤，欢喜地扑向两位老人，一家人终于团聚了！

一夜喧嚣之后，长安城果然平安无事，汉武帝大喜过望，更加器重东方朔。他特意下令，以后每年的正月十五都定为元宵节，全城百姓要做元宵供奉火神，挂灯笼庆祝佳节。此后，我国便有了元宵节吃汤圆的习俗。

◎ 传统文化小知识

【龙须面】 我国北方传统面点之一，由山东抻面演变而来，至今已有三百多年的历史。相传明代御膳房里有位厨师，在立春吃春饼的日子里，做了一种细如发丝的面条，宛如龙须，使皇帝胃口大开、龙颜大悦。由于抻面的姿势气壮山河，抻出的面细如发丝，犹如交织在一起的龙须，故名龙须面。

·宗泽与金华火腿

宗泽是我国宋朝的抗金名将。北宋末年，金兵大举入侵中原，攻占了北宋都城开封，宗泽招募来自金华、义乌一带的抗金将士，大破金兵收复开封。当他挥师报捷时，刚巧经过金华、义乌等地，便下令众位将士回乡探亲，慰问家属。

当地百姓听说宗泽班师大捷，纷纷来探望，很多村民们赶紧杀猪作酒，相互架抬着送往军营。宗泽看到后很是为难：百姓的盛情可领，这么多新鲜猪肉可怎么带走？苦思冥想之后，他有了个好主意，便准备多只大船，将新鲜猪肉上撒上一层盐，腌制起来，再密封在船舱里，一路驶往开封。

刚到开封，守城将士们便迎上来打听家乡情况，宗泽一一作答，最后说道："父老乡亲们还托我带来好东西慰劳你们哪。"他叫人打开船舱，顿时，满舱腌制的猪肉呈现在眼前，阵阵肉香扑鼻而来！将士们赶紧将其烧熟，争相饱食，连呼好吃。

当年，宋高宗赵构来到开封巡察，宗泽命人将腌制的猪肉做成各种菜肴，端上桌来。宋高宗见盘、碟中的肉全呈金红色，吃起来味道鲜美，便问："这是什么，居然如此醇香入味？"

宗泽回答是从金华带来的猪腿肉。赵构连声称赞："好个金华猪腿，色红似火，味道鲜美，就叫它金华火腿吧。"此后，"金华火腿"的美名就传播开来，现在，很多火腿店开业还将宗泽的画像供奉于堂前，敬他为制作火腿的祖师爷。

◎ 传统文化小知识

【咸宁火腿】 咸宁火腿贵州的特产，已有六百多年的历史。咸宁海拔两千多米，属高寒的乌蒙山区，当地的彝族同胞有赶山放牧的习俗，猪牛羊同群为伍，因活动量大，猪腿非常发达，肌肉硬朗丰满，肥瘦肉交织。风干熏过的咸宁火腿可存五六年，不但不流油、不变味，而且腊味更加浓郁香美。咸宁火腿分头年腌制到次年秋前出售的"新腿"和秋后出售的"陈腿"或"老腿"。新腿肉味芳香，层次鲜明，滋味可口，陈腿切开后肥肉呈粉红色，瘦肉呈殷红色，肉质紧密，水分少，油光滋润，味道鲜美。

·杭州第一名菜东坡肉

苏东坡在杭州做官时，体恤民情，深受百姓爱戴。这年年末，朴实的老百姓们肩挑手提为他送来了许多猪肉，苏东坡无法推却，便叫人将猪肉切成小块，烹烧得通红香酥，而后挨家挨户再分送回去。老百姓非常喜欢这香浓味美的肉制品，索性称它为"东坡肉"。

当时，杭州城里有家大菜馆，老板听说了这事后，就仿造苏东坡的制法，做出数道菜品，并挂出"东坡肉"的招牌。没想到，这一招颇有奇效，很多食客都闻风而来，菜馆生意非常火爆，每天杀十几头猪都供不应求。其他菜馆见此眼红，也跟着学做起来，一时间，"东坡肉"香飘杭州城，成为当地的一道名菜。

苏东坡为官清廉正直，得罪了不少人，有位御史大人就想寻机报复。他来到杭州城，看到大小菜馆里到处都是极受欢迎的"东坡肉"，遂心生毒计，搜罗了大批菜单带回京城。拜见皇帝时，这位御史大放厥词："皇上，苏东坡在杭州城里举手遮天做尽坏事，老百姓恨之入骨，声称要食其肉啖其骨。"皇帝问："你有什么证据？"御史赶紧将早已备好的那厚厚一叠菜单呈上，昏庸的皇帝不辨是非，怒火顿起，当即传旨将其发配至偏远地区。

杭州城里的老百姓闻听苏东坡被罢官免职，不仅没有疏离他反而敬爱有加，"东坡肉"的名头也更加响亮，渐渐被推崇为杭州第一名菜。

◎ 传统文化小知识

【八大菜系】　菜系也称帮菜，是指在选料、切配、烹饪等技艺方面，经长期演变而自成体系、具有鲜明地方风味特色并为社会所公认的菜肴流派。我国的八大菜系，是指在一定区域内，由于气候、地理、历史、物产及饮食风俗的不同，经过漫长历史演变而形成的一整套自成体系的烹饪技艺和风味，同时亦被全国各地所公认的八大地方菜肴，即鲁菜、川菜、苏菜、粤菜、浙菜、闽菜、湘菜、徽菜。

·全聚德烤鸭

河北冀县杨家寨有个人叫杨全仁，他刚到北京时做的是生鸡鸭的小买卖，经过几年摸爬滚打，生意已经营得风生水起。当时附近有家"德聚全"干果铺因为经营不善濒临倒闭，杨全仁动了心思，拿出多年积蓄一举盘下。

终于有了自己的小店，杨全仁想取个好店名，就请来位风水先生。风水先生围着店铺连转几圈，双手比画着："宝地呀是块宝地！你看两边小胡同儿就像轿杆儿，正好抬起了这顶八抬大轿。"正说着，他眼睛骨碌碌一转，又道："不过，这店铺沾惹了太多晦气，如果将原来旧字号倒过来改成全聚德，那就能冲散霉运交上好运!"

这番话说得杨全仁眉开眼笑:"全聚德"这三字多合意呀,一是占了自己名字中的"全"字,二是"聚德"可以解释为聚拢德行。他立即给风水先生一笔赏银,接着找到当时的书法名人钱子龙,请其撰写了"全聚德"三个大字,制作成匾高悬门上。

杨全仁到底是块做生意的料,在他的精心操持下,全聚德的生意渐渐兴盛起来。这时候,他探听到专为宫廷做御膳挂炉烤鸭的金华馆内有位孙姓老师傅,烤制技术非常高超,就经常邀请孙师傅饮酒下棋。慢慢地,两人关系越来越密切,孙师傅渐被杨全仁说动心,再加上重金礼聘,最后终于转投全聚德。

有了这位名厨坐镇,就等于掌握了清宫挂炉烤鸭的全部技术。杨全仁放手一搏,听任孙师傅将原来的烤炉改为炉身高大、炉膛深广、一炉可烤十几只鸭的特大挂炉,这样既可以熏烤也可以同时向里续鸭。

先进的设施加上出色技艺,全聚德烤出来的鸭子丰盈饱满,色呈枣红,皮脆肉嫩,鲜美酥香,吸引了很多食客前来品尝,当时就在京城博得了"京师美馔,莫妙于鸭"之美誉。后来经过百多年发展,全聚德烤鸭渐渐成为北京的一块金字招牌,享誉四海名满天下。

◎ 传统文化小知识

【南京板鸭】 南京板鸭专取南京江宁特产肥鸭用盐卤腌制风干而成,因其肉质细嫩紧密状如平板,故名板鸭。板鸭按其选料季节的不同,可分为腊板鸭和春板鸭两种。南京板鸭的制作技术已有六百多年历史,史上称"贡鸭""官礼板鸭",具有外形较干、状如平板、体肥皮白、肉质酥烂细腻、香味浓郁等特点,所以也有"干、板、酥、烂、香"之美誉。

·山东煎饼卷大葱

山东沂蒙山区有位黄妹,自小跟着继母生活。黄妹长到十八时出落得水灵漂亮,她一心想嫁给青梅竹马的同村玩伴梁马,可嫌贫爱富的继母收下大笔礼钱,将她许给了邻村地主。

黄妹宁死不从，为了达到目的，恶毒的继母计划除掉梁马。她请人将梁马请来，皮笑肉不笑地说道："我家环境比你家要好些，你到我家来读书吧，待考取功名之后也好与黄妹成亲。"憨厚的梁马还以为继母回心转意了，连忙道谢，继母又说："书房已经备好，你看还需要什么？""有纸笔足矣。"梁马高兴地回答，继母只在旁边阴险地笑。

搬进书房后，梁马果见笔墨纸砚齐全，便心满意足地读起书来。谁知他读到中午也不见有人送饭，打算出门看看，门口却有家奴守着根本出不去，梁马忍饥挨饿直到黄昏时才恍然大悟："上当了！好恶毒的妇人！"原来，继母抓住"有纸笔足矣"这句话，打算饿他三天三夜，不管饿死或者饿跑，她都可以顺利嫁出黄妹了。

黄妹很快知道了这件事，气得在屋里团团转，忽然，聪明的姑娘想出一条妙计，她马上烙了很多薄饼，切成纸张大小，再将大葱洗净，根根捆摆成扎，而后叫丫环送去。小院门口，家奴伸手拦下了丫环："夫人有令，只许送进纸笔。""你看这不正是纸笔吗？"丫环气昂昂地摊开手中包裹，家奴一看确实无误，摆摆手放行。

此时的梁马已被饿得头晕眼花，听说黄妹送来东西，他赶紧打开，可眼前除了白纸什么也没有呀，正纳闷呢，阵阵葱香从"纸"里飘出，梁马将白纸平平展开——哎呀，原来是香喷喷的薄饼和大葱！他高兴地大吃起来。

三天后，继母听说梁马还在读书，怒气冲冲地来到小院，劈头就问家奴："他怎么还活着？难道是喝风过活？"家奴小声回答："他不是喝风，是把纸笔都吃啦！"继母大惊，开门望去——可不是！梁马正撕开张"纸"，卷上支"笔"，大口大口吃得正香哩。

看着她满脸的不解，梁马哈哈大笑："黄母不必惊讶，小婿曾得高人指点，学会点金术，只要我在考场上随意一点就可博取功名。"继母听得呆住，赶紧换了副嘴脸："哎呀，贤婿真是神人。"她转天便退了那邻村地主的财礼。

第二年，梁马如愿考中状元，将黄妹接入京城结成眷属。这道煎饼卷大葱从此便成为山东的特色小吃。

◎ 传统文化小知识

【煎饼果子】 煎饼果子，以绿豆粉为主料，调成糊状摊成煎饼，形似荷叶，薄软如纸，然后卷上酥脆的棒槌果子（油条）或薄脆（果篦儿），抹上天津面酱、腐乳，撒上葱花、芝麻、孜然等小料，从中间折起即可食用。成品香气扑鼻，味美适口，若在煎饼上再摊个鸡蛋，更是软嫩鲜香，别有风味。

【春卷】 春卷，民间节日传统食品，流行于各地，江南等地尤盛。民间除供自己家食用外，常用于待客。制作春卷一般要经过制皮、调馅、包馅、炸制四道工序。主要做法是用烙熟的圆形薄面皮卷裹馅心，呈长条形，然后下油锅炸至金黄色。馅心可荤可素，可咸可甜，品种有韭黄肉丝春卷、荠菜春卷、豆沙春卷等。

·龙井茶与虎跑泉

龙井茶与虎跑泉被称为"杭州双绝"，若用当年虎跑泉水冲泡龙井茶，茶汤清澈，叶片舒卷，茶香四溢，唇齿留芳。关于这两样绝品，当地还有两则美妙的传说。乾隆皇帝下江南经过杭州龙井狮峰山下，见几位乡女在绿油油的茶篷前采茶，忍不住便也偷采了一把，正巧这时候随从报道："太后凤体欠安，请皇上急速回京。"乾隆不敢耽搁，随手将茶叶放入袋内，日夜兼程赶回京城。太后并无大恙，仅是肠胃不适，乾隆急急进宫拜见，太后只闻得一阵清香袭来，便问带回了什么好东西。

乾隆觉得奇怪，哪有什么好东西呢？周身一摸竟摸出那把狮峰山下的茶叶来，叶片已然干燥，微微卷起散发出令人心旷神怡的香气。太后很是喜欢，当场就命人泡茶，饮用后居然肠胃通畅，体内极为舒服。乾隆皇帝没想到一把小小干茶会有如此奇效，立即下令将杭州龙井狮峰山下胡公庙前十八棵茶树封为御茶，每年采摘的新茶赐名为"龙井"，专用来进贡皇室。

那虎跑泉又是如何得来？据说很早以前，有两位兄弟名叫大虎、二虎，他们想在杭州的小寺院里安家，可是和尚有言在先，这里吃水非常困难，要翻山越岭才能挑回，两兄弟不惧劳累应承下来。就这样，他们在寺院里落下了脚。

某年天旱，山岭对面唯一的水源也消失了，两兄弟想到南岳衡山有处"童子泉"，便一路奔波而去。他们刚刚走到衡山脚下，忽然狂风大作，暴雨如注，悠悠醒转后，却见掌管"童子泉"的小童正手摇柳枝轻点水珠洒向二人。大虎、二虎立即变做两只威风凛凛的大老虎，小童跃身而上，带着"童子泉"直奔杭州城。

第二天，这两只老虎即出现在寺院旁，不停地用前爪刨地，很快就刨出一眼清泉！看着清冽冽的泉水涌出，和尚们明白，这就是大虎和二虎带来的神水啊。

起先，他们为这眼泉水命名"虎刨泉"，后来为了顺口就改叫"虎跑泉"。

据说，用虎跑泉里的泉水泡龙井茶，色、香、味都堪称极品，称得上"杭州双绝"。

◎ 传统文化小知识

【十大名茶】 我国十大名茶是指产自浙江杭州西湖区的西湖龙井、江苏苏州太湖洞庭山碧螺峰的碧螺春、河南信阳车云山的信阳毛尖、湖南岳阳君山的君山银针、安徽六安和金寨两县齐云山的六安瓜片、安徽歙县黄山的黄山毛峰、安徽祁门县的祁门红茶、贵州都匀市的都匀毛尖、福建安溪县的铁观音、福建崇安县的武夷岩茶。

·香高味醇黄山毛峰

都说名山产名茶，中国十大名茶之一的黄山毛峰就产于安徽黄山。黄山毛峰外形细嫩扁曲，多毫有峰，冲泡成茶后有雾气轻绕杯顶，滋味醇甜，鲜香持久，有人称其"香高味醇"。

黄山毛峰的来历颇为曲折。据说明朝天启年间，安徽黟县新任县官熊开元游玩黄山时来到云谷寺，一位老和尚用上好的茶叶招待他。熊知县定睛细看，见那茶叶形似雀舌，身披白毫，色泽微黄，用开水冲泡，升腾而起的热气先绕碗边转圈，转至碗中心时直线升起一尺多高，而后又在空中转圈，化作白莲花形状，渐而慢慢上升成云雾，飘飘散散荡开，清香弥漫。老和尚告知此茶名叫黄山毛峰，并在临别时赠给熊知县一包茶、一葫芦黄山泉水。

熊知县回府后正逢旧友太平知县来访，便用那茶依样表演了一番，太平知县惊喜异常，赶紧索要一些带回，后来又趁回京的机会特地进献给皇帝想邀功请赏。可奇怪的是，这次并没有白莲奇景出现，皇帝震怒，当场就欲以欺君之罪让他下狱，被吓得浑身哆嗦的太平知县赶紧吐露原委，说此茶本出自黟县知县熊开元。

蒙头转向的熊开元被五花大绑着押送入京，直到踏入宫中才明白是怎么回事。他说："皇上，这黄山毛峰只能用黄山泉水才能冲泡成白莲奇景，若能让下官回去取来泉水，定能证明所言非虚。"皇帝见他说得斩钉截铁，就给了一个月的期限。

熊开元立即日夜兼程地返回安徽，寻到黄山老和尚，将来意说明。一个月后，当他再带着一包茶、一葫芦黄山泉水来到皇帝面前时，那杯中升腾而起的毛峰茶果真形成了美丽的白莲奇景这一下，皇帝顿时眉开眼笑，兴之所至道："朕念你献茶有功，升你为江南巡抚，三日后就上任去吧。"

熊知县闻听此言，心中无限感慨："一包茶，让我看到旧日好友的阿谀奉迎，更看到一国之君的喜怒无常。黄山名茶称得上品质清高，又怎是当朝为官者、为王者能够相比的呢。"

熊开元并没有去赴任，而是找了个机会脱掉那身官服玉带，径自前往黄山云谷寺，与老和尚做伴去了。

◎ 传统文化小知识

【太平猴魁】 太平猴魁产于我国黄山北麓太平县的猴坑、猴岗和彦村一带。据说有位山民利用猴子的攀岩登高才采摘而得，所以命名为"太平猴魁"。该茶叶片扁平、挺直、厚实，色泽苍绿匀润，阴暗处看时绿得发乌，冲泡后变得嫩绿明亮，其香气高爽持久，回味甘甜，历来被品茶者视为尖茶之王。

·吓煞人香碧螺春

洞庭湖东山有座莫厘峰，因为连续有几位樵夫上山砍柴未归，当地人便将此处视为禁地。有位渔家姑娘叫碧螺，天生胆大，总想着去莫厘峰。

这日，她带着把砍柴斧只身上山，一直到半山腰也没看到有啥可怕的东西，她累得一屁股坐在岩石上，抬眼望去正巧看到对面岩缝中长着棵油绿闪亮、生机盎然的野树苗，阵阵风儿吹过，那棵野树苗竟散出股奇异的香气，径直飘了过来！碧螺轻轻一嗅，原本疲惫的身子顿觉舒坦了不少。她小心地一步步攀至近前，那香味越来越浓、越来越怪，眼看着距野树苗没几步了，"扑通！"碧螺竟被这奇香熏得晕倒在地！

过了好一会儿，她才悠悠醒转过来，抬手捂住鼻头。碧螺本是渔家姑娘，手上沾着浓重的鱼腥气，这么一捂才感觉到头脑清醒不少，周身被异香浸淫酥软的身子也有了力气，她觉得有些饿，又随手拔了株野蒜吞进肚里。鱼腥味与蒜味交相混杂，无意中居然抵御住那异香，碧螺略略有些明白过来，知道这棵树苗绝非常物。她索性采了几把塞入怀中，不承想，那嫩叶得了热气，香得更为厉害！碧螺姑娘惊得连声嚷起来："吓杀人哉，吓杀人哉！"

出于好奇，碧螺姑娘将野树苗连根拔起，移植到洞庭西山一处废弃的破庵中，每日提水浇灌，时日一长，那野树苗竟长得粗壮了不少。

这天，碧螺姑娘刚到树下歇息，举着水壶就咕噜噜猛灌，忽觉喉头一阵清凉，满口芬芳，这是怎么回事？碧螺仔细看壶里，却见几片细叶在里面，看来这还是个宝贝哩！她兴奋极了，立即叫来乡亲们采摘枝叶。全村人很快都知道了这棵树，当有人问起它叫什么时，碧螺随口就答："吓杀人香。"

乡邻们很喜欢这棵"吓杀人香"，碧螺更是经常采摘。有回正赶上阴雨连绵，大堆茶叶就快霉烂，碧螺干脆将它放进锅里炒炒晾干保存起来，没想到这样泡水后更觉入口清香，人们索性就进行培育、栽种，成熟后再采摘、炒制。"吓杀人香"经过几番移植，那熏人的异香也淡了许多，越来越为人们所喜爱。

碧螺离世以后，人们为了纪念她，遂将"吓杀人香"改称"碧螺春"，那座莫厘峰也改称为"碧螺峰"。

◎ 传统文化小知识

【苏州茉莉花茶】 苏州在宋代时就开始栽种茉莉花，并用它作为制茶原料，发展至清代时已盛销东北、华北。苏州茉莉花茶以所用茶胚、配花量、窨次、产花季节的不同而有浓淡之分，香气也因花期的不同略有分别。该茶特点是香气清芬鲜灵，茶味醇和含香，汤色黄绿澄明，与同类花茶相比属清香型。

·从弃婴到"茶圣"

唐朝时，陆羽出生在今天湖北天门市一个贫苦人家里。因为父母生活困窘又疾病缠身，根本无力抚养这个孩子，就将他遗弃在城郊。

附近龙盖寺的智积和尚外出时发现了他，赶紧抱回收养，还教他读书识字、焚香拜佛。渐渐地，陆羽长成清秀少年，智积见他经常偷偷诵读一些佛教经书，便劝其削发入寺，潜心研佛，可陆羽很有主见，虽然喜欢经书却不打算将自己的青春年华交付给这座寂静的寺院。于是，他向师傅如实说出了想法，智积和尚很是通情达理，当时就应允他自行做主。

得到师父的首肯，陆羽遂开始遍览群书，史地经文、诗词歌赋，寺院内所有的藏书他都常翻阅。某日，他从书上看到一处有关茶叶的记载，那段文字简短而晦涩，看了半天也没弄明白是怎么回事，陆羽便想从头钻研，了解清楚茶叶的栽培、制作、饮用等各方面情况。

从穿上草鞋、背着干粮出发的那一刻起，他就知道这是条艰辛之路。陆羽用了几年时间，顶着风霜雪雨，不畏严寒酷暑，走遍唐朝当时 32 个出产茶叶的州和郡，取得了大量第一手资料。在二十七岁那年，他来到被称为"茶叶之乡"的浙江吴兴，开始闭门著书，若干年之后，世界第一部茶叶专著《茶经》就面世了！

◎ 传统文化小知识

【《茶经》】《茶经》是一部关于茶叶生产的历史、源流、生产技术以及饮茶技艺，茶道原理的综合性论著，是世界现存最早、最完整、最全面介绍茶的专著，它将普通茶事升格为一种美妙的文化艺能，后人将其称为"茶叶百科全书"，陆羽也被称为"茶圣""茶神""茶仙"，成为世界茶业史上的先驱。

· 名酒之冠出茅台

贵州茅台酒被称为我国的名酒之冠，它与山西汾酒颇有渊源。相传在清朝康熙年间，山西汾阳有位品酒人名叫贾富，生来嗜酒如命，一日三餐桌上都不能少了汾酒，就是日常办事腰间也别着酒葫芦。

这年秋天，贾富去南方经商行至贵州仁怀县时发觉随身带的汾酒已经喝净，他只好一路打听着找了家路边小店去喝烧酒。谁想这烧酒刚入口贾富便觉得辛辣无比，不仅有灼烧之感，回味还极为苦涩，贾富连连叹气："唉，这么个好地方竟出不了好酒！"

这句话给店老板听见了，气哼哼道："客官怎么知道我们仁怀没有好酒？"贾富知道出语多有冒犯，赶紧赔礼。

那老板还是有些生气，当下一挥手叫伙计搬来了十几坛酒："客官不是想要仁怀的好酒吗？尽情品尝。"

贾富不慌不忙站起身来，细细打量着，轻揭酒盖，由远及近地对准坛口深深吸气，接着掬出一碗酒，饮下，咂三咂，呼出一口气，这才将酒碗放下，慢慢说道："这些酒都不怎么样，只有其中一坛还算马马虎虎，可是回味又太差。此地山清水秀，理应是酿酒的绝佳之地，怎么会造不出美酒呢？"

那老板刚才见他一看二吸三咂就知道眼前人是个行家，现在闻听此言赶紧施礼相邀："客官所言极是，确实只有一坛封藏了二十多年，既然客官如此精通酿造之术，何不留此赐教呢？"

"好，明年我一定再来。"贾富倒也痛快，满口应承下来。

第二年金秋时节，他特地在山西重金聘请了一位酿造大师，带着酒药、工具再次来到怀仁县，在那位店老板的带领下选中当地的芳草村，也就是现在的茅台镇作为酒坊场址。

贾富与大师采用当地水源，按照汾酒的酿造方法，经过八蒸八煮，几番试验，终于酿出绵软醇厚、香味纯正的名酒之冠"茅台酒"，茅台镇也成为"中国第一酒镇"。

◎ 传统文化小知识

【中国十大名酒】 贵州茅台、四川宜宾的五粮液、陕西凤翔的西凤酒、江西樟树的四特酒、四川古蔺郎酒、江苏泗洪的双沟大曲、江苏泗阳的洋河大曲、安徽亳县的古井贡酒、四川绵竹的剑南春、山西杏花村的汾酒为中国十大名酒。

· 芳香甘醇竹叶青

山西汾酒竹叶青芳香甘醇、色泽清冽，深受人们的喜爱，史上还流传着一段关于它的有趣故事。

相传在竹叶青酒的故乡山西汾阳杏花村有个一醉楼，某日，老板差店里小伙计去给客人送坛好酒。夏日的正午，烈日炎炎热浪袭人，两个小伙计抬着大坛酒，走得口干舌燥、汗流浃背。经过一片竹林时，他们看到中间有条小溪蜿蜒而过，那溪流极缓，深不过膝清澈见底，小溪倒映着片片绿竹，更显得爽亮翠绿，于是赶紧放下酒坛，捧着那清亮亮的溪水喝了个够！

休憩时，两人咬着耳朵合计起来："师弟，你看咱整天守望着好几百坛子酒，师傅从没让喝个痛快，今天咱就试试？"

"行，我听师哥的。"他们轻轻揭开坛口的泥封，一阵酒香扑鼻而来，两人顺手揪下几片青翠竹，舀起酒一口口喝了起来。不知不觉两个时辰过去，喝醉的伙计们才翻身爬起，可是坛里的酒已下去小半，这可怎么送给客人？

大伙计灵机一动，朝着小溪努努嘴："咱干脆掺上溪水好了，又不缺斤少两怕什么。"小伙计别无他法只好依计而行，可是他们在灌上溪水时谁也没发现坛中飘有几片细长的竹叶。

下午时分，这坛酒终于送到客人家中，他们结了账顺利返回。可谁知第二天一早，买酒的客人便来到一醉楼说要找老板详谈，心中有鬼的小伙计吓得脸色大变，以为偷酒之事败露，谁都不敢吱声。

出人意料的事情发生了！客人见到老板后连声称谢，大赞此酒芳香甘醇、清洌爽口，绝非以前的平常之物，还打算再买数坛搬回饮用。一醉楼的老板似懂非懂，只得客套几句勉强应承。待客人刚走，他就叫来那两人细细盘问，他俩只得不如实招供。

一醉楼老板深知酒和那竹林溪水有莫大干系，随即花费重金买下那片竹林，专取林间溪水作酒源，几经研制终于酿造出远近闻名的好酒。因为此酒色泽青碧、芳香怡人、入口甘醇，又产于竹林，所以老板就给它取名"竹叶青"。

◎ 传统文化小知识

【五大香型】 我国白酒产品种类繁多，按酒的香型可将白酒分为五大香型。以贵州茅台酒为代表的酱香型，又称茅型，具有酱香、细腻、醇厚、回味长久等特点。以山西汾酒为代表的清香型，又称汾型，具有清香、醇甜、柔和等特点。以四川泸州老窖大曲酒为代表的浓香型，又称泸型，具有芳香、绵甜、香味谐调等特点。以广西桂林三花酒为代表的米香型，具有蜜香、清雅、绵柔等特点。具有各自独特的生产工艺和口感风味的其他香型，其主体香及香型尚未确定，如贵州董酒、陕西西凤酒等。

·杜康造酒醉刘伶

河南清丰县有位酿酒大师叫杜康，他在这里开了间酒店，取名杜康酒店。刘伶向来嗜酒如命，酒量之大无人可比。这日，他来到杜康酒坊前，抬头瞥见门上有副对联，上联是猛虎一杯山中醉，下联是蛟龙两盏海底眠，横批是不醉三年不要钱。

自称喝尽天下美酒的刘伶当时就恼了，暗想："我刘伶往东喝到东洋海，往西喝过老四川，往南喝到云南地，往北喝到塞外边，东西南北都喝遍，也没把我醉半天。一个小小酒馆竟有如此大的口气，看我不把你的坛坛罐罐喝个底儿朝天！"

刘伶走入小店一拍桌道："店家，拿酒来！"老板杜康不敢怠慢，恭恭敬敬递上一杯。刘伶一杯酒下肚，喝得口甜如蜜，当下大嚷："再来一杯！"

"客官，可别再喝了！我这酒没人能喝过三杯。"杜康劝道，刘伶正在兴头上哪能依他，一连干了三杯，然后出了店门摇摇晃晃向家走去。

好不容易晃到家里，他冲着媳妇嘟囔："我要死了，你把我埋到酒地里，上边安上酒槽，把酒盅酒壶都给我放进棺材里。"说完就扑倒在地，媳妇登时悲痛不已，只得将他埋葬了事。

一晃三年过去，杜康找到这里，刚提起刘伶的名字，媳妇禁不住哀哀哭道："他三年前喝完酒回家就死了。"

"哪是死了，嫂子，是我家酒香醉人，他喝多啦，现在人呢？"刘伶媳妇听后半信半疑，赶紧带着杜康去挖坟。

待揭开棺盖一看！那刘伶面色红润，睡得正酣。杜康上前拍拍肩膀："醒醒，刘伶，快醒醒。"棺材里的刘伶不情愿地睁开眼睛，嘴里还连声嘟囔着："好酒，好酒！杜康果真是好酒！"就这样，"饮了杜康酒三杯，醉了刘伶三年整"的故事就传开了，杜康美酒也因此名闻天下，成为我国酒业中的珍品。

◎ 传统文化小知识

【传统酒礼】 古代饮酒的礼仪有拜、祭、啐、卒爵四步。就是先做出拜的动作表示敬意，接着把酒倒一点在地上，祭谢大地生养之德，然后尝尝酒味，并加以赞扬令主人高兴，最后仰杯而尽。主人和宾客一起饮酒时要相互跪拜。晚辈在长辈面前饮酒叫侍饮，通常要先行跪拜礼，然后坐入次席。长辈命晚辈饮酒时，晚辈才可举杯，长辈酒杯中的酒尚未饮完，晚辈就不能先饮尽。敬酒时，敬酒的人和被敬酒的人都要避席而立，普通敬酒以三杯为度。

【先干为敬】 古时候，请人喝酒的时候，主人必须自己先干一杯，一是表示敬意，二是表示酒没有问题，可以放心喝，叫作"献"。然后，客人也得随着喝一杯，以示回敬，叫作"酢"或"报"。接下来，主人为了劝客人多喝点，自己又先干一杯，叫作"酬"。主人喝完以后，客人也得举杯畅饮，以回报主人的厚意，叫作"应酬"，这样的就有了现在的"先干为敬"。

·蛇酒的来历

百多年前，大别山一带有个小镇，周围乡邻经常去镇上酒家喝酒。

这天，老板叫小伙计李波去库房取酒，李波刚开门突然看到一条两丈多长、碗口粗的大蛇正倒挂在梁上探进酒缸里偷酒喝！他吓得大叫起来，引得周围很多人都来围观。

那条大蛇似乎并不怕人，仍然顾自喝酒，众人正想办法靠近时，它突然"扑通"一声滑了进去！小伙计李波大着胆儿一步上前严严实实盖住了酒缸，最后又压块大石头才算了事。

一晃两年过去，酒缸里毫无动静，满腹疑虑的李波最终还是揭起了缸盖，却见那大蛇踪影全无，只是酒的颜色变得通红，原来它已被酒液完全融化了！老板看后心有余悸，赶紧令李波倒了这酒。

却说镇上有个刘瘸子，患有严重的风湿病，一遇阴雨天气就浑身酸痛，他还有个毛病，经常上酒店讨酒喝却从不付钱，所以镇上都叫他刘无赖。有一天，刘无赖又来酒店喝酒，李波存心想治治他，就将那缸里的红酒倒出一碗："瞧，这是店里最好的酒，别处根本没有卖的，反正你也赊惯了，拿去喝吧。"刘无赖闻着酒香上来馋瘾，接过来就咕咕咕喝个底儿朝天，当场就扑倒在地不省人事。

李波惊得以为他被毒死了！赶紧拖进仓库里，准备夜里再作计较。当时，大雨倾盆，李波点着油灯小心翼翼进来，竟看见那刘无赖翻身坐起，来回甩动着，还连声嚷嚷："好酒好酒！下雨天腰腿也不疼啦！"

送走刘无赖，李波就寻思上了："莫非这泡过蛇的红酒真能治病？"他想起因风湿病而卧床不起的老父亲，就偷偷装满几瓶带回家。没想到老父亲喝完第一瓶能下床，喝完第二瓶腰腿不发疼，连着再喝几瓶居然能下地干活了！李波欣喜异常，干脆将这酒送给了许多风湿病患者，并将其中的秘密公之于众。于是，能治病的"蛇酒"就这样流传了下来。

◎ 传统文化小知识

【黄酒】 黄酒，我国特有的传统酿造酒，至今已有三千多年历史，因酒液呈黄色而取名为黄酒。黄酒以糯米、大米或黍米为主要原料，经蒸煮、糖化、发酵、压榨而成，为低度原汁酒，色泽金黄或褐红，含有糖、氨基酸、维生素及多种浸出物，营养价值很高。成品黄酒用煎煮法灭菌后用陶坛盛装封口，酒液在陶坛中越陈越香，故又称为老酒。

饮誉中外的
名人文化

　　曹雪芹一笔写尽红楼春秋，罗贯中演义百年铁马金戈，施耐庵
醉梦梁山生死豪情，吴承恩编撰西游经典神话，蒲松龄灯火影里谈
狐说鬼，司马迁继承父志完成巨著，白居易赋诗居长安，李清照才
高秀词作，关汉卿自小善作对，吴敬梓危厄仍著书——历代文人墨客
总能铺纸挥毫恣意挥洒，在纸上尽显风流，为后世留下传世巨著。

·曹雪芹送礼

清朝乾隆年间，送礼之风盛行，举国上下竞相效仿，曹雪芹对此深恶痛绝。

某次，健锐营副都统赫老爷打算举办五十寿宴，下帖摊派本营各旗为他送礼，还命人给曹雪芹送去美酒两坛与裱好的卷轴一幅，想请他临场挥毫，曹雪芹接过后，心中一动，决定借此机会上门去好好羞辱一番。

寿辰这天，赫老爷家吹吹打打，热闹异常，各旗头领们陆续前来相贺，银两、古董、盒子菜等贵重礼品相继抬入。曹雪芹也请人挑上两只酒坛，手托卷轴缓步前往都统衙门，离大门还有五十步远，就听守卫兵士高报："曹雪芹曹老爷到——"屋内的赫老爷一听："嘿！还真来了？看来今儿求字有戏。"他赶紧出外迎接，其他客人听这声喊也极为吃惊："这曹雪芹就算是好友为官都翻脸不见，今天怎么亲自拜见都统大人了？"都想看个究竟。

曹雪芹缓步入内，刚将酒坛奉上便示意启封，又给每人斟上一盏，众人低头看去杯中却浑浊一片——这哪是酒，分明就是江水嘛。赫老爷当然也知道不对劲儿，可他顾及场合不能说破，只得打着哈哈言不由衷道："佳酿，真乃佳酿也！"这句话引得曹雪芹当场哈哈大笑："非佳酿也！我还要送您几个字。"他走到厅堂正中那斗大的"寿"字边上，唰地抖开怀中卷轴，众人定睛细瞧，竟是"朋友之交，淡淡如水"八个大字！满堂宾客登时鸦雀无声，齐刷刷都盯着都统赫老爷。那赫老爷脸色一沉气恼至极，却不得不强作欢颜道："高，实在是高！朋友之交淡淡如水，水淡而情浓更显交情深厚呀。"为撑面子，他说完后干脆将那杯江水一下倒进嘴里，众人赶紧举杯附和，苦着脸只得一口饮下。片刻，这两坛江水就被轮番相敬，喝了个精光。

曹雪芹见状哈哈大笑，也不施礼，堂堂皇皇步出门外，屋里的赫老爷被气得直瞪眼却毫无办法，只能眼睁睁看着他离去。

◎ 传统文化小知识

【《红楼梦》】《红楼梦》原名《石头记》《情僧录》《风月宝鉴》《金陵十二钗》，是我国古代伟大的长篇小说，也是我国古代四大名著之一、世界文学经典巨著之一。《红楼梦》以贾、史、王、薛四大家族为背景，以贾宝玉、林黛玉的爱情悲剧为主线，着重描写荣、宁两府由盛到衰的过程。该书流行本一百二十回，前八十回公认由曹雪芹所作，后四十回一般认为由高鹗所续。

·司马迁继承父志写巨著

司马迁是我国西汉时期著名的史学家与文学家，他受父亲影响，在青年时期就饱读诗书、博学多才，后来又游历河南、湖南、山东、四川、云南等地名山大川，谈吐见识极为不凡。

公元前110年，父亲司马谈病重，临终前留下一个遗愿，要司马迁代他完成一部史学巨著。六年后，已任太史令四年的司马迁开始动笔编写。

没过几年，名将李广的孙子李陵在与匈奴血战后，不幸被俘被迫受降。朝廷就此事议论纷纷，司马迁回应："李陵带去的步兵不足五千，他深入敌军腹地，射杀几千敌人。虽然打了败仗可也足以对天下人有个交代了。再说，能够经历如此苦战，就证明李陵不是贪生怕死之人，他之所以不愿战死沙场肯定自有打算，也许他还想着将功赎罪报答皇上。"

这番话惹得汉武帝龙颜震怒："你这样替投降敌人的李陵强辩，不是在存心反对朝廷吗？"当场命人将他拿下，打入大牢。

司马迁的案子不久即转交到一个叫杜周的有名酷吏手中。杜周用尽大刑，将其手脚用刑具紧紧捆束，剥去衣服重杖责打，再用铁链束颈，关闭在四面黑墙之中，司马迁忍受着巨大的肉体之痛，拒不开口认罪。第二年，汉武帝下令抄斩李陵全家，狱中的司马迁没能逃过此劫，又遭受到宫刑之苦。

坚强的意志支撑着司马迁度过难熬的狱中岁月。公元前96年，一线曙光倏然出现——汉武帝大赦天下，司马迁被释放出狱！年已五十的他任职中书令，重新拣起那支废弃多年的笔开始专心致志地编写。五年之后，这部鸿篇巨制终于封笔，它被取名为《太史公记》，就是后来的《史记》。

后人感于司马迁的杰出成就，将他与西汉的司马相如、三国的诸葛亮并列排名，盛赞为"西汉文章两司马，南阳经济一卧龙"，那部《史记》也被鲁迅誉为"史家之绝唱，无韵之《离骚》"。

【《史记》】《史记》是我国古代最著名的古典典籍之一，也是我国历史上第一部纪传体通史，它与后来的《汉书》《后汉书》《三国志》合称"前四史"，同时也为二十四史之首。《史记》记载了上自黄帝时代、下至汉武帝时期共三千多年的历史，全书分为十二本纪、三十世家、七十列传、八书、十表等5大部分，共计130篇、52万字，是司马迁穷尽一生的心血之作。

【《二十四史》】《二十四史》是我国古代二十四部正史的总称，即《史记》《汉书》《后汉书》《三国志》《晋书》《宋书》《南齐书》《梁书》《陈书》《魏书》《北齐书》《周书》《隋书》《南史》《北史》《旧唐书》《新唐书》《旧五代史》《新五代史》《宋史》《辽史》《金史》《元史》《明史》。

·施耐庵痴迷著《水浒》

施耐庵出生于元朝末年，自小聪明好学，习文善武，特别喜欢在街头巷尾听人讲故事，他十九岁中秀才，二十八岁中举人，三十六岁中进士，曾担任过钱塘县事，后因官场黑暗索性辞官回家教学。

当时率众反元的张士诚敬其文韬武略，再三邀其为军幕。施耐庵出谋划策助他攻城略地，但后来张士诚居功自傲、疏远忠良，施耐庵遂拂袖而去，从此隐居不出，专心搜集、整理关于梁山泊宋江等英雄人物的故事，开始动笔撰写《江湖豪客传》。

那张士诚不死心，这天亲自登门拜访，说道："我有意抬举你可你理都不理，只知道整天关在家里舞文弄墨，这不是在虚度年华吗？"施耐庵回道："不是我不识抬举，实是因家有老母不能远离，我只能跟在身边略尽孝道了。"张士诚碰个软钉子，气哼哼地走了。施耐庵怕他再来骚扰，第二天就举家迁到淮安去了。

朱元璋登基称帝之后也想重用他，遂派军师刘伯温前去邀请。当刘伯温来到淮安，施耐庵正写到武松打虎这一节，刘伯温见书桌上摆着纸老虎，施耐庵连连比画着腿脚模仿老虎动作。不管对方如何巧舌如簧，他只盯着纸老虎出神，把个刘伯温看得直摇头。只好作罢。

施耐庵写这部书稿真可谓痴迷其中。他的书房建在小木楼上，楼下有只看家护院的大黄狗。写到动情处，施耐庵会在楼上连连咂嘴，那大黄狗以为要给它喂食就飞跑上楼围着主人打转转。思路总被打断，施耐庵气得忍不住"咂咂咂"猛力跺脚，赶跑大黄狗。没过几日，那大黄狗连上楼的力气也没了，活生生被饿死。

《江湖豪客传》完稿后，施耐庵觉得书名欠佳，学生罗贯中就提议道："这'江湖豪客'太露骨，还是叫'水浒'比较好。"施耐庵非常高兴："好！'水浒'即水边的意思，有在野的含义，与《诗经》里'古公亶父，来朝走马，率西水浒，至于岐下'的典故相合，就定此名吧。"于是，《江湖豪客传》从此正式更名为《水浒传》。

◎ 传统文化小知识

【四大名著】 四大名著是我国四大古典文学名著的统称，即《红楼梦》《水浒传》《三国演义》《西游记》。《红楼梦》作者曹雪芹，该书以贾、史、王、薛四大家族为背景，以贾宝玉、林黛玉爱情悲剧为主线，着重描写荣、宁两府由盛到衰的过程。《水浒传》作者施耐庵，该书描写的是北宋末年官逼民反，梁山英雄聚众起义的故事，再现了封建时代农民起义从发生、发展到失败的全过程。《三国演义》作者罗贯中，该书描写了东汉末年和整个三国时期以曹操、刘备、孙权为首的魏、蜀、吴三个政治、军事集团之间的矛盾和斗争，是我国历史演义小说的经典之作。《西游记》作者吴承恩，该书描写的是孙悟空、猪八戒、沙和尚保唐僧西天取经、历经九九八十一难的故事。

·蒲松龄智谏宰相

蒲松龄因为屡次考试均未如愿，干脆谢绝与官场人士往来，回到蒲家庄一边教书一边致力于《聊斋志异》的写作。

这天，他忽然接到当朝宰相的一份请柬，上书"请吃半鲁"，蒲松龄打算一推了之，却被妻子制止。妻子说："人家是宰相，曾与你同窗苦读，现在请你赴宴，说明他不忘旧友，你应该领这情呀。"蒲松龄沉思良久，收下了柬书。

来到相府，蒲松龄刚刚入座，就见侍女端上来一盆鱼汤。宰相说道："兄台还请多多包涵，小弟做官以来一直默守清廉，今日之席非酒席，只是想兄台尝试如何浑水摸鱼，唯有悟得其中奥妙才可前程似锦啊。"蒲松龄听出话中意思，很是不悦，勉强应付。

不久，他也向宰相递上一封"请吃半鲁"的请柬。宰相如约前来，看到昔日同窗那间破茅屋，想起蒲松龄学识远高于他，却因生性耿直，无钱也无意打点考官，所以才落得如此境地，心中很是悲凉。二人对坐桌前，宰相欲以银两资助，蒲松龄却一言谢绝，只与他论书、叙旧，不谈半点官场与吃宴之事。

眼看着一天将过日已西沉，宰相腹中实在饥饿难忍，遂厚着脸皮问："兄台何时置宴？"蒲松龄答道："一日三餐已毕，你也吃足半鲁，我为何还要设宴？"宰相闻听此言，登时恍然大悟，这"鲁"字的下头分明是"日"字，我请他吃了半"鲁"之"鱼"，他即回请我半"鲁"之"日"，这一日已过不正是我吃过"日"了吗？兄台是想让我做个心怀光明、行事磊落的清官呀，看来我前日宴请，实在是多有得罪了。想到这里，宰相连道惭愧，赶紧拱手施礼，拜别而去。

◎ 传统文化小知识

【《聊斋志异》】"聊斋"是书屋名，"志"指记述，"异"指奇异的故事。《聊斋志异》史上简称《聊斋》，俗名《鬼狐传》，是我国清代著名小说家蒲松龄的著名短篇小说集。该书内容广泛，共收录了491篇狐、仙、鬼、妖之事，如《画皮》《聂小倩》《崂山道士》等。郭沫若曾对此评价道："写鬼写妖高人一等，刺贪刺虐入骨三分。"

·报恩之酒出太白

采石矶有个鲁家酒店，李白常去那儿买酒喝。鲁家酒店鲁老板为人奸猾，眼见着李白在这儿已住几年，估摸着再榨不出什么油水，就吩咐小伙计打酒时多兑些水。小伙计不知为什么，每次见着李白都喜笑颜开，总将他壶内装得满满当当，鲁老板生气极了，就想亲自上阵。

这日，李白刚踏进门，鲁老板就笑容满面地接抢过酒壶，转身往里兑水。李白还纳闷这老板怎么今日如此热情？回家一喝就品出来了，他心里明白几分，第二次、第三次，第四次……李白直觉得这酒越来越寡淡无味，最后一次竟整壶都是水！他心里极度恼火："先前留下的酒钱虽剩不多，但足以再喝一两月，鲁老板摆明了是想贪下余钱啊。"怎么办？李白想起自己囊中羞涩，写句诗吧，却手头无酒，胸中郁闷至极。

李白踱步到江边，有位须发皆白的老人正在捕鱼，见他前来倒地便拜："感谢救命恩人！"李白手足无措，急问这是何意，老人含泪诉说道："恩人忘了吧，我姓纪，早年幽州城里闹灾荒，我带着老婆孩子上山剥树皮吃，却被一只老虎活活撕扯了媳妇，我和孩子吓得没主意时，多亏恩人经过那里，搭弓引箭射死了老虎，我们父子俩才死里逃生哪。"

李白想起来了，赶紧问："那孩子哩？"老头说："就是在鲁家酒店以前给你打酒的小伙计呀。""噢。"李白若有所思。老头接着说："恩人哪，鲁老板以水代酒的事我都听孩子说了，以后你想喝酒就来我这儿吧。"他说完就请李白上他家里，从屋里抱出大坛酒来。

憋了多天的酒瘾一下全上来了，李白举杯痛饮，饮得畅快无比饮得尽情尽兴，他手持纸笔，跌跌撞撞跑到江边"联璧台"，对着滔滔江水挥毫泼墨："天门中断楚江开，碧水东流至此回。两岸青山相对出，孤帆一片日边来。"老人赶紧将这幅墨宝捧起，恭恭敬敬地挂在江边茅屋里。

打这时起，简陋的茅屋就变得热闹起来，不管是乡野村民还是过路书生都听说诗仙李白在此留有诗篇，争相赶来一睹真迹，老人接待不过来，干脆将茅屋改成小酒店，挂起了"太白酒家"的幌子，既为李白酿酒，也为来往客人洗去了一路风尘。

因为客源大批减少，鲁家酒店很快就关了门，而江边知恩图报的"太白酒家"却越做越大。

◎ 传统文化小知识

【饮中八仙】 饮中八仙，也叫酒中八仙或醉八仙，特指唐代嗜酒如命的八位学者名人，即李白、贺知章、李适之、李琎、崔宗之、苏晋、张旭、焦遂八位。八个酒仙是同时代的人，又都在长安生活过，在嗜酒、豪放、旷达这些方面彼此相似。杜甫还曾作《饮中八仙歌》，实为富有特色的"肖像诗"，以洗练的语言，人物速写的笔法，将他们写进一首诗里，构成一幅栩栩如生的群像图。

·杜甫显灵助考生

杜甫是我国唐代著名诗人，一生作诗千首，被人称为"诗圣"。清朝雍正年间，有位叫张汉的举人上京赶考。开考当天，平日里学识满腹的张汉却感觉头脑发钝，看着一纸白卷怎么也无法落笔成章。

他正茫然四顾，忽然觉得好像有位方巾青衫老人走过来，笑着对他说："你怎么聪明一世糊涂一时？"言毕，展开手中白纸，上书一首五言律诗"凉风起天末，君子意如何？鸿雁几时到，江湖秋水多。文章憎命达，魑魅喜人过。应共冤魂语，投诗赠汨罗。"那老人频频指点着其中两句"文章憎命达，魑魅喜人过"，张汉蓦然开窍，霎时间文如泉涌，下笔翩然。

待到揭榜之时，张汉赫然见到自己名字高悬红榜，考中进士，还被钦点为河南府尹！他好不高兴，赶紧收拾整顿，带着家仆乘上轿子，一路奔往洛阳上任。

这日，一行人来到河南巩县境内的南窑湾。这南窑湾背靠黄土岭，面临东泗河，旁边还有座笔架山，风景非常秀丽。张汉贪图眼前美景，撩起轿帘不时地四处张望，忽地，他又感觉仿佛回到当日考场，那方巾青衫老人闪过眼前。

张汉急喊停轿，待轿停稳后，他步出轿外几番回顾却不见任何人影。问轿夫、家仆，他们都说没见有人。张汉疑惑地想：难道是自己眼花了？他步行着转入村里，向村民询问附近有没有名人遗迹。

村民回答说："那笔架山下有个宅院，是唐朝杜工部诞生之地。"杜工部不就是诗圣杜甫吗？看来那日是他老人家在考场上显灵相助啊！张汉这才恍然大悟，急忙掸衣整冠，入院拜谒。

到达洛阳后，张汉拨出银资，将杜甫的故居重新修葺，又于门前竖起一块青石碑，亲笔题写了"诗圣故里"四个大字，供后人瞻仰与祭拜。

◎ 传统文化小知识

【三吏与三别】 三吏指《石壕吏》《新安吏》《潼关吏》，三别指《新婚别》《无家别》《垂老别》。它们真实描写了特定环境下的县吏、关吏、老妇、老翁、新娘、征夫等人的思想、感情、行动与语言，反映了当时的社会现实与劳动人民的深重苦难，均为杜甫现实主义诗歌中的代表性诗作。

【李杜】 唐朝诗人中并称"李杜"者有大小之分，大李杜是指李白、杜甫，小李杜是指李商隐、杜牧。

·白居易赋诗居长安

白居易出生于河南新郑县，自幼勤奋学习刻苦攻读，据说，他因为念书太多，嘴唇上的皮都掉落，生出不少小口疮，又因为写字太多，手指、掌间也磨起厚厚的老茧。功到自然成，白居易经过多年苦读，未成年便已小有名气，小小一个新郑县挡不住游学的脚步，十六岁那年，他只身来到了长安。

按照游学书生的惯例，白居易带着文稿到顾况老先生的府上拜访求教。顾况是当时的著名学者，精通诗画，名冠天下，整日里求他字画的达官显贵颇多，但老先生对这类人向来嗤之以鼻，眼下忽见有这么位年弱书生出现，心下尚有些不以为然。当白居易将自己多年心血写就的文稿递上时，顾况看到封面上署有"白居易"之名，很不屑地笑了笑，随口说道："长安米贵，居大不易啊。"

白居易听后稍有不悦，但他没有表现出来，毕竟自己是诚心拜见的学生，怎可对学者高人擅发议论？天色渐暗，当时正是掌灯时分，顾府上下正备膳准备用餐，还有点闲暇时间，顾况就趁此翻看起这部文稿。

打开头一页是首题为《赋得古原草送别》的五言律诗："离离原上草，一岁一枯荣。野火烧不尽，春风吹又生。远芳侵古道，晴翠接荒城。又送王孙去，萋萋满别情。"当看到"野火烧不尽，春风吹又生"一句时，顾况忍不住拈须而起，踱步吟咏起来。

待他将文稿全部阅完，再回转身看台下少年，眼中已无之前的轻视之意，顾况颔首赞叹道："我以前认为没有大手笔再来继承前世的大家，现在看来是错了。能写出如此之好的诗句，在长安站住脚又有何难？老夫刚才的话，真应该改成'长安米贵，但你居之甚易'。"

有了顾况老先生的这番嘉奖之词，白居易很快声名大震，在长安城稳稳站住脚跟，顺利步入了仕途。

【《长恨歌》】《长恨歌》，唐朝诗人白居易的代表作。全诗借助历史人物与传说，形象生动地叙述了唐玄宗与杨贵妃的爱情悲剧。这首长篇叙事诗的成功之处在于抒情，白居易将复杂的历史情节寥寥几笔代过，而大力渲染两人之间的浓烈爱情与杨贵妃死后，唐玄宗深刻的思念之情，是我国历史上不可多得的爱情颂歌之佳作。

【《琵琶行》】 白居易被贬为江州司马时写下《琵琶行》。他通过叙述江边琵琶女的高超演技与凄凉身世，抒发了自己受打击、遭贬斥的抑郁悲凄之情。该作品极富感染力，其中一句"同是天涯沦落人，相逢何必曾相识"为后世所传诵。

·欧阳修妙对狂秀才

欧阳修是我国北宋时期著名的文学家与史学家，很多人仰慕他的学识和才华，都想与之交往。有位秀才生性狂妄，自觉文如锦绣诗如莲花，认为平生所学已少有人敌，想找欧阳修一较高下，所以就背起行囊一路寻访而去。

这日，狂秀才来到河边，看见路旁有棵枇杷树，脱口吟道："路旁一枇杷，两朵大丫杈。"可这句之后他的嘴就张不开啦，为啥？接不上了呗。巧就巧在此时欧阳修刚巧经过，看到狂秀才脸憋得通红，随口就说了句："未结黄金果，先开白玉花。"

"妙！妙啊！"狂秀才越品越有味，拱手赞道，"想不到这位也会吟诗，对得还不失我本意，确实妙啊，真是幸会，诗人幸运啊。"欧阳修微微一笑也不理他。

那狂秀才话音刚落，"扑啦啦——嘎嘎嘎——"响声骤起，两人望去，原来是河中有群鹅正在嬉闹欢叫，有的潜水有的浮水还有的扑翅欲起，狂秀才诗兴大发，吟道："远看一群鹅，一棒打下河。"说毕，又没词儿了，欧阳修再接一句："白毛浮绿水，红掌拨清波。"

"呀，看不出来老兄肚里真有点货，我想说让你给抢了先，能对出我的诗意算不错了。"他握住欧阳修的双手道："来来来，诗人同登舟，去访欧阳修。"

欧阳修赶紧抽回手，连连摆着，哈哈大笑："修已知道你，你还不知（羞）。"

◎ 传统文化小知识

【唐宋八大家】 唐宋八大家是唐宋时期八大散文作家的合称，即唐代的韩愈、柳宗元和宋代的苏洵、苏轼、苏辙、欧阳修、王安石、曾巩，其中苏洵、苏轼、苏辙三人为父子关系，也并称为"三苏"。唐宋八大家起先由明初著名学者朱右提出，他将以上八位散文家的文章汇编成《八先生文集》，首次提出八大家之名。明朝中叶，儒学大师、散文家唐顺之又编撰《文编》，仅录取这八位散文家的文章，其他一概不收。后来的古文家茅坤根据朱、唐编法，将八家文章编辑为160卷的《唐宋八大家文钞》，于是"唐宋八大家"之称便固定下来。

【宋四大家】 宋四大家有宋代书法四大家、北宋文坛四大家、南宋四大画家和南宋诗坛四大家之分。宋代书法四大家是指苏东坡、黄庭坚、米芾、蔡襄；北宋文坛四大家是指欧阳修、王安石、苏东坡、黄庭坚；南宋四大画家是指李唐、刘松年、马远、夏圭；南宋诗坛四大家是指杨万里、陆游、范成大、尤袤。

·词中翘楚李清照

　　李清照出身于书香门第，父亲李格非是苏轼的学生，写得一手好文章；母亲因为家境不错，也颇具文学修养。受父亲的影响，李清照少年时便工诗善词，才气过人，常常在父辈一族举行的聚会上临场赋诗，展露出众的文采。

　　十八岁时，李清照嫁与赵明诚，夫妻俩常在一起讨论学问、研究金石书画。赵明诚早就风闻妻子作词功力非一般，但心里还是有点不服气，总觉得自己未必会输给她。

　　某年，赵明诚调至青州为官，李清照没能同去，两人就常以书信往来。她写了首词寄给丈夫，信中满是思念之意。赵明诚看后深受感动，也想写几首词回赠，可临提笔时他又想："我是宰相的儿子，又是朝廷命官，一定不能输给她，要写得更好才行。"

　　几天后，他苦心写就了五十首词，再把李清照寄来的那首词重新抄写，并将二者摆在一起，打算先请人评论一下，看看到底谁的水平更高。此时恰好老友陆德夫前来，赵明诚就将这些词全部取来，请他鉴赏。"难分高下，篇篇都写得很见功底。"好友夸道。

"总会有些微差别的，你再仔细斟酌斟酌。"赵明诚说。陆德夫细细品味之后，拈起其中一页纸道："依我看里面有十四个字应是最佳之作。"

"哪十四个字？你且说来一听。"赵明诚有些迫不及待。

陆德夫张口念道："莫道不销魂，帘卷西风，人比黄花瘦。"

赵明诚这下输得心服口服，要知道这十四字正是李清照所作！自己苦心琢磨、费尽心力写的五十首词，竟不敌妻子的一封平常书信，看来不服不行啊。此后，他对妻子更加钦佩，再不敢有比试之意。

◎ 传统文化小知识

【宋词流派】 宋词的风格流派主要分为两大派：以柳永、秦观、周邦彦、李清照等人为代表的婉约派，以苏轼、辛弃疾、张孝祥、张元乾等人为代表的豪放派。婉约派题材多写儿女情长，结构深细缜密，音律婉转和谐，语言圆润清丽，词风上有柔婉含蓄之美。豪放派创作视野较为广阔，气象恢宏雄放，喜用诗文的手法、句法写词，语词宏博，不拘音律，题材极为广泛，涉及军情国事、花间月下、男欢女爱等。此外，宋词流派中还有受婉约派影响，以姜夔、吴文英、张炎等人为代表的醇雅派。

婉约派四大旗帜分别是指"闺语"李清照、"别恨"晏殊、"情长"柳永与"愁宗"李煜。

·关汉卿作对戏老财

关汉卿在年少时即才思敏捷，出口成章，关家村一带都知道这个小小少年的大名。

某日，一场春雨刚过，路上泥泞不堪，刚从私塾回家的关汉卿不小心被滑倒，路旁的三个胖财主瞧了个正着，哈哈笑个不停。小少年本就瞅不顺眼平日里胡作非为的三个地主老财，当下出口就道："春风伴春雨，水流满街泥。摔倒大官人，笑煞三匹驴。"

老财们一听，立刻将他团团围住叫嚣起来："都说你是小才子，今个就出题让你作首诗，作出来放了你，作不出可别怪我们不客气！"关汉卿毫无惧色："出吧。"

老财们看到那边走来一位公差，押着个光头和尚："就以此为题吧。"关汉卿不假思索道："知法又犯法，出家又戴枷。颈上无情板，夹着大西瓜。"

"不好不好，再出一题。"穿红袍的李老财想出个上联："骑青牛过关，老子姓李"，关汉卿顺口接起："斩白蛇起义，高祖是刘。"李老财不依不饶，又嘲笑身穿虾青色薄棉袍的关汉卿，他念道："出水蛤蟆穿绿袄。""落汤螃蟹着红袍。"小少年紧跟着递上一句，对方当场被噎个半死。

黄老财想起关汉卿父母在卖烧饼和做豆腐，心怀歹意地接着问："小子，你父亲在哪里做官呢？""老父亲肩挑日月街前卖，老母亲在家推磨子转乾坤！"关汉卿回答得气昂昂，黄老财大惊，怎么也没想眼前小孩如此伶牙俐齿，略思片刻他又道："小犬无知嫌路窄。""大鹏有志恨天低！"话音刚落，关汉卿就对了上来，逼得黄老财吭哧吭哧说不出题来。

第三个老财见势不妙，苦思半晌才迸出句："二猿伐木深山中，小猴子焉敢对锯。"关汉卿知道，此对是个谐音联语，"锯"字即"句"，他可不能输掉半分。眉头一皱，小少年想出绝佳之对，朗朗念道："一马深陷泥坑里，老畜生怎会出蹄！"三老财登时哗然，他们当然知道，"蹄"字即"题"，看来今天是彻底栽了，再对下去只怕更会出丑！三人灰溜溜地跑了，这回轮到关汉卿哈哈大笑啦。

◎ 传统文化小知识

【四大戏剧】 四大戏剧指关汉卿的《窦娥冤》、王实甫的《西厢记》、汤显祖的《牡丹亭》与洪昇的《长生殿》。《窦娥冤》又名《感天动地窦娥冤》，主要讲述弱女窦娥被无赖诬陷又被官府错判斩刑的冤屈故事，它也被评为中国十大悲剧之一。《西厢记》讲述书生张珙与崔莺莺相爱，在婢女红娘的帮助下，两人先在西厢幽会，几经波折终成眷属的故事，剧中一句"愿普天下有情人都成眷属"被誉为传世佳句。《牡丹亭》全名《牡丹亭还魂记》，讲述杜丽娘和柳梦梅之间的爱情故事，是我国古典戏曲史上浪漫主义的杰作。《长生殿》则讲述了唐明皇与杨贵妃之间的爱情故事，是古典戏曲史上爱情悲剧的代表作。

· 吴敬梓困厄著书

吴敬梓生于清朝年间，幼时极其聪颖，因家境殷实自小便接受良好的教育，成年后因跟随父亲看到官场中各种丑恶，对功名利禄极为不屑。在他二十二岁时，父亲去世，家族内部围绕财产与权力爆发了一场激烈的纷争。经过这场变故，吴敬梓更是看透炎凉世态，后来被安徽巡抚推荐考试准备为官，他干脆装病不去，彻底断了仕途。

吴敬梓变卖父亲留给自己的田地房产，全部送给穷人，而后远离家乡来到南京。一些富豪人家常常将他当作反面事例教育门下子弟，这让吴敬梓更想写一部揭露贪官恶绅、儒林群丑的作品。

三十九岁时，吴敬梓常常"囊无一钱守，腹作干雷鸣"，这时他的《儒林外史》刚刚动笔，不能外出谋生，只得当家中物品以求温饱，当到最后连衣服也没剩几件了，眼看着断炊挨饿的日子不可避免，吴敬梓不得不靠喝凉水度日。

某日，乾隆皇帝南巡至此，全城的男女老幼都去相迎，只有他一个跷着脚躺在光板床上，以表示对富贵利禄的蔑视。好友知道他生活困窘也时常接济，有天，友人背了三斗米和一些散碎铜子前去看望，吴敬梓听见房门响动，看到好友将白米递上，正想起身迎接时忽感头晕目眩，"扑通"一声歪倒下去。原来，他已经两天两夜伏案桌前，水米未进。

无人接济时，吴敬梓的生活更加困顿不堪。夏秋时节，他在屋后种些蔬菜，饥饿时就扯把菜叶熬碗菜汤充饥，可到了三九时节天寒地冻时怎么办呢？常在夜间写作的他就一人趁着月光绕着南京城走来走去，直走得身上发热再接着伏案著书。

就这样，吴敬梓在饥寒交迫的困厄环境下以超乎常人的意志与毅力整整坚持了十年，待至四十九岁那年，他终于完成了这部三十万字的古典现实主义巨著《儒林外史》。

◎ 传统文化小知识

【《儒林外史》】《儒林外史》是我国清朝时期杰出的现实主义长篇讽刺小说，大约成书于 1750 年，该书分为 56 章，由许多生动的故事串联，主要描写了封建社会后期知识分子及官绅的活动和精神面貌，是作者吴敬梓对生活在封建末世和科举制度下的封建文人群像的成功塑造，以及对吃人的科举、礼教和腐败事态的生动描绘。

·千里姻缘一线牵

有位年轻文人叫韦固，某天夜里他趁着月光皎洁急急往家赶，恰巧遇到位面目慈祥的白胡老头儿正在月下看书，身边还有个敞口袋子，袋子里是一根根红绳。

韦固感到奇怪，上前问道："老大爷，你怎么在月光下读书？"老人头也不抬地说道："我很忙，只能在夜里抓紧时间读书。""什么书让你这么着迷？"韦固继续问。"这是一部姻缘簿，天下所有人谁与谁将结为夫妻，都在上面记着呢。"老头接着回答。"那这袋子里的红绳用来做什么？""我根据簿里的记载，用根红线把夫妻双方的脚系住，这样哪怕他们远隔万里也跑不了了。"

韦固越听越神奇，又问："我的妻子会是谁呢？"这时白胡老头儿才抬起头来，笑眯眯看着他道："你妻子还小，明晚你来这里会看到街上有个趴在老人背上的女孩儿便是。"

"啊？真的吗？"韦固还想问些什么，那老头儿却转身不见了。

第二天晚上，将信将疑的韦固还是来到了这里。没等多久，街对面果然来个老头儿，肩上确实骑了个黄毛小丫头，那小丫头鼻涕拖得老长，头发稀稀拉拉，脸上脏得黑一块白一块。韦固气极了："这怎么可能是我妻子？"他趁黑摸出把刀子直直捅上小丫头的眉心处，老人孩子当场扑倒在地，韦固来不及细看就慌慌张张逃走了。

时光飞逝，事过境迁，韦固的婚姻总是磕磕碰碰，高不成低不就。十五年之后他终于相中了位美丽姑娘，新婚之夜，韦固撩开她那头黑发蓦然发现眉心正中有处细微伤痕，他心下一惊，细细盘问起来。姑娘实言相告，是自己年幼时被路人一刀捅至眉心所致。

韦固惊奇得差点叫出声来，自己终究还是没能挣断月下老人系的那根红绳。这就是古时谚语"千里姻缘一线牵"的来历。

◎ **传统文化小知识**

【熟语】　熟语是指常用的固定短语，在语言中属独立的词语单位，它一般具有两个特点，即结构上的稳定性与意义上的整体性，熟语主要包括成语、谚语、惯用语、歇后语、格言、警句等。

【谚语】　谚语是流传于民间、比较简练且言简意赅的话语，为熟语之一种，它大多以通俗易懂的口语形式的短句或韵语出现。如"庄稼一枝花，全靠肥当家""世上无难事，只怕有心人""不吃饭则饥，不读书则愚"等。

·此地无银三百两

有个叫张三的农夫，在田里锄草时无意中挖到块硬物，他仔细扒开泥土一看，呀！竟然是只装满三百两纹银的大坛子。这下他可高兴疯了，"哈哈，该我走运！这是老天送我的呀。"他将锄头一扔，抱起大坛子就飞跑回家。

张三在屋里守着大坛子苦思冥想起来："把这藏哪儿好呢？带身上吧很不方便，小偷迟早会盯上，可放家里吧他也觉得不妥当，这破墙烂屋里哪能挡得住来来往往的人呢。"整整一天，张三跟丢了魂儿似的，愣是没想出个好招儿来。

月上西天，夜凉如水。张三突然有了灵感："趁着神不知鬼不觉，我为何不把它埋在墙角地里呢。"事不宜迟，他掂起把铁锹就往屋后头去。

却说张三有个邻居叫王二，他早就注意到隔壁这家伙一整天那鬼鬼祟祟的样儿，眼下刚刚入夜怎么又响起"扑哧扑哧"挖坑的声音呢？他悄悄起了床，借着月光看到张三正把一个大坛子埋入坑中，末了，那家伙还四处张望着，又从怀中抽出张纸"啪啪"地拍在墙角上。

王二瞅着乐了："嘿！我倒要看看这小子玩的什么花样！"他等到张三进屋后迅速溜出来，仔细一瞧，那纸上分明写着七个大字："此地无银三百两。"王二霎时明白了，他轻手轻脚将那大坛子给刨出来，又将土坑平填好。

凭空获得白花花三百两纹银的王二兴奋地在屋里打转转，不过，高兴之余他还有点担心："明天那张三要是发现银子丢失，就会怀疑我了，这可怎么办？"抓耳挠腮想了阵，他忽地猛拍大腿："咦？我为何不照张三的方法来一招呢？"王二迅速铺开纸笔，也学着写下七个大字："隔壁王二不曾偷"，然后再偷偷回转身，将纸条牢牢贴在了坑边墙角上。

两个自作聪明的家伙都想要掩饰自己的行为，却不想反而暴露了真实意图。后来人们就根据这个故事编成了一句歇后语"此地无银三百两——自欺欺人"，常用来讽刺那些弄巧成拙、不打自招的蠢笨之徒。

◎ 传统文化小知识

【歇后语】 歇后语是一种短小、风趣、形象的语句，它由前后两部分组成：前一部分起引子作用像谜语，后一部分起后衬作用像谜底。在一定的语言环境中，说者通常说出前半截，"歇"去后半截，听者就可以领会或猜想出它的本意，这即是它被称为歇后语的原因。比较常见的如"芝麻开花——节节高""猪八戒照镜子——里外不是人""十五个吊桶打水——七上八下"，等等。

·张打油雪中吟诗

唐朝时期，有位张打油，生性幽默诙谐，平时极喜调侃，而且出口成章，反应非常敏捷。

某年冬天大雪，他曾作"咏雪"一诗："江山一笼统，井上黑窟窿，黄狗身上白，白狗身上肿。"初看这诗完全是信口诌来，可细细一想，倒也有几分意思：虽为"咏雪"却全句不见一个"雪"字，那张打油看来确实也动了番心思。

真正让张打油成名的是县官老爷。这日也是在某个冬季雪后时分，张打油步出家门欣赏雪景，路过衙门时忍不住诗兴大发，在阔大的衙门墙壁上"唰唰唰"提笔写了一首《雪赋》："六出飘飘降九宵，街前街后尽琼瑶，有朝一日天晴了，使扫帚的使扫帚，使锹的使锹。"

县官老爷刚出门就见巍然外墙上分分明明几行大字，气得大怒，立即命令左右火速查办作诗人。这时，师爷禀报说："大人不用费力去查，作这类诗的不会是别人，肯定是张打油。"这句话可真省了力气，没过多久几位衙役就将张打油带上堂来。

县官老爷猛拍惊堂木，大声呵斥："张打油，是不是你在外墙上胡乱涂抹？赶紧从实招来！"张打油不紧不慢地上前一揖道："大人，我张打油确实爱胡诌几句，但我本事再不济也写不出这种乱七八糟的东西呀，不信你可一试。"

县官老爷听他口气不小，决心试探试探，那时南阳郡被叛军围困，正待朝廷发兵救援，便要求以之为题现场作诗。张打油毫不谦让，脱口而出道："百万贼兵困南阳。"

好气魄！起句便不平常，莫非真不是他所作？县官老爷拈拈胡须，暗中赞许。张打油接着再吟："也无援救也无粮。"

"嗯？差强人意，再念。"县官老爷略一寻思。张打油连着念出后三句："有朝一日城破了，哭爹的哭爹，喊娘的喊娘。"这后几句正与外墙上那"使扫帚的使扫帚，使锹的使锹"如出一辙，堂上的师爷、衙役被逗得乐不可支，县官老爷也绷不住脸哈哈大笑起来，他索性放手一挥，当场放了张打油。

这张打油从此以后就远近闻名，他独创的"打油诗"也以通俗易懂、诙谐幽默、暗含讥讽、风趣逗人，受到民众喜爱。很快，"打油诗"就自成一派，广为散播开来。

◎ 传统文化小知识

【打油诗】 打油诗最先叫俳体、谐体，也称为俳谐体，据说它源于唐代民间，为张打油所创。打油诗的内容与词句通俗诙谐，不拘于平仄韵律，基本上全由俚语俗话组成，属一种典型的俗文学，具有通俗性、趣味性、知识性和故事性等显著特点。

·楹联大师何绍基

何绍基是清代有名的书法家，他留下了许多传世书法，其中有许多是楹联，差不多有几千幅，称得上我国书法史上当之无愧的楹联大师。

何绍基出生于书香豪门之家，父亲何凌汉在京城做官，母亲眼瞎，根本无力管教儿子。贪玩的小家伙便只顾着吃喝玩乐、游山逛水，学业一塌糊涂。某日，何凌汉从京城回家考起学问，发现儿子竟一问三不知，让他写几笔字也歪七扭八不成样子。他气不过，抓着儿子的手掌抡起板子就打了起来！这一次打得何绍基痛哭流涕，再也不敢贪玩，开始埋头练字，攻习学业。

何凌汉为朝廷重臣，一度官至户部尚书，何绍基自小就有着极好的读书条件，父亲为他留下的藏书达十万卷以上，甚至还存有珍贵的宋刻本《汉隶字源》《许氏说文》等。何绍基在这种优越环境下，经常是边习文边练字，起先他自定"百字练"，就是每日必写一百字。从早上起床到晚间休息，他几乎将所有时间都花费在这一百个字上，即使外出也带上笔墨纸砚，随时写字。

渐渐地，他的书法远近闻名，登门求字的人也越来越多，这些人多是请他书联写匾。何绍基因习字时多是选取诗书辞章，文学修养也日渐加深，遇到有人求联，他向来是临场作对，出口成章，手提笔落，一气呵成。那时求联人中有位叫韩莹的书生，何绍基知他平时嗜酒，当即挥毫写就一副："爱书不厌如平壑，戒酒新严似筑堤。"既鼓励韩莹用心读书又规劝他立志戒酒，使对方深受感动。

因为何绍基喜好游历，现在我国许多古迹名胜还留有他的亲笔楹联，这些楹联多是针对当时当地的环境特点出句，对仗工整、文采斐然，许多读者看后无不赞其有画龙点睛之妙。

◎ 传统文化小知识

【楹联】 楹联，也称楹贴、对子、对联，是由两个工整的对偶语句构成的上、下联。它一般写在纸上和布上，或刻、挂、贴在木头、竹子与柱子上。楹联的基本特征是字数相等字调相对，词性相近句法相似，语义相关语势相当，其文字长短不一，短的仅一两个字，长的可达千余字，它分正对、反对、流水对、联球对、集句对。比较常见的如"书山有路勤为径，学海无涯苦作舟""风吹天边月，雨洗山上松"等。

第九辑 /

异彩纷呈的
曲艺工建

《高山流水》让俞伯牙与钟子期成为知音，琵琶声动让宫廷琴手甘拜和尚为师，张择端用一年时间绘出《清明上河图》，吴道子费一日之时画尽嘉陵三百里。万千骸骨筑起万里长城，莫高窟修建千座佛窟，名瓷器物、年画绣品、剪纸皮影则经世流传，供人观瞻。不管是灿然划过还是历经磨砺，如此精彩纷呈的曲艺工建只会让人如痴如醉、叹为观止。

·徐衍智奏二胡

二胡这种拉弦乐器最早出现在唐朝，它最初叫奚琴，由北部地区一个少数民族发明。到了宋代，奚琴被改称为稽琴，演奏者经常手持稽琴现身于皇宫内室与平民乡间。

当时北宋京城里有位大名鼎鼎的稽琴高手叫徐衍，他被召入宫中当了乐师。某次，宋神宗举办一场盛宴，酒酣耳热之时忽然兴致大发，便叫徐衍当场演奏一曲。那徐衍也不含糊，持琴坐定后拉弦起奏，琴声飘飘扬扬，低徊时婉转悠长有如淙淙流水，高起时昂然激越有如万马奔腾，欢快时轻灵跳跃有如迎客归来，悲伤时低沉呜咽有如怨妇泣诉，满座文武百官无不为之动容，宋神宗闻此佳音，更是摇首闭目心旷神怡。

徐衍正奏得兴起，忽闻"咯嘣"一声，低头瞧去手中的稽琴竟然断了根弦！再看那宋神宗，好似并未发觉仍在摇头晃脑。这声断响，就像锦帛碎裂惊涛拍岸，留下几丝余音兀自绕响。

这可怎么办啊？徐衍急得冷汗直冒，台下有几位大臣发现弦断，颇为徐衍担忧。好个徐衍，须臾过后便气定神闲，立即将另根弦上的音都换到独弦上来演奏，这种临时换弦需要高超的演奏技巧，没想到徐衍做得完美无瑕。众人只觉得裂石穿云破空，细细碎碎再坠落凡间，于起伏不定中盎然恣意，于恍惚缥缈间又见行云流水。

一曲完毕，徐衍收琴，戛然而止的琴声让场内听众意犹未尽。片刻之后，宋神宗等人才抬眼而醒，满脸的怅然若失，好似还沉浸在那场妙不可言的琴声中。

宋朝著名科学家沈括后来将这一典故写进了《梦溪笔谈》，称徐衍"只用一弦终其曲"，并将他演奏的独弦曲称为"一弦稽琴格"，徐衍也成为世界上最早用独弦演奏并获得成功的弓弦演奏者。后来随着我国古代乐器的传扬与发展，稽琴慢慢演化为现在的二胡，徐衍也就成为二胡发展史上的第一位二胡演奏家。

◎ 传统文化小知识

【《二泉映月》】《二泉映月》是中国民间二胡演奏家华彦钧（阿炳）的代表作，展现了独特的民间演奏技巧和风格，这首乐曲仿佛把我们带入山水秀丽的无锡，在眼前铺展天下第二泉美丽的景色，伴着泉水的流动声，我们听到了一位饱尝人间心酸和痛苦的盲艺人的情感意境。这首作品充分说明了中国二胡艺术的独特魅力，被评为 20 世纪华人音乐经典作品奖。

·琵琶动天降甘雨

琵琶又称批把，向前弹出称作批，向后挑进称作把，魏晋时期正式称为琵琶。康昆仑是唐代宫廷的琵琶演奏专家，在当时号称琵琶第一手。

785—805 年，京城长安里举行了一次琵琶比赛，东西两街道分别搭起两座彩楼，唐昆仑位于东街彩楼，他先弹了自己改编的《羽调绿腰》，其声婉转悠扬，细碎动听，引得台下听众们阵阵叫好，康昆仑微笑颔首，心中自是非常得意。

片刻，西街彩楼走出位美丽女子，怀抱琵琶，向台下略施一礼后款款坐定，挑指奏响一曲仙乐。康昆仑仔细听去，竟是他刚才弹奏的《羽调绿腰》，原来，那女子将原曲植入了更难的枫香调再弹将出来，其声妙如仙音，变化万千细妙入微，比康昆仑演奏的要动听得多！

只见女子暗抚玉指，晴朗无云的天空骤然变色，阵阵雷鸣卷动万千风云，随着琵琶声急，天空中竟落下绵绵细雨，看来老天爷都被这曲声感动了！

康昆仑自叹不如，正想细看对方时，那女子却倏忽转入后台，过了一会儿却出现一个和尚，大家觉得十分愕然。那和尚简单行礼，向听众挑明自己即是刚才那女子，为证明又抱起琵琶演奏了小段曲子，台下听众顿时狂呼起来。康昆仑心知遇上了高手，当场跪拜认输，得知和尚名为段善本。

当朝皇帝唐德宗听说此事后，召见了两位琵琶高手，还让段善本收康昆仑为徒。段善本说道："康昆仑技法太杂，发音含糊，需要全盘忘掉后再重新学。"

一心求艺的康昆仑满口应允，为了达成师命，他整整停奏了十年，将此前所学忘得一干二净。段善本这才正式收他为徒，倾尽心血将康昆仑调教成一位名副其实的琵琶演奏大师。

◎ 传统文化小知识

《十面埋伏》《十面埋伏》，又名《淮扬平楚》，以楚汉相争为题材编写的琵琶独奏曲。全曲分为三大部分十小段，音乐扣人心弦，再现两军激战的生死搏杀场面。马蹄声、刀戈相击声、呐喊声交织起伏，震撼人心。《十面埋伏》是琵琶演奏艺术领域最具代表性的传统名作。

【《阳春白雪》】《阳春白雪》，一首广为流传的琵琶古曲，以清新流畅的旋律、活泼轻快的节奏，生动地表现了冬去春来，大地复苏，万物欣欣向荣、生机勃勃的初春景象。

·姐妹断瑟成古筝

瑟是我国一种古老的乐器，它在战国时就已出现，到秦朝时这种乐器已经非常流行了。瑟的形制呈长方形，多用整木制成，最初有五十根弦，后来减至二十五弦，弹奏起来音色浑厚柔和，音量宏大沉稳，当时许多人都非常喜爱这种乐器。

秦朝有位乐工叫缍无义，弹瑟技艺非常出众，举国上下都听闻他的大名。缍无义爱瑟如命，经常于山野间找寻一僻静处独自弹奏，其声铮琮，如凤鸣、如风至、如月行，听者如闻天籁之音妙不可言。

缍无义有两个女儿，聪明伶俐乖巧可爱。受父亲的影响，她们从小就喜欢音乐，平日里一直跟随父亲学习瑟艺，缍无义尽心教诲，将两个女儿视为可造之才。

有一天，缍无义不在家，的祸事竟然发生了：心血来潮的两个小姐妹都想弹瑟，双方你争我抢互不相让，起先还是嬉笑之声，后来竟然变成打斗之声。只听咔嚓一声，那瑟吃不住劲，竟然被拆成了两半！两人顿时吓得哇哇大哭起来。

缍无义回来后，一眼就瞧见被毁为两半的昔日爱物，他顾不得训斥女儿，赶紧将瑟抱在怀里心疼地抚摸着。"铮铮琮琮——"缍无义觉得断瑟之声居然比以前更为圆润美妙，再侧耳听听确实如此。

缍无义仔细察看，那瑟断成两半后，一片为十二弦，一片为十三弦，其音色、音质确实比以前更为动听。缍无义心中大喜，立即动手将这断瑟修补起来，为了有别于以前的瑟，就把这两具因为"二女相争，引破为二"的断瑟称为"筝"。

　　【十大古曲】 我国大古曲，指《高山流水》《广陵散》《平沙落雁》《梅花三弄》《十面埋伏》《夕阳箫鼓》《渔樵问答》《胡笳十八拍》《汉宫秋月》《阳春白雪》。

　　【《汉宫秋月》】《汉宫秋月》有两种较为流行的演奏形式，一为筝曲，一为二胡曲。筝曲演奏运用了吟、滑、按等诸多技巧，风格纯朴古雅，表现了宫女哀怨、悲愁的情绪，具有很强的艺术感染力。

· 悲歌散楚箫声起

　　公元前 206 年，楚汉交兵，汉王刘邦的麾下大将韩信设下了十面埋伏之计，将楚王项羽困至垓下。因为两军兵力悬殊，韩信本以为轻而易举就能将项羽拿下，却没想到十万楚军浴血奋战，骁勇异常，直至杀得还剩下八千精兵与三两万军士，汉军仍不能一举歼之。

　　当时楚军大营设在垓下，此处绝壁陡立，地势极险，项羽依山扎营据势而守，任韩信的几十万大军只能团团围住却不敢贸然进攻。两军僵持，刘邦急忙召集众位将士商议如何对敌，韩信尚无良策不发一言，这时谋士张良手执洞箫走上前来说道："我有个计策，管教这一支箫就能吹散项羽的八千精兵。"他将自己的计划详细一说，刘邦、韩信连声称妙，当下就依计而行。

　　当晚月光暗淡，寒气袭人，楚军大营里灯影忽闪，暗淡无声。项羽正在营帐里苦思应敌之计。突然听到一阵呜咽的箫声断断续续响起，婉转低徊，如泣如诉，充满着无限悲凉，像母亲在声声唤儿归，又像妻子在向久别的夫婿倾诉相思之苦……项羽大惊，楚地民歌怎会在此时响起？他急步跨出帐外，那凄凄切切的箫声正是从层层包围的汉军阵营中传出！

　　"定是那张良用计，势在灭我啊！"项羽慨然泪下。果不其然，楚军兵士们听到箫声阵阵，无不热泪盈眶，心中涌起万千柔情，久别的家乡、年迈的父母，还有娇妻幼子重重叠叠闪现在眼前，身陷包围圈的八千精兵顷刻间军心瓦解，斗志靡散。项羽见楚军上下已无斗志，哀叹大势已去，只得带领心爱的宠妃虞姬与所余残兵一路杀至乌江边上。远去的江水奔腾哀鸣，虞姬当场拔剑自尽，穷途末路的项羽无颜再见江东父老，仰天长叹后也血洒乌江，自刎身亡。

【《梅花三弄》】《梅花三弄》，东晋时桓伊所奏的箫曲，后改为古琴曲。全曲旋律优美流畅，表现了梅花洁白、傲雪凌霜的高尚品性。因为有一个相同的曲调在不同段落中重复出现三次，所以称为三弄。

【八音】 古代最早的传统乐器的分类法，将乐器按制作材料的不同分为金（钟、镈）、石（磬）、丝（琴、瑟）、竹（箫、篪）、匏（笙、竽）、土（埙、缶）、革（鼗、雷鼓）、木（柷、敔）八类。

· 嵇康与《广陵散》

魏晋时期的著名音乐家嵇康与《广陵散》渊源极深。嵇康年轻时就琴艺出众，某夜，他趁着月色在洛阳西郊的华阳亭里练琴，遇到一位前来听琴的白发老人，两人便攀谈起来。说到音乐，嵇康觉得老人通晓古今无所不知；说到古琴技法与作曲心得时更觉得对方见解独到、入木三分，他心里十分钦佩，诚心邀请老人抚琴而奏。

老人也不推辞，接过古琴就熟练弹奏起来。起初，那琴声轻松和缓、幽静深邃，继而变得沉重郁抑、悲痛愤怒，接着他又加快节奏，增强指力，琴声霎时变得激昂慷慨、雄壮有力，像卷过惊涛骇浪又像骤起狂风暴雨，一曲抚毕，嵇康心思难平，悠然神往。

老人微微一笑，嵇康激动地拱手而拜："妙！妙！实在是太妙了！不知此曲何名？老先生愿意传授在下吗？"老人见这个年轻人天资极高且态度诚恳，心下有意授之，便告知此曲名为《广陵散》，源于聂政刺韩王，随后又把弹奏技法与要领一五一十地传授给他，同时不忘告诫："不得再传任何人。"

嵇康学会《广陵散》后，老人就神秘失踪了。他凭借手中古琴将这支曲子弹得酣畅淋漓，名闻天下，但他牢记老人教诲从不外传，就连自己的外甥也没有教授。

由于受魏国丞相司马昭迫害，嵇康后来被关进监狱，他在狱中经常弹奏这曲《广陵散》，借以表达自己的坚强不屈。司马昭终于下了毒手，判他死刑，行刑那天，嵇康凛然向围观百姓提出了自己最后一个要求："抬我的琴来。"还是那具心爱的古琴，还是那曲弹奏千百遍的《广陵散》，随着嵇康指尖抚动，惊绝世人的琴声再次激荡起来。

"我死不可惜，只可惜《广陵散》从此失传了！"弹毕，嵇康长叹一声慨然赴死，《广陵散》自此成为人间绝响。

◎ 传统文化小知识

【古琴】 古琴，也称瑶琴、玉琴、七弦琴，是中国最古老的弹弦乐器，被称为国乐之父，列为琴棋书画四艺之首，也是古代每个文人的必修之器，孔子办学的六艺之一。琴体下部扁平，上部呈弧形凸起，整体形状依凤形而制。演奏时将琴横置于桌，右手投弹琴弦，左手按弦取音，音色浑厚低沉，余音悠远。

【《高山流水》】《高山流水》，中国十大古典名曲之一。据说琴师俞伯牙有次在荒山野地弹琴，樵夫钟子期理解其意境为"巍巍乎志在高山、洋洋乎志在流水"，俞伯牙惊为知音，此后便常常弹与友听。钟子期死后，俞伯牙认为世上再无知己，遂破琴绝弦终身不弹，当年所奏之曲即得名为《高山流水》。

· 吴道子日画嘉陵三百里

吴道子是唐朝著名画家，据说他的绘画技艺登峰造极，无人比肩，当时长安城里无人不知无人不晓。唐玄宗久闻吴道子大名，特地命人差他进宫，给三个月的时间让他绘出嘉陵江一带的奇妙美景。早就想云游山川的吴道子心中非常欢喜，收拾好行囊就踏上了南下之路。

转眼三个月期限将近，他风尘仆仆返回了宫中，唐玄宗见其两手空空甚是不悦，就问他是怎么回事，吴道子答："我没带纸笔，都记在心里了。"

唐玄宗很是生气："三个月的感怀，凭心何以记全？"吴道子没吱声。皇帝越想越气恼，马上传旨令他在大同殿内的长廊上画出嘉陵江三百里山水，如果违旨定斩不饶。

吴道子丝毫不惧，只是缓缓调墨，略闭双目仔细回味着嘉陵江的壮丽美景，那满江浪花、喊号艄公，那两岸石崖、点点白帆，还有林木、农舍、家畜等景物此刻全部涌现出来，生动盎然活灵活现，仿若就在眼前，他抬手开始在大同殿内挥毫泼墨提笔而绘。

　　整整一天一夜，嘉陵江三百里巨画终于顺利完工。唐玄宗第二天早朝时还不相信，待他亲临大同殿看到那幅阔大的绚丽美图，不由得发出阵阵惊叹："好好好！李思训数月之功，不如吴道子一日之迹象！真是个活神仙哪。"

　　皇帝何出此言？原来唐玄宗以前也曾令画师李思训绘制嘉陵江美景，可李思训耗时三个月未能成功，而吴道子却在一天之内就呈现了嘉陵江三百里奇妙风光，怎不叫他惊讶和叹服！唐玄宗为了表彰其功绩，当即赐以吴道子内庭博士之职，留用宫中。

　　吴道子去世以后，为了表达对这位画圣的崇敬之心，人们还在许昌修建了寺庙，专供后世瞻仰与纪念。

◎ 传统文化小知识

　　【《天王送子图》】《天王送子图》，又名《释迦降生图》，描绘佛祖释迦牟尼降生后，其父净饭王和摩耶夫人抱着他去朝拜大自在天神庙时诸神向他礼拜的故事。此图虽描画的是异域故事，但画中的人、鬼、神、兽等完全中国化、道教化，而且气势磅礴，功力深厚，给日后宗教题材的绘画尤其是佛道壁画带来深刻的影响。此画原作已不可见，现存纸本是宋人的临摹本。

· 顾恺之妙笔点睛

　　顾恺之是东晋时期无锡人，学识渊博，精于诗赋、书法，尤其擅长绘画，他画的人像、佛像、禽兽、山水等，栩栩如生且灵气四溢，人们盛赞他"画绝、才绝、痴绝"。史上还传有顾恺之妙笔点睛的作画故事，可想见他的精彩画技。

　　364年，江宁兴建瓦官寺，僧人们为了筹集资金便向周围乡邻们募捐银两，平民百姓们纷纷解囊相助，但收上来的银两毕竟有限，而那些富人豪族们却出手不大方，根本没有超过十万钱。轮到顾恺之时，他大笔一挥直接写上捐钱十万，众位僧人大吃一惊，以为他空口大话，顾恺之微微笑道："请你们在庙里准备一堵新粉刷的白墙壁，我自有募钱的办法。"

　　将信将疑的僧人将大殿西壁准备妥当后，顾恺之开始在这里闭门作画。个把月后，西壁上已绘出一幅"清羸示病之容，隐几忘言之状"的维摩诘像壁画，不过，此画还未完工，那体态庄严、面容肃穆的维摩诘尚无双目。

顾恺之对大惑不解的僧人说道："明天即可开寺，我会当场点睛，请第一天进来看壁画的人捐钱十万，第二天进来看壁画的人捐钱五万，第三天可随意布施。"消息传出后，周围乡邻非常好奇，尤其是那些富人豪族很想知道那"点睛之笔"为何会收费如此昂贵。所以早早就来到寺门前守候，等着看顾恺之如何作画。寺门大开，顾恺之看到观画捐施的人不少，心下暗喜。当下手提墨笔，为那端庄威严的维摩诘点上双睛，整面西壁顿时粲然生气，画中的维摩诘神采飞扬，威仪四射！来寺院参观的人们目睹了这一"点睛妙笔"，全场惊叹赞绝，纷纷捐钱布施！三天期限到，寺僧盘点完毕，收上来的银钱竟超过了一百万！这幅神奇的画像一直存于唐代，杜甫年轻时也曾见过，还写诗赞其"虎头金粟影，神妙独难忘"。可惜，后来失传，只为世人留下这则令人浮想联翩的历史典故。

◎ 传统文化小知识

【《洛神赋图卷》】《洛神赋图卷》是顾恺之以曹植的文学作品《洛神赋》为题材，绘成连续性的神话故事画，主要描述曹植渡洛水时与洛水神女相遇而恋爱，终因人神路隔而无奈分离的故事。画家把人物的神韵和风姿描绘得惟妙惟肖，而且这幅画的线描如春蚕吐丝，后人称这种技法为高古游丝描，被列为人物画技法十八描之一，对中国画线造型产生很大影响。

·历经劫难的《清明上河图》

据说北宋年间，宋徽宗赵佶前往相国寺敬香时，听说有位年轻画师张择端可以把王都汴京的繁华盛景尽数绘于笔端，便将他召入宫中作画。

张择端花费一年心血，终于完成这幅长达5米的巨幅画作。当巨大的卷轴在宋徽宗面前缓缓展开，那汴京郊野的无限春光、汴河两岸的繁忙景象，还有市区街道的纷繁喧闹顿时尽收眼底。宋徽宗大喜过望，当场即用自创瘦金体亲笔题写下"清明上河图"，再钤上双龙御玺，珍藏于皇宫内府。

1126年，金兵大举入侵，大宋王朝走向末路，无数皇宫宝物惨遭浩劫，那幅传世珍品《清明上河图》从此流落民间，历尽磨难……元灭金后，《清明上河图》回到宫中，当时宫内有位装裱匠起了不轨之心，费尽心机绘出一份临摹本，再将真本换出卖给别人。就这样，珍贵巨画几经转手倒卖，一度落入风雅人士杨准手中。

到了明朝，朝廷重臣陆完收藏了这幅画卷，陆夫人将其缝入枕中，片刻不敢离身。但她后来经不住外甥的苦苦央求，终于答应让他过目，没想到外甥心思灵巧，反复观摩后竟然绘出了临摹本。这份临摹本流传出去很快被大奸臣严嵩得知，严嵩想尽办法得到了这幅真迹，可是没过几年严府全家被抄，《清明上河图》第三次被接入宫中。

清朝时，进士陆费墀经手过这件绝世真品，并在卷上留下一枚印章。后来清廷要员毕沅与弟弟毕泷也在卷上留下了印章，待到毕家没落后，这幅画被嘉庆帝收入紫禁城的迎春阁。

当英法联军与八国联军两度施虐紫禁城时，《清明上河图》安然无恙地躲过了两次火光之灾。1912 年，末代皇帝溥仪被赶下君王宝座，在 1922 年 11 月 16 日到 1923 年 1 月 28 日的 73 天出逃时间里，他将《清明上河图》等 1000 多件珍贵古物盗出，先置放天津后又移至长春，存放在伪皇宫东院图书楼中，日本兵败投降后，伪皇宫被焚，这份古迹再度流散民间。

新中国成立后，在长春工作的解放军干部张克威同志有幸搜集到《清明上河图》等十多幅卷轴，他将这批文物转交到东北博物馆，最后转至故宫博物院。

◎ 传统文化小知识

【国画】 国画，又称中国画，古代时称为丹青，是中国的传统绘画，在内容和艺术创作上，反映了中华民族的审美情趣。绘画工具和所用材料有毛笔、墨、国画颜料、宣纸、绢等，按题材可分为人物画、山水画、花鸟画等，技法分为工笔和写意。国画创作强调融化物我，达到以形写神、形神兼备的意境。

·唐太宗苦求《兰亭序》

《兰亭序》是晋代大书法家王羲之的传世杰作，据说他写时用的是蚕茧纸、鼠须笔，字迹遒媚劲健、婀娜多姿，尤其是全文中那二十个"之"字，笔笔不同，各具风采。他死后将《兰亭序》传给子孙，后又经智永之手传给了弟子辩才和尚。

晚年时的唐太宗酷爱书法，做梦都想得到这本《兰亭序》，他听说《兰亭序》真迹在浙江绍兴永欣寺辩才和尚手中后，立即将其调入京中做了僧官。某次，唐太宗想借着闲谈套取真迹，但辩才根本不为所动，只承认在师傅智永那里见过，自己却有，无奈，唐太宗只得将他放回原寺。房玄龄是唐太宗的心腹大臣，他推断《兰亭序》真迹肯定在永欣寺，遂向皇帝推荐了监察御史萧翼去办这件事。萧翼向唐太宗借了几幅王羲之的真迹再乔装改扮成落魄书生后一路赶去绍兴。

这日日暮时分，萧翼来到了永欣寺，与辩才和尚搭讪起来。辩才见他谈吐不凡、知识渊博，大有相见恨晚之意，当晚便邀请他留宿寺中。过了半月有余，两人已是无话不谈，相处得极为融洽，萧翼见时机已到，带着字帖旁敲侧击道："大师，我随身带有王羲之的数帖真迹，堪称稀世珍品。"

辩才认真察看后确定是真迹，紧接着就说："虽然这几卷是羲之真迹，但还算不上稀世珍品，比我手中的这卷却是差远了。"

"哦？那大师收藏的是什么贴？"

"《兰亭序》。"辩才脱口而出。

"这怎么可能？都说《兰亭序》赝品多，你那恐怕也是吧。"辩才见萧翼不信，遂将师父的临终经过讲述了一遍，为了证明自己所言非虚，他还带着萧翼来到寝房，从屋梁隐蔽的凹槽中取出了那幅真迹！

萧翼等的不就是这一天吗？他看着眼前梦寐以求的绝品却故意挑刺，硬说此非真迹，两人又为此争论了数日也未有结果。这天，萧翼等辩才外出，偷偷摸摸潜入寝房，从那道凹槽中盗走了《兰亭序》，而后他又赶到永安驿站，说出自己乃当朝御史的真实身份，命令越州都督齐善行火速召见辩才。

辩才和尚此时正在友人家做客吃饭，根本不知御史何人，当他满腹狐疑地来到驿站，萧翼这才吐露真实意图："我奉皇上之命前来取走《兰亭序》，今天物已到手，特地就此告知一声。"可怜辩才和尚当时即气昏在地。唐太宗终于如愿以偿，得到这件稀世珍品。

◎ 传统文化小知识

【书圣王羲之】 王羲之，东晋书法家，字逸少，号澹斋，与其子王献之合称为"二王"。王羲之书法平和自然，笔势委婉含蓄，遒美健秀，被后人尊为"书圣"。其代表作有楷书《乐毅论》《黄庭经》、草书《十七帖》、行书《姨母帖》《快雪时晴帖》《丧乱帖》、行楷《兰亭序》等。

【书法九势】　书法九势指落笔、转笔、藏峰、藏头、护尾、疾势、掠笔、涩势、横鳞竖勒，是汉代书法家蔡邕对书写中行笔技巧的总结，是不可多得的经验之谈。

·颜真卿辞官学书

　　颜真卿是我国唐朝杰出的书法家，他创立了颜体楷书，与唐朝后期的柳公权被后人并称为"颜筋柳骨"。

　　颜真卿学习书法的历程比较曲折。他先跟随褚遂良研习了一段时间，后又拜在当时首屈一指的大书法家张旭门下。可是拜师之后，张旭并没有透露半点书法秘诀，只是给他介绍了些名家字帖供其临摹。

　　转眼几个月过去，天天临摹的颜真卿沉不住气了，他壮起胆子问老师："为什么老师不教我书法秘诀呢？"

　　"学习书法，一要'工学'，二要'领悟'，这些我不是告诉过你了吗？"张旭回答。

　　颜真卿以为老师在敷衍他，又施礼道："可我现在最需要的是老师行笔落墨的诀窍呀。"

　　"书法除了苦练与多观察之外，别无诀窍。"张旭有些恼怒，说完便拂袖而去。颜真卿闷闷不乐，但还是谨遵师训，多加练习。

　　二十六岁那年，他考中进士，之后又任职校书郎、礼泉县县尉，可心中始终觉得字不如意，便辞去官职再度求拜张旭。张旭见了其字后说："你的字写得已经很不错了。现在国家正是用人的时候，你是国家未来的栋梁，哪能在写字上花那么多功夫呢？你只要勤练即可，拜我为师就不必了。"

　　颜真卿被婉拒出门，无奈只得返回京城。可能是因心愿未遂吧，他总放不下这件事，三十五岁时颜真卿第二次辞官前来求见，执意恳请老师再次赐教，张旭这回认定他是诚心想学，高兴地接纳了。

　　某日，两人谈论起书法，张旭问道："三国时候的钟繇，把写字的方法归结为十二个字，你知道是哪十二个字吗？"

　　"是平、直、均、密、锋、力、轻、决、补，还有损、巧、称十二字。"颜真卿脱口而答。

"对，这十二字是书法精髓，现在我可以详尽告知。"张旭细细讲解开来，颜真卿听后非常高兴："太好了！老师，您今日所讲让我明白了写字的真正要义。"

领会了书法精髓的颜真卿此后进行更加刻苦的练习，他融会前代书法家的特长，独创出一种厚重朴实、刚劲雄健的新字体，这就是后人熟知的颜体楷书。

◎ 传统文化小知识

【《祭侄文稿》】《祭侄文稿》，全称《祭侄季明文稿》，三大行书书法帖之一，中华十大传世名帖之一，此稿书是颜真卿为祭奠就义于"安史之乱"的侄子颜季明所作。因为作者是在极度悲愤的情绪下书写，字随书法家的情绪起伏，自然流露出平时功力，这在整个书法史上并不多见，所以《祭侄文稿》是极具史料价值和艺术价值的墨迹原作之一。

【楷书四大家】 楷书四大家，也称四大楷书、楷书四体，是对书法史上以楷书著称的四位书法家的合称。唐代欧阳询（欧体）、唐代颜真卿（颜体）、唐代柳公权（柳体）、元代赵孟頫（赵体）。

·郑板桥自创怪体书法

郑板桥自小天资聪颖，三岁识字，八九岁时即能吟诗作对，后来在父亲的指导下，他开始潜心学习诗书字画。郑板桥不拘泥古人，敢于突破创新，曾在熟习字画时写诗自勉："英雄何必读书史，直抒血性为文章。不仙不佛不圣贤，笔墨之外有文章。"

郑板桥年纪轻轻就满腹才华，学识过人，可因时运不济，几番求取功名都未考中，加之家境贫困，生活捉襟见肘，为了维持生计不得不靠写些字画来卖。

二十三岁时，他结婚娶妻，困窘的生活依然未有改变，仍是白天叫卖晚上习字。由于纸墨有限，郑板桥常常借妻子光洁的背部来摹仿名家字迹，天长日久，妻子有了怨言，有次就生气地责怪道："你怎么老在别人的体上写没完？你有你的体，我还有我的体呢。""对呀！我为什么不新创属于我的体呢？"郑板桥一拍脑门，竟从妻子的无心之语中悟出个道理：书法并没有要求一味摹仿，完全可以独自创新！此后，他便开始琢磨不同于别人的新体书法。

经过多年的苦心研习，郑板桥终于创出一种怪异不羁的独特笔法。只是此时他依然寂寂无名，所作字画也少有人问津。直到年近五十岁时，郑板桥才博了个小小功名，出任山东潍县县令。此时，前往他家求字画的人每日络绎不绝，全是阿谀奉承之辈，郑板桥非常反感，在就任的几年中为百姓做了些好事之后索性辞去头上这顶乌纱小帽，回到扬州城里专心致志地写诗作画。

年复一年，郑板桥整日里闭门苦习，终于在独创怪体书法后，又在绘画、赋诗等方面取得极大成就，后人将他的诗、书、画并称"三绝"，他本人也成为清朝的一代书画大家。

◎ 传统文化小知识

【扬州八怪】 扬州八怪，也称为扬州画派，是清代中期活动于扬州地区一些风格相近的书画家总称，但八人的名字有出入，最普遍的说法为罗聘、李方膺、李鱓、金农、黄慎、郑板桥、高翔和汪士慎。

·怀素醉后书狂草

唐朝的怀素和尚本姓钱，出身官宦世家，小时候因受伯祖喜学欧阳询笔法的影响，尤爱舞墨。他十岁时即萌生了出家为僧的想法，父母百般劝阻均无济于事，只得依了爱子心愿。

怀素进入佛门之后，每日除了参禅，必做的功课便是练习书法。他已出家，哪有余钱用来购买笔墨纸砚呢？怀素最初是在地上写、在墙壁上写、在家具器皿上写，后来连自己的袈裟上也写满了字，他只能一遍遍染色，染完了再写，数件袈裟就这样被他硬生生写破了。

因为地处南方，怀素所在的寺院周围种有芭蕉，他发现那芭蕉叶肥大光洁，平平展开就像一张天然的绿纸，心里特别高兴，索性将那片片蕉叶剪下搬回，用作挥洒之器。怀素本以为这回可解决大问题了，可一到春冬两季，蕉叶泛黄枯萎，他还是没了纸张！这可怎么是好？

他再次开动脑筋，做了块厚实的木制圆盘，天天挥笔练字，写满一遍就刷遍油漆，稍干后再写。就这样，怀素整整写烂了一堆笔头，写穿了两块圆木，他将那堆废弃的笔头埋在山下，称作"笔冢"，别人听说此事后称他"弃笔成篆、盘板皆穿"。

除了喜好书法，怀素还嗜美酒与肉食，这在佛门弟子中算是另类了。因为善作草书，怀素经常是吃完肉、喝尽酒后乘兴挥毫。他下笔如江海翻腾般气势磅礴，一笔狂草似长风逐云，暴雨刷壁，字字笔走龙蛇，幅幅风狂雨骤。诗仙李白看后曾赞道："少年之人号怀素，草书天下称独步，墨池飞出北溟鱼，笔锋杀尽山中兔。"

因为书法出众，卓尔不群，怀素被后人称为"草圣"。唐朝的另一位书法大家张旭也同怀素一般，以酒为乐，在醉中作书，所以后人将二人相提并称为"张颠素狂"。

◎ 传统文化小知识

【中华十大传世名帖】 东晋王羲之家族《三希宝帖》、东晋王羲之《兰亭序》、唐代欧阳询《仲尼梦奠帖》、唐代颜真卿《祭侄文稿》、唐代怀素《自叙帖》、北宋苏轼《黄州寒食帖》、北宋米芾《蜀素帖》、北宋徽宗赵佶《草书千字文》、元代赵孟頫《前后赤壁赋》、明代祝允明《草书诗帖》。

·万千骸骨葬秦俑

秦始皇实现统一霸业后，下令建造规模宏大的帝王之陵。他在骊山选了块风水宝地，将墓址定在此地，然后从全国各地征调来七十多万名"刑徒"与大量民夫，为他建造陵墓。刚动工不久，秦始皇又写下诏书，命令丞相李斯找来一千对童男童女作为陪葬品。

李斯接旨后感到十分为难，他知道此令推行下去必遭百姓反抗，大秦霸业刚刚建立，尚未稳固，怎么再经得起冲击？可不照办他自己又性命难保，这可怎么是好？

李斯左思右想，终于想出个折中的办法，他进宫向秦始皇进言说："皇上若征集如此多的童男童女殉葬，必使天下骚乱，不如改用陶殉，既可殉葬也可保大秦江山平安。"秦始皇一听此言有理，遂改变本意，召集天下的能工巧匠们，全力烧制与真人真马一般大小的陶人陶马，若有违旨不遵者定斩不赦。

那时候，工匠们只会烧制砖瓦，根本不知如何烧制陶人陶马，很多匠人因为无法完成任务而惨遭砍头。有位老工匠在临死之前终于想出了办法，他告诉儿子烧制时务必要单窑分段。儿子牢记父命，用泥坯制出人体的头、躯、四肢与所持武器，分别送入窑中单独烧制，出窑后再组合成形，他制成了第一具陶俑。工匠们按照这个办法，终于按期将几千件陶人陶马烧制成功了。

秦始皇去世，秦二世胡亥承继皇位之后，暗中将父王棺木运入墓中，再以领取赏金为名将所有工匠与那些刑徒和民夫集中在墓穴深处，而后紧闭墓门将他们全部活活封死在里面。据说只有老工匠的儿子逃了出来，因为他在修建陵墓里的水道时留下一处暗口，见情形不妙，赶紧从这暗口逃了出来。所以后人才知道秦俑背后埋藏的秘密。

◎ 传统文化小知识

【兵马俑】 俑是古代墓葬雕塑的一个类别。古代实行人殉，认为奴隶是奴隶主的附属品，奴隶主死后奴隶也要为其殉葬。兵马俑即是烧制成战车、战马、士兵等形状的殉葬品。我国出土的兵马俑以秦始皇陵兵马俑最为典型，主要分为步兵俑和骑兵俑两大兵种。步兵俑一般头包发巾，身穿铠甲至腿部，带护膊，腿扎行藤，右手空拳半握上举，持有长柄兵器；骑兵俑上身着短甲，下身着口裤，足蹬长筒马靴，一手牵拉马缰，一手提弓，陶马背上塑鞍鞯，头上戴有络头、衔、镳等。

·佛光普照莫高窟

366 年，有位乐樽和尚远道西游来到敦煌三危山，看到东南方矗立着三座山峰，危崖峭壁，拔地而起，这时，渐渐西沉的太阳遍洒霞光，将广袤无垠的沙漠渲染得满地金黄。

乐樽和尚一路走来正愁找不着住处，眼前蓦然出现一片奇景：夕阳笼罩下，那三座耸立的山峰犹如天降神明，从山脚到山顶到处发散着灿烂金光，将每座山峰的整体包裹得镶金嵌玉，金碧辉煌。细看那金色光芒还明明暗暗，好像勾勒出无数端坐着的人形。

乐樽和尚看呆了，他一路西游从未见过如此景象，那人形不正是千万个佛在金光中徐徐展现吗？"这里才是圣地呀。"他欢喜得"扑通"一声跪拜在地，双手高举着发下誓言："我要在这里建一座佛窟。"第二天，乐樽和尚就开始到处化缘，筹措资金。待到他认为银两足够时，便请来几位工匠在这沙漠里挥凿开工，建起石窟来。

消息传开，人们纷纷前来观瞻。当看到第一座以乐樽名字命名的乐樽窟终于建成时，每个人都为它那壮观的造型、逼真的形态啧啧称赞，更为那在此地经常出现的灿烂金光而惊奇不已。

此后不久，一位法良禅师也慕名而来，在此建洞修禅，那时这里名为"漠高窟"，意为"沙漠的高处"，后因"漠"与"莫"相通，逐渐被改称为"莫高窟"。

其实乐樽和尚、法良禅师与围观百姓都不知道，他们所见到的满山金光其实是三危山中含有矿质的黯红色山岩在夕阳反射下的正常光照效应。但当时他们还无法认识这一点，只单纯认为佛祖显灵，光耀于世，于是，此后不论是王公贵族还是平民百姓，也不管家财万贯还是囊中羞涩，都会竭尽所能地赶赴这里布施功德。到唐朝武则天时，三危山已成为拥有1000多个石窟的佛教圣地，所以此地日后被冠名为"千佛洞"。

历经千百年的岁月，现在的莫高窟南北长约1600米，存有洞窟492个、壁画45000平方米、彩塑2400余身、飞天4000余身、唐宋木结构建筑5座、莲花柱石和铺地花砖数千块，它是一个由建筑、绘画、雕塑组成的综合艺术殿堂，同时也是世界上现存规模最宏大、保存最完好的佛教艺术宝库，被人们誉为"东方艺术明珠"。1987年，莫高窟列入世界文化遗产，位居中国四大石窟之首。

◎ 传统文化小知识

【中国四大石窟】 中国四大石窟，即敦煌的莫高窟、大同的云冈石窟、洛阳的龙门石窟、天水的麦积山石窟。云冈石窟依山而凿，东西约长1公里，现存主要洞窟有45个，大小窟龛252个，石雕造像51000余尊，距今已有1500多年的历史。龙门石窟南北长约1000多米，现存石窟1300多个，佛洞、佛龛2345个，佛塔50多座，佛像10万多尊，另有历代造像题记和碑刻3600多件，以宾阳中洞、奉先寺和古阳洞最具代表性。麦积山石窟凿于仅142米高的麦积山上，现存洞窟194个，保存历代泥塑、石雕7200余件，壁画1300多平方米，该处石窟以泥塑众多、崖阁频现而著称。

·巧造紫禁城角楼

明成祖朱棣在南京登基不久，想将都城迁至北京，于是派监管大臣前往北京考察。临行前，朱棣提出要求，要在紫禁城也就是故宫的外墙四角上，建造四座造型别致的角楼，每座角楼要有九梁十八柱、七十二条脊。

监管大臣领命来到北京，赶紧召集了八十一家大包工头、木匠们，限期三个月内必须造完四座角楼，否则当场论斩。

这可给北京城里的工头、木匠们出了个难题，这九梁十八柱、七十二条脊从未有人造过，连个先例都没有，怎么动工？转眼一月过去，工头木匠试做了很多样品，没一件合格，师傅们冒着酷暑，看着堆积如山的木料，无计可施。

有位木匠心绪烦乱，干脆撒手不管，独自偷偷溜上大街去闲逛。"卖蝈蝈，听叫去，卖蝈蝈，解闷儿去！"一阵吆喝声起，他偏头望去，一个老头儿挑着许多大大小小秫秸编的蝈蝈笼子正在沿街叫卖呢。这木匠正憋闷得无处发泄，心想不如听蝈蝈叫两声还能解解闷儿，当下就甩出个铜板买了笼拎走。

回到工地，那蝈蝈叫个不停，惹得大伙儿嚷嚷起来："本来就挺烦的，你这不是成心闹人吗？""嘿，当解个闷儿吧，你们看，它叫得多欢实，这笼子也……"猛地，他注意起那古怪的蝈蝈笼子："等等，让我仔细数数。"他开始一根根地数着那笼子的梁呀、柱呀、脊呀，连数了好几遍后，这木匠师傅喜得叫起来："老天哎，这不正好是九梁十八柱、七十二条脊吗？"大伙儿一听全瞪起眼来，你传我、我传你，挨个数了遍："真的哩，真是座九梁十八柱、七十二条脊的楼阁哩。"

受此启发，工头木匠们立即依样开工，先设计出紫禁城角楼的图样，再烫出纸浆做出样型，最后加速赶工，如期建成了那别致复杂、造型精美的四座角楼。

◎ 传统文化小知识

【故宫】 故宫位于北京市中心，旧称紫禁城，是明、清两代的皇宫，世界上现存最大、最完整的木质结构的古建筑群。故宫依据建筑布局与功用分外朝与内廷两大部分，以乾清门为界，乾清门以南为外朝，以北为内廷。外朝以太和殿、中和殿、保和殿三大殿为中心，也称为前朝，是封建皇帝行使权力、举行盛典的地方。内廷以乾清宫、交泰殿、坤宁宫后三宫为中心，是封建帝王与后妃的居住之所。

· 孟姜女哭长城

秦始皇称帝之后，强行征召八十万民工去修筑万里长城，许多青壮年民工累死在长城脚下。

苏州有位书生叫万喜良，为逃苦役一路跑到了孟家庄。好心的孟姜女看到书生落魄至此，便与父母将他藏在屋中躲过一劫，没想到几日过后，孟姜女居然喜欢上了万喜良，两位老人看在眼里喜上眉梢，干脆就将孟姜女许配于他，择日准备成亲。

孟家庄有个无赖早就垂涎孟姜女的美貌，眼看着她就要嫁作人妇，这无赖就向官府偷偷告发了万喜良。结果，两人新婚第三天，官府一班人便找上门来，用铁链捆绑起新郎官，押往京城去做苦役。

孟姜女哭得像个泪人，日日夜夜盼着丈夫归来。可是半年一晃而过，万喜良音讯全无。眼下是深秋时节，日渐寒冷，惦记丈夫的孟姜女再也等不下去了，连夜赶制出一件棉衣，启程前往京城去寻找万喜良。

历尽千辛万苦，她终于来到了长城脚下。可当民工们说万喜良早被累死，尸骨就埋在城墙里时，孟姜女忍不住伤心大哭，只哭得天昏地暗、日月无光，哭得民工也心如刀绞、涕泪涟涟。哭了几天几夜后，孟姜女忽然听到"轰隆"一声巨响，眼前的长城塌了几十里，露出许多嶙峋白骨！她咬破手指，将鲜血滴滴洒落，好不容易找到万喜良那具融血的骨骸，孟姜女悲痛欲绝，一把抱住又痛哭起来。

凄惨的哭声惊动了秦始皇，当他看到这位美貌的姑娘时淫心顿起，当时便想据为己有，孟姜女要求皇帝为夫君送葬。秦始皇为了抱得美人归，只得隆重安葬了万喜良。丧事完毕，孟姜女将秦始皇狠狠地痛骂一顿，纵身跳进了波涛翻滚的大海。

◎ 传统文化小知识

【万里长城】 万里长城东起河北省山海关，西至甘肃嘉峪关，从东向西行经十个省区市，全长约 8851.8 千米。长城始建于公元前 5 世纪春秋战国时期，是为抵御塞北游牧部落联盟侵袭而建。秦始皇统一中国后，派遣蒙恬率领三十万大军北逐匈奴后，把原来分段修筑的长城连接起来继续修建。其后历代朝廷不断维修扩建，到明代末年，前后共修筑了两千多年。

【山海关】 山海关，又称榆关、渝关、临闾关，因此地北倚燕山，南连渤海，故得名山海关。山海关实为一座小城，城池周长约 4 千米，因与长城相连索性以城为关，历来是军事重镇，被誉为天下第一关，1381 年明朝在此地建关设卫，迄今已有 600 多年的历史。

【嘉峪关】 嘉峪关为明时万里长城的西端起点，也是明长城沿线建造规模最为壮观、保存最为完好的一座古代军事城堡，该处扼守要冲地势极佳，附近城台、城壕、烽燧纵横交错，计有 66 座战备墩台，素有河西第一隘口、天下第一雄关之称。

·女娲显灵炼宝瓶

传说某日夜里，京城皇宫突然燃起大火，将藏满奇珍异宝的金銮殿烧得空空如也。待火灭之后，宫人们赶紧清理现场，有个太监从灰烬中发现两个瓶子与罐子，没想到皇帝看到后对这两样小东西爱不释手，当场传下圣旨，令所有的能工巧匠在三个月内仿造成功。

京城里近百家手工作坊的工匠们可真急了眼，你道为何？原来这瓶与罐是金银作胎，胎外裹着一层瓷釉，瓷釉间又有金丝缠绕。他们在试制过程中，发现那金线和铜胎怎么也无法粘起，还有那色彩丰富的瓷釉，竟无人能够烧制。

眼看工期一天天逼近，众人还是束手无策。这夜，有位老工匠睡觉时梦到一位仙女翩翩而来，轻声细语道："宝瓶如花放光彩，全凭巧手把花栽，不得白急花不开，不经八卦蝶难来，不受水浸石磨苦，哪能留得春常在。"

他醒后赶紧将梦告诉大伙儿，有位小伙子分析道："不得白急花不开，这句是告诉咱们得有'白急'这东西。""白急？莫不是中草药白芨？对呀，白芨用水泡后就会像胶一样，不正好用来粘金丝吗？"老工匠恍然大悟。这下众人可开了窍，另一位说："不经八卦蝶难来，是不是说要我们用太上老君用八卦炉炼仙丹的办法炼出彩釉，再烧制到金丝上去呀！""哎哟，那梦里的仙女一定是女娲娘娘显灵指点咱们哪，她是叫搭起八卦炉炼炼石头。"老工匠连连点头："对！你们想，皇宫的大火不就是把金銮殿里的各种宝石金银都烧熔在一块儿了吗？也许那瓶和罐就是这么炼出来的。仙女还告诉咱'水浸石磨',那是嘱咐咱烧后还要磨砺才能好看哩。"

众人越说越有谱,赶紧搭起八卦炉,找来石头和金银铜铁锡的粉末,依照梦里的说法果然炼出了七彩釉色,最后工匠们再用白芨把金丝和铜胎粘接起来,光彩夺目的五彩金丝瓶终于制成了!

由于当时正值景泰年间,工匠们后来大量烧制的彩瓶多是孔雀蓝,所以这种工艺品就被冠名为"景泰蓝"。

◎ 传统文化小知识

【景泰蓝】 景泰蓝,也叫铜胎掐丝珐琅,是一种瓷铜结合的金属工艺品。它以紫铜作胎,接着由工艺师在胎上作画,再用金线或铜丝根据胎上图案粘出相应花纹,然后用色彩不同的珐琅釉料镶嵌在图案中,最后再经反复烧结,磨光镀金而成。景泰蓝造型多样,制作精美,图案庄重,色彩富丽,既运用了青铜和瓷器工艺,又融入我国传统手工绘画和雕刻技艺,是我国传统工艺中的集大成者。

【唐三彩】 唐三彩是盛行于唐代的陶器,以造型生动、色泽艳丽、花纹流畅而著称。制作时以黄、白、绿三种颜色为基本釉色,在色釉中加入不同的金属氧化物,经过焙烧,便形成浅黄、赭黄、浅绿、深绿、天蓝、褐红、茄紫等多种色彩,是一种具有中国独特风格的传统工艺品。

【中国四大名瓷窑】 中国四大名瓷窑,即河北的瓷州窑、浙江的龙泉窑、江西的景德镇窑、福建的德化窑。

·门画与年画

传说在远古时期,东海有座度朔山,山上有棵树荫如盖,仅枝干就绵延三千里的大桃树,树下有两位降鬼神将——神茶与郁垒长年把守。每天早上,这两位降鬼神将便在树下检阅百鬼,如果有恶鬼为害人间,他们就绑了喂老虎,这两位神将因为除了不少妖魔鬼怪深受百姓爱戴。周朝时,人们为了纪念他们,逢年过节就会画上两位神将的图像悬挂在大门两侧,这是最早的门画。

唐朝时,唐太宗李世民有次生病,梦里常听到鬼哭神嚎,难以入睡。大将秦叔宝、尉迟恭二人便自告奋勇，全身披挂地站立宫门两侧，日夜守护。这么一来，宫中果然平安无事，李世民念二人有功，便命画工将他俩人画在宫门上，称为"门神"。到了汉代，门上"神荼""郁垒"的神像已渐成风气，这时候民间开始广泛仿效，慢慢就将秦叔宝、尉迟恭二人演变为"门神"了。

门画一般是用整张纸或对开纸，以对称双幅出现，画面通常表现威严的神荼和郁垒，或武将秦琼和尉迟恭，或关公和钟馗，或镇宅老虎，张贴于居宅庭院围墙大门上、左右两厢房之间客厅大门上，有"御凶"之意。

后来，随着历史演变，门画中的绘画题材渐渐变得多样，画幅大小也出现了不同，各种春牛图、岁朝图、嘉穗图、戏婴图、合家欢、看花灯、胖娃娃等吉祥喜庆的图案纷纷涌现。因为此类彩画大多用于新年张贴、装饰环境，含有祝福新年、吉祥喜庆之意，所以到了清朝时它被正式命名为年画。

◎ 传统文化小知识

【杨柳青年画】 杨柳青年画是著名的民间木版年画，继承了宋、元绘画的传统，吸收了明代木刻版画、工艺美术、戏剧舞台的形式，采用木版套印和手工彩绘相结合的方法，创立了鲜明活泼、喜气吉祥、富有感人题材的独特风格。制作时先用木版雕出画面线纹，然后用墨印在上面，套过两三次单色版后，再以彩笔填绘。这样制作出来的年画既有版味、木味，又有手绘的色彩斑斓与工艺性，民间艺术韵味极其浓郁，与江苏桃花坞年画并称为"南桃北柳"。

【中国年画四大家】 中国年画四大家指山东潍坊杨家埠的木版年画、四川绵竹年画、江苏桃花坞年画、天津杨柳青年画。

·诞生在灯影里的剪纸

西汉时期，有位音乐家叫李延年，他在一次面见皇帝时击乐而歌道："北方有佳人，绝世而独立，一顾倾人城，再顾倾人国，宁不知倾城与倾国，佳人难再得！"汉武帝的姐姐阳信公主当时在侧，便解释其意给他听，皇帝大为惊奇，遂召见了李延年口中传唱的这位"北方佳人"，直到那时，汉武帝才知道原来李延年唱的是他的亲妹妹李夫人。

这李夫人比起哥哥来才艺更是出众，她体形窈窕，姿态轻盈，能歌善舞，明眸善睐，极受汉武帝宠幸。可是红颜多薄命，李夫人因病早逝，汉武帝悲伤难抑，很长一段时间卧不安席，食不甘味，心里眼里脑海里全是昔日宠妃的窈窕容颜。

当时有位著名的方士叫少翁，为了给汉武帝排忧解难，他斗胆求见，声称自己能将李夫人的魂魄招回。少翁说道："魂魄只能在夜里转回，陛下需照我所说行事，方可见到李夫人。"汉武帝听后眉头一展，依言而行。

西汉时期，尚未发明纸。这天夜里，少翁找来麻纸剪出李夫人的影像，而后在方帐中点起灯烛，将影像放入其中。顿时，烛光摇曳中，李夫人那婀娜多姿的身影，翩然而至又慢慢远去……正在外面的汉武帝竟看得痴了，良久方才提笔写下："是耶？非耶？立而望之，奈何姗姗其来迟。"

据说，这就是史上最早的剪纸。东汉时期出现纸以后，便有了剪纸这门艺术，后来随着剪纸的普及，也自然催生出了另一种民间艺术——皮影戏。

◎ 传统文化小知识

【剪纸】 剪纸，也叫刻纸、窗花或剪画，就是用剪刀把纸剪出各种吉祥图案、民间故事等的一种民间艺术表现形式。剪纸是一种镂空艺术，可以随意采用纸张、金银箔、树皮、树叶、布、皮、革等材料，它因成本低廉、简单易学成为我国最普及的一种民间传统装饰艺术。

【皮影戏】 皮影戏，又称灯影戏、影子戏、土影戏，有的地方还称皮猴戏、纸影戏等，是一种用灯光照射用兽皮或纸板做成的人物剪影来表演故事的民间戏剧。表演时，艺人们在白色幕布后面，一边操纵戏曲人物一边用当地流行的曲调唱述故事，同时配以打击乐器和弦乐。它是世界上最早由人配音的活动影画艺术，被人称作现代电影的始祖。

·储昱嫁女着绣服

明朝正德年间，江西参议储昱有三个貌美如花的女儿，大女儿嫁给福州知府朱豹，二女儿嫁给了曹格，三女儿许配给了潘恩的儿子潘允亮。潘恩是上海豫园的主人，与储昱一样，都是当地的名门望族，双方家资雄厚门当户对，准备于年底春节时举行婚礼。储昱最疼爱的就是这小女儿，为了亲自督办小女儿的婚嫁之礼，他特地从京城赶回，日日操劳筹备。某天，储昱的旧日同窗来访，听说这一喜事后生出无限感慨："你身为朝廷命官，女儿出嫁当然要办得奢华，要是让新娘子还穿着民间那种红袄长裙，岂不寒酸？为什么不仿造当朝后宫的衣冠服饰，做一套华丽的嫁衣呢？"

储昱连连摆手："使不得，使不得。君臣之间等级森严，我为臣子偏要为女儿着皇服办婚事，那不是会惹来杀身之祸吗？"

站他身后的小女儿可不依了，娇嗔道："爹爹，那皇上远在京城，哪能天下事俱闻？女儿穿这一次就图个风光，有何不可？你若不依我，我就不嫁！"储昱让固执任性的小女儿弄得没办法，只得把这个活计交给当地有名的裕丰绣庄。裕丰绣庄先绘出后宫嫔妃所穿的宫装样式，然后连夜赶绣，如期制出一套百鸟朝凤、花团锦簇的华服美冠。

婚礼当日，官绅、乡民们蜂拥而至，目睹了场面的豪华与气派，新娘子穿着那套绝美绣服终于风光出嫁了。消息很快传到了京城，正德皇帝听后龙颜大怒，打算派钦差大臣亲赴江南查证，潘储两家赶紧打点，疏通关系，托人游说皇后娘娘。

通情达理的皇后娘娘知晓后，劝皇帝说："潘储两家都是几代忠臣，今逢大喜之事仿制皇族服饰并不为过，况且江南一带本就精于刺绣，身穿绣服出嫁也是顺其自然呀。"正德皇帝这才消了气，过不几日心绪渐平，反又送出一份贺礼。

经过一番波折，储氏嫁衣很快传遍了大江南北，许多人家都纷纷仿而制之，直至清末，还可有新娘子穿着刺绣宫装出嫁哩。

◎ 传统文化小知识

【刺绣】 刺绣是针线在织物上绣制的各种装饰图案的总称。就是用针将丝线或其他纤维、纱线以一定图案和色彩在绣料上穿刺，以缝迹构成花纹的装饰织物。它是我国民间一种传统手工艺，主要技法有错针绣、乱针绣、网绣、满地绣、锁丝、纳丝、纳锦、平金、影金、盘金、铺绒、刮绒、戳纱、洒线、挑花，等等。

【四大名绣】 四大名绣指苏绣、湘绣、粤绣和蜀绣。苏绣的特点是绣面平展、图案边缘齐整，用针细巧绣线精细，线条排列紧凑不露针迹，颜色光鲜夺目，丝理圆转自如等；湘绣的特点是多用丝绒线绣花，防止起毛，图案多以国画为主，生动逼真，风格豪放；粤绣的特点是用线多样，用色明快，多以金线作刺绣花纹的轮廓线，装饰花纹繁缛丰满，热闹欢快等；蜀绣的特点是用针工整、平齐光亮、丝路清晰、不加代笔，花纹边缘如同刀切一般齐整，使用的针法百多种，擅用双面绣和晕针、纱针、点针、覆盖针等独特技法。

第十辑

包罗万象的
科技理学

蔡伦改进造纸术使其发扬光大遍传四海，毕昇发明活字印刷术开创了印刷史上伟大的技术革命，指南针与火药面世不久便在航海史与军事史上各领风骚，四大发明加速社会进程；公输般巧制木器，贾思勰编著农书，李冰治水造堰，徐霞客遍游青山，张衡观天象，祖冲之推算圆周率，历代能人志士在工建农艺、天体地理、山川水域、科学算术等领域都做出了骄人功绩，古时的科技理学也因此而大放光芒。

·蔡伦造纸

　　东汉时期的科学家蔡伦历来被视为我国造纸术的代表人物。蔡伦幼年进宫，在四十六年官宦生涯中先后服侍四位幼帝、两位皇太后，在宦海几经沉浮，虽然他在古代宫廷斗争中极招非议，但作为科学家来讲为后世造福不少。

　　102 年，邓绥被和帝刘肇立为皇后。蔡伦深知邓绥喜欢舞文弄墨，为了投其所好，甘心屈尊降职，开始主管宫内御用器物和宫廷御用手工作坊，其中就有奉命改进造纸工艺一项。早先人们都是将字刻写在竹片上，编串成册，但竹片太过沉重，无论是编写还是翻阅都极为不便，后来人们又将丝绸作纸，可绸料太过贵重也不利于推广使用。为了找到一种轻便耐用又利于书写的材料，蔡伦便在皇宫之外四处搜罗。

　　某年，他与手下另一名宦官张纸离开洛阳城回乡为张父祝寿，发现当地小孩们用木杆挑着水面上的沤变物正在奔跑嬉闹。蔡伦注意到，那些沤变物一离开水面，迅即变干，用手摩擦，质地柔韧轻薄，似乎可以用来书写，他大喜过望，赶紧将沤变物带至宫中。和帝刘肇对面前猛然出现的不洁之物正欲发怒，蔡伦却随意用黑色颜料就在上面染写成字，这一下和帝刘肇才明白用意何在，当即令他速速研制。

　　蔡伦又赶至张纸的家乡，率领一干人等到处拣拾麻、布、棉絮、树皮、渔网等弃物，挖池沤制，经过打浆、搅混、沉淀，再用抄纸器将捣好的纸浆抄成纸张，置于阳光下晒干。终于在 105 年制造出理想的书写材料，博得和帝与邓皇后的大加赞扬。因为这种书写物的发现地在张纸家乡，所以被命名为"纸"，俗称为"纸张"，和帝还另赐名为"蔡侯纸"。

　　也有人认为，发明造纸术的并非蔡伦而是早他二百多年的西汉劳动人民，因为在现今出土的西汉古物中发现由大麻和少量苎麻作原料制成的古纸残片。后人据此推测，可能造纸术在西汉时期就已出现只是未能得到广泛使用，到了和帝时期，蔡伦开始重视此项工艺，组织充足的人力、物力，监制出一批胜于前世的优质纸张，此后纸张才被有效地推广普及，大批量地现于后世。

　　不论上述哪种说法属实，蔡伦确实为造纸业做出过极大贡献，称得上我国造纸业中当之无愧的代表人物。

【左伯纸】 左伯，字子邑，东汉学者与书法家。他精研西汉以来的造纸技艺，总结蔡伦造纸的经验，改进造纸工艺，同样采用树皮、麻头、碎布作原料，以新工艺制作成纸，看上去光亮整洁，比蔡侯纸更适于书写，人们将这种纸称为左伯纸或子邑纸，南朝竟陵王萧子良曾赞道"子邑之纸，研妙辉光"。

·毕昇发明活字印刷术

东汉发明造纸术以后，我国开始出现雕版印刷业。北宋时期，汴梁城里有家叫万卷堂的手工业作坊，专门经营雕版印刷，毕昇是这里的一位普通刻版匠人。因为雕版印刷存在不少缺点，如一纸一板、用后即废、无法修正错字，等等，毕昇从业多年，早就想找改进的方法。

他看到书卷上留下的印章深受启发，开始尝试性地用刀在小木块上逐个刻字，排列成文后用铁框夹紧，再用烧化的松香粘住无字的那面，固定在铁板上，排完的字表被刷上油墨，翻印于白纸。第一张、第二张……但张张白纸印后很快就出现了新问题：字迹渐渐变大，笔画也越来越模糊不清。

这是怎么回事？毕昇细细一想明白过来：他用的刻字木料是杉木，木纹粗质地软，最易吸收水液产生变形，所以字表在频繁吸墨后笔画会变粗、字迹会变大。要想解决这个问题就必须换料。

毕昇四处寻找合适的材料。某日，几个小孩正用泥做成骰子放在火中烧烤使泥变硬再掷骰子玩，他见后很有感触，打听着来到京城不远处叫作黔首谷的地方，选取这里的土质细、黏性强的胶泥作料试制活字。

毕昇将整套工序具体分为四步。第一步是制字。先用胶泥做成一个个大小相同的长方形柱体，在端面上刻成如铜钱厚的单字，放在火里烧硬。一般常用的字，要制若干个相同活字，如"之""也"等常用字就需刻几十个，以便在每张版面上重复使用。

第二步是排版。先弄一块形状规整的铁板，铁板上敷上松香、蜡和纸灰等合制而成黏胶物作为凝固剂，再将铁框放在铁板上，框中按文章字序排定这些胶泥活字，这就是排版。排完一页书版后，用火烘烤，待凝固剂稍稍熔化就用平板按压版面，使之平整光洁。

第三步是印刷。将排版后的版样刷上油墨，再印到纸面上，一般此时工匠们会准备两块铁板，一板印刷一板排序，两板交替使用，加快印刷速度。

第四步是拆版。印完书页后，用火将凝固剂烤化，手指轻轻松动，泥活字就会自己从铁板上脱落，工匠们再将其按古代韵的次序排列收存，贴上标签以备日后循环使用。

毕昇发明的这种胶泥活字印刷术，不仅能节约大量的人力与成本，还可以大大提高印刷速度和质量，比雕版印刷要优越得多。人们根据他的经验又成功制出了陶活字、木活字、锡活字、铅活字等，毕昇因此被称为印刷业的始祖。

◎ 传统文化小知识

【雕版印刷】 雕版印刷是始于我国隋朝时期的一种古老印刷术，其方法是：在半透明的纸上抄写文字，再将纸页反贴在用枣木或梨木锯成方形的木板上，根据每字的笔画，用刻刀一笔笔雕成阳文，使笔画突出在板上。木板雕制完成后，先用刷子蘸墨在刻满反字的板上刷一遍，将白纸覆上，而后再用干净刷子在纸背上轻刷，使其剥离，这样就算完成了本页的印刷。如此周而复始，张张纸页依样剥离，累积后再将每张纸页按序排列，装订成册。世界上现存最早的雕版印刷书籍是于甘肃敦煌鸣沙山千佛洞出土的唐朝刻印《金刚经》。

【木活字】 继毕昇之后，元朝的王桢发明了木活字印刷术。木活字印刷术与泥活字和铜、锡、铅等金属活字相比，在制作上较为简便，它首先用纸写成字样贴在木板上，照样刻好字后，锯成单字，再用刀修齐，统一大小高低，然后排字作行，行间隔以竹片，排满一版框，用小竹片等填平塞紧后涂墨铺纸刷印。王桢使用这种方法创制木活字三万多个，并成功印制我国第一部木活字本方志——《大德旌德县志》。

·炼丹师与火药

火药是指在适当的外界能量作用下，自身能进行迅速而有规律的燃烧，同时生成大量高温燃气的物质，关于它的研究与发明，要从古时的炼丹师说起。

春秋时期，我国已掌握生铁冶炼技术，有人将这种冶金技术运用到炼制药物方面，欲制出长生不老之仙丹，这类人最初被称为炼丹师，也就是后来的方士、丹家等。

虽然炼丹师们苦求无果，但他们经过多次冶炼，积累下丰富的化学知识，发现了制造火药的最主要成分——硝石。硝石是黑色火药里的氧化剂，它受热后能产生氧气，具有很强的助燃作用。炼丹家非常熟悉硝石的这种特性，常将其作为氧化剂和溶剂用于研制仙丹，后来在冶炼过程中，他们偶然发现，若用硝石配以适量的硫黄、木炭，就会引起爆炸。因为这三种物质在当时都是治病的药物，所以古人就将三者混合物取名为"火药"，意思是"着火的药"。

三国时期，魏国有位发明家叫马钧，他受火药的启示，用厚纸将其层层包裹制成了"爆仗"，这也是火药第一次应用于实践中。因为无法制出长生不老之仙丹，火药很快被炼丹家们冷落，它到了军事家手中，就成为一种可怕的武器。

唐末时，火药开始出现在战场上。军士们利用抛石机，把火药包点着以后大力抛射出去，严重烧伤敌人；后来又将球状火药包扎在箭杆头附近，点着引线以后，用弓箭将火药射出去烧伤敌人；还有将火药、毒药，加上沥青、桐油等，捣在一起做成毒球，点着以后，用弓箭射出，致敌死伤。

到了宋朝，战场上又出现一种新式武器：将火药装填在竹筒里，火药背后扎有细小的"定向棒"，点燃火管上的火硝，引起筒里的火药迅速燃烧，产生向前的推力，使之飞向敌阵爆炸，这就是世界上第一种火药火箭。随后不久，用竹管制成的火枪和枪等管形火器也相继出现。火药的发明，预示着冷兵器时代结束，取而代之的是火器时代。

◎ 传统文化小知识

【火法炼丹】 火法炼丹是我国古代炼丹师常用的一种炼丹方法，所谓火法，是指带有冶金性质的无水加热法。东汉炼丹师魏伯阳曾详细记述过《火记》六百篇，但内容现已失传，东晋炼丹师葛洪在《抱朴子内篇》中有过大致描述，介绍包括煅（长时间高温加热）、炼（干燥物质的加热）、炙（局部烘烤）、熔（熔化）、抽（蒸馏）、飞（又叫升，就是升华）、伏（加热使药物变性）等方法。

【抛石机】 抛石机，在古时也叫抛车、发石车等，是用来攻守城堡，以石头当炮弹的一种远程抛射武器。中国最早的抛石机出现在战国时期，是由人力在远离投石器的地方一齐牵拉连在横杆上的炮梢引发。炮梢架在木架上，一端用绳索拴住容纳石弹的皮套，另一端系以许多条绳索让人力拉拽而将石弹抛出。

有的抛石机具有多梢，最多的可达七个炮梢，这样的抛石机需二百五十人方可施放。

·开创航海史的指南针

两千年前，也就是春秋战国时期，我国劳动人民已经懂得使用铁，他们在寻找铁矿时发现了磁石。磁石可以指示南北方向，人们利用这种特性制成了多种指南工具。

最早出现的指南工具叫司南，它被视为指南针的祖先。司南由天然磁石琢磨而成，外形像一柄长勺，重心位于光滑的底盘正中，四周刻有二十四向，使用时将长勺放在底盘上，用手轻轻拨动，待长勺静止后长柄指向南方。

由于天然磁石在琢制过程中，因打击、受热而失磁，所以司南的磁性比较弱，一直未能得到广泛使用。到了宋代，为适应航海业的需求，人们利用人工磁化方法又制造出指南鱼和指南针。

指南鱼是将薄钢片剪成长二寸、宽五分的小鱼形状，鱼肚部分凹下去。将它和天然磁石放在一起，由于磁石的吸力，钢片受磁感应也具有磁性，此时只需将指南鱼放在水面上，鱼头部分就会自然指向南方。指南针是用天然磁石摩擦钢针，使钢针磁化，显示出指南的特性。与前二者相比，指南针更为简单实用，所以这种工具很快便得到了迅速推广，有人将它装置在方位盘上，制成最早的罗盘。

指南针极大地促进了航海业的发展，11 世纪末，它开始应用于航海，不论昼夜晴阴都可导航，成为当时海上最重要的指航仪器。12 世纪末到 13 世纪初，指南针已由海路传入阿拉伯国家，后又转至欧洲，书写了整个世界的航海史，也极大地影响了整个人类社会的文明进程。

◎ 传统文化小知识

【指南龟】 将木块刻成龟形，在龟体腹部中心嵌以天然磁石，并于腹下挖一光滑的小孔，小孔下方对准直立于木板上的尖顶竹钉，这样木龟就被放置在一个固定的、可以自由旋转的支点上了。由于支点处摩擦力很小，木龟可以自由转动，静止时首尾分指南北。该项指南工具的出现不晚于 1325 年。

【磁罗盘】 航海与勘测时所用最古老、最普遍的罗盘叫磁罗盘，又称磁罗经。它主要由若干平行排列的磁针、刻度盘和磁误差校正装置组成，磁针固装在刻度盘背面。使用时，在地磁的影响下，磁针会带刻度盘转动，指明方向。

·织棉为布的黄道婆

元朝时期，我国有位著名的棉纺织家黄道婆。十二三岁时黄道婆做了童养媳，过着劳累困难、艰辛屈辱的日子，后因不堪忍受夫家的压迫，偷偷逃出家门随船南下，到达了古时称作崖州的海南岛。

黄道婆本就比较熟悉纺织的各道工序，但在崖州这里她看到了更先进的纺织技术。当地黎族人用一种叫棉花的乔木植物来纺线、织布，还借助天然矿物、植物的染料将其染绘，制成服装。自秦汉起，这里生产的棉织物即以品种繁多、织工精细、色泽鲜艳等名闻天下，每年仅作为贡品的各类棉布就达二十余种。黄道婆在崖州多方学习、熟练操作各道棉织工序，终于在二十多年后成为一位技术精湛的纺织能手。

1295—1297 年，她带着踏车、椎弓等纺织工具回到了故乡。此时的棉花种植业已在松江等地普及，可是纺织技术仍很落后，黄道婆决心将多年所学传授给从业者们。

那时人们去籽棉还是用手指一个个剥，久了两手便会肿胀变粗。黄道婆告诉大家："从现在起，咱们可以用新的擀籽法。"她教大家人手持一根光滑的小铁棍，将籽棉放在硬而平的捶石上，用铁棍擀挤棉籽。看着棉籽一颗颗滚出，女工们都欣喜地叫起来："真没想到，一下子能擀出七八个籽儿呀，再也不用动手指头了！"

黄道婆也很高兴，可她很快觉得用铁棍儿擀还是不尽如人意，于是开始试制轧棉机。几个月后，这项新发明顺利问世，它是由四块木板装成木框，上面竖立两根木柱，柱头镶在一根方木下面，柱中央装着带有曲柄的木铁二轴，因为铁轴比木轴直径小，两轴粗细不等，转动起来速度也不同。当一个向铁木二轴之间的缝隙填喂籽棉时，另有两人会摇动曲柄，这样棉絮棉籽就会迅速分落在两轴的内外两侧。

随后，她改进了弹松棉花的小弓，将原来的一尺半长改为四尺多长，弓弦由线弦改为绳弦，将手指拨弦变为棒椎击弦。用这张大弓弹出的棉花更加均匀细致，没有杂质。

纺纱是最关键的一道工序。原先纺织工人们使用的都是单锭式棉纺车，需三四个人同时纺纱才能供应上一架织布机，功效极低。为了彻底解决这个问题，黄道婆与木工共同研制出三锭式脚踏棉纺车，使纺织效率一下提高了两三倍，操作也变得简单。三锭式脚踏棉纺车因为速度快、出布好，很快在江南等地迅速推广，成为当时世界上最先进的纺织工具。

除了改造、革新纺织工具外，黄道婆还总结出一套"错纱配色，综线契花"的织布技艺，用这种技艺可织出带有折枝、团凤、棋局、字样等图案的被、褥、带、手巾等，看上去色泽鲜艳、鲜活生动，人们冠以美名"乌泥径被"。由于松江一带棉纺织技术和棉纺织业快速发展，这里一度成为全国棉纺织业的中心，也就有了"松郡棉布，衣被天下"的美誉。

◎ 传统文化小知识

【水力大纺车】 水力大纺车，我国古代的一种水力纺纱机械，大约发明于南宋后期，主要用于加工麻纱和蚕丝。麻纺车形制较大，全长约9米，高2.7米左右，丝纺车规格稍小。水力大纺车装有32枚锭子，有转锭、加拈、水轮和传动装置等4个部分，使用水力驱动，通过两条皮绳带动32枚纱锭运转。据说，水力大纺车每天可加工麻纱100斤。

·鲁班智建宫殿

鲁班，本姓公输，名般，又称公输子、公输盘、班输、鲁般，他是我国古代最优秀的能工巧匠，有许多发明创造，被土木工匠们尊奉为"木匠之父"或"祖师"。

鲁班因为手艺精巧，大名早已传遍天下，这年，鲁国国君特意下令，命他带领全村青壮年民工在三年内造出一座华丽宫殿，要是限期内不能完工，全村百姓都要处死。鲁班掐指一算，村里可用劳力最多二百名民工，那时盖房既没砖瓦也少用土石，全靠木头建房，这二百民工一天最多能砍三棵树，照这样的进度干下去，二百人用三年时间，甭说盖座宫殿就是全部上山去砍木材也不够呀。

他苦思冥想，也没有想出更好的办法。第二天，鲁班独自进山，刚刚攀上一处陡坡时，忽然感觉手心发疼，低头看去竟被山里最普通的丝茅草划出一道血口！他有些疑惑，仔细观察这小小的野草，发现丝茅草边缘全是锋利的细齿："这么厉害？如果用足够大的类似东西来对付树木会怎么样？"

回家后，鲁班先将竹片削得薄如刀片，而后在一侧边缘上砍出许多小齿，他和妻子将加工后的竹片架在一棵小树上来回拉动着。很快，树皮被划破，树干出现了小沟，第一次试验取得明显成效！鲁班赶紧找来铁匠师傅，将自己的想法和盘托出，铁匠师傅当天就给他做出一把带齿的铁质工具。这回夫妻俩还在那棵小树上试验，一会儿工夫就将小树断为两截，他挥动着这件新式工具迅速召集众人表演了一番，全村人叹服不已：这竟比刀斧砍树的速度要快几十倍！

鲁班给它取名叫"锯"，锯的出现极大地提高伐木与加工房料的速度。有了这把神奇的工具，鲁班带领村里的二百青壮年终于在三年之内如期造出宫殿，为全村百姓免除了死罪。

除锯之外，鲁班还发明了鲁班尺、墨斗、刨子、凿子、铲子、石磨、碾、锁等各种工具，武器类有攻城用的"云梯"、舟战用的"钩强"等。

◎ 传统文化小知识

【云梯】 云梯，古时攻城用的一种器械，有的下部带有轮子可以推动行驶，有的配备有防盾、绞车、抓钩等，还有的带有用滑轮升降设备。

【鲁班尺】 鲁班尺，也叫鲁般尺，是木匠建造房屋时所用的测量工具，类似于今天的曲尺。它从左至右共分四排，每排标尺为传统的寸、鲁班尺、丁兰尺与厘米。

【石磨】 鲁班制磨的方法是先用两块有一定厚度的扁圆柱石头制成磨扇，下扇中间装有一个铁制短立轴，上扇中间有对应空套，两扇相合以后，下扇固定，上扇可以绕轴转动。两扇相对的一面，留有一个空腔叫磨膛，膛的外周制成起伏的磨齿。上扇还留有磨眼。磨面的时候，谷物通过磨眼流入磨膛，均匀地分布在四周，磨成粉末后从夹缝中再流至磨盘。我国最早的石磨实物是 1968 年在河北保定出土的由石磨和铜漏斗组成的铜、石复合磨，距今约有两千一百年。

· 贾思勰不耻下问

贾思勰是我国北魏时期的著名农学家，他出身于书香门第，早年任职高阳郡太守，考察过今天河南、山西、河北、山东等地的农业生产，经常向当地经验丰富的老农请教，并通过亲身实践掌握了许多农业知识。

贾思勰养过二百只羊，第一年因为饲料不足不到一年就饿死了大半，第二年他特意种二十亩大豆又备下大量干草，可到了秋天以后，羊还是接着死去，活着的也瘦骨嶙峋。不明就里的贾思勰寻访百里之外的某位老羊倌，不耻下问诚心求教。老羊倌问明情况也不言语，带着他去参观自己的羊圈，那一只只肥硕的羊正吃着香喷喷的草料。

"看见没？这些草料多么香甜啊，如果你丢得到处都是，羊会踩来踩去，撒满屎尿，那样的草料还能吃吗？只能算是垫圈的。所以说你的羊还是饿死的。"贾思勰恍然大悟，回家后就重新翻修了羊圈，专门整理出饲料槽，一年后，他的羊只只膘肥体大，再没出现病饿而死的状况。

贾思勰还在乡里种过大麻，那时他特意选了块土质与水利都比较好、原先种过大麻的地，一个月过后，新种的大麻茎叶上出现了干枯现象，"难道是缺水？"贾思勰哗哗哗浇过一通水却发现茎叶仍保持原样，这是什么原因？他找到了当地有名的庄稼能手赵大爷。

赵大爷说："大麻只要是重茬，肯定长不好，病况就是茎叶不断干枯，浇水再多也没用，因为这病根在土里。""那怎么解决？""换茬，最好是豆茬。"赵大爷告诉他。贾思勰依样而行，果然，种过一次豆茬的地里重新种上大麻，茎叶干枯的现象就再也没了。受此启发，他提出了"绿肥轮作制"，用豆科类作绿肥补偿农田的空闲期，有效提高了土壤肥力。

为了将自己的平生所学造福后人，贾思勰将亲身实践与遍访而来的农业生产知识编撰成文，写成了一本农业科学巨著《齐民要术》，这本书系统地总结了黄河中、下游地区北魏和北魏以前的农业生产技术，是我国乃至世界上保存下来的最早的一部农业科学著作。

◎ 传统文化小知识

【《齐民要术》】 "齐民"指平民百姓，"要术"指谋生方法，《齐民要术》是我国现存最完整的农书，也是世界农学史上最早的专著之一。该书由序、杂说和正文三大部分组成，其中正文共92篇，分为10卷，约有7万字，注释部分约4万字。全书介绍了农作物、蔬菜和果树的栽培方法，各种经济林木的生产，野生植物的利用，家畜、家禽、鱼、蚕的饲养和疾病的防治，农、副、畜产品的加工、酿造和食品加工，以及文具、日用品的生产，等等，几乎涵盖了所有的农业生产活动。

·不畏权势的郦道元

郦道元出生于北魏孝文帝时期的官宦世家，年轻时便才华出众，胸怀大志，深得孝文帝赏识。他先后出任过骑都尉、太傅掾、书侍御史、御史中尉和北中郎将等中央官职，并多次担任地方官，以秉公执法、为官清廉、学识渊博等闻名。

担任御史中尉时，郦道元发现孝文帝幼子汝南王元悦豢养的男妓丘念倚仗权贵，四处横行无恶不作，于是断然下令将其逮捕。丘念丝毫没将他放在眼里，只等着主子营救自己。元悦赶紧奔往母亲灵太后宫中求情，灵太后认为这点小事犯不着作难，所以轻描淡写地就准予赦免。正当元悦兴冲冲地以为事已摆平，前去提人出狱时，却不料不畏权势的郦道元已将丘念处死！

又惊又怒的元悦耿耿于怀，时刻寻机报复。不久，雍州刺史萧宝夤图谋起兵，心怀怨恨的元悦便向朝廷提议派郦道元前去监控，就这样，忠良之臣被送入虎口，屈死在叛军刀下。

郦道元为官清廉公正，为学也颇有建树。三国时流传下来一本关于河流水道的书籍《水经》，记述了全国主要河流137条，全文仅1万多字，内容非常简略。郦道元看完这本书后决定重新作注，将全国水情翔实、准确地记载下来。

为了获取第一手资料，他亲身实践，徒步行至各地考察研究，后又参阅了437种书籍，经过多年的努力，终于完成了长达40卷、30多万字的地理学巨著《水经注》。

《水经注》记述时间上起先秦，下至南北朝约有两千多年，它将《水经》里的水道扩增至1252条，若将湖、淀、陂、泽、泉、渠、池等算入，计2596条，主要涉及自然地理、人文地理、山川胜景、历史沿革、风俗习惯、人物掌故、神话故事等，覆盖地域除西汉王朝疆域外，还包括今天的印度、中南半岛和朝鲜半岛等若干地区。

《水经注》是我国第一部完整记录华夏河流山川地貌的书籍，也是古时最全面、最系统的一部地理百科全书，后人将其称为"圣经贤传""宇宙未有之奇书"，毛泽东称作者郦道元是"一位了不起的人"。

◎ 传统文化小知识

【四大名注】 此处的注是指注释体例之说。除《水经注》外，另外其他三大名注是指南宋裴松之的《三国志注》、唐李善的《文选注》、南朝梁刘孝标的《世说新语注》。裴松之是我国古代杰出的史学家，他在编撰《三国志注》时，将重点放在史实的增补和考订上，既开创了注史的新例，也为后人研究三国历史提供了重要的参考价值，李善为《文选》作注时是引用大量古籍，刘孝标为《世说新语》作注时则是补充翔实具体的背景资料。

·坚持不懈的徐光启

徐光启是我国明末时期的科学家、农学家，他穷其一生著书立作，坚持不懈地将数学、天文学、气象学、地学、力学、建筑学、医药学和军事科学等欧洲近代自然科学引入我国，成为我国古代一位中西方文化交流的先驱。

徐光启出生在松江府，即今天的上海市，童年时极其好学，少年时即被人称为"章句、帖括、声律、书法均臻佳妙"，二十岁考中秀才后，他先在家乡开办学堂，后又转至广东、广西两地教书。教书期间，徐光启白天上课，晚上阅读古代农书，钻研农业生产技术，由于农业生产同天文历法、水利工程的关系非常密切，而天文历法、水利工程又离不开数学，他便进一步博览古代的天文历法、水利和数学等著作。

1600 年以后，徐光启与传教士利玛窦相识，有幸接触到许多天文、地理、天象、数学等方面的西方自然科学知识。四十三岁时，他考中进士入朝为官，很快利玛窦也来到了京城，他们之间开始了更广泛的学识交流。

利玛窦曾将古希腊数学家欧几里得的著作《原本》教授给他，徐光启在学习过程中，认为该书弥补了许多我国古代数学的不足之处，便决定将其译成中文。于是，这项艰苦的翻译工作便从1606年的冬天开始：先由利玛窦用中文逐字逐句地口头翻译，再由徐光启草录。每译完一段，徐光启就会字斟句酌地去修改，而后再由利玛窦对照原著进行核对。就这样"平行线""三角形""直角""对角""锐角""钝角"等名词术语随之确定下来。

第二年春天，两位合作者译完《原本》的前六卷，为了取一个好书名，徐光启煞费苦心，查考了若干词组后最终定为"几何"。这本书的前六卷出版后，立即引起巨大反响，成为明末时期数学研究者的必读书本。

到了1629年，徐光启奉命修订新历，他从西方天文历法书籍入手，同时自行制造专用仪器，边观测边翻译。据史料记载，那段时间他常端坐室中，走笔不休，冬不生火夏不挥扇，点烛工作到半夜。就这样，终于编著完成了鸿篇巨制《崇祯历书》。在农业方面，徐光启也经常身体力行，通过种植实践总结出当时最先进的农业技术经验，并倾尽心血写成了一部农业百科全书——《农政全书》。

直至七十高龄，徐光启仍然笔耕不辍，他是千百年来我国古代科学家的典范与代表。

◎ 传统文化小知识

【《崇祯历书》】《崇祯历书》是我国明代崇祯年间为改革历法而编的一部丛书，编撰工作由专设的历局负责，主编为徐光启。全书从多方面引进了欧洲的古典天文学知识，共有46种、137卷，包括天文学基本理论、天文表、平面及球面三角学和几何学、天文仪器以及传统方法与西法的度量单位换算表五类。后被收入《四库全书》，更名为《西洋新法算书》。

【《农政全书》】《农政全书》是我国明代一部著名的农业著作，作者徐光启。该书全面而系统地总结了中国传统农业科学技术和农业政策，共分为农本、田制、农事、水利、农器、树艺、蚕桑、蚕桑广类、种植、牧养、制造与荒政十二个部分，多达60卷、50多万字，其内容非常详尽，是我国古代农业科学之集大成者。

· 李冰治水造堰

战国时期，发源于成都平原北部的岷江穿越崇山峻岭，一路奔腾至现在的灌县境内。灌县西南有座玉垒山挡住了东流的岷江，经常在夏秋两季造成东旱西涝的严重灾情。

当时秦昭王在位，为了解决这一难题，特地派李冰担任蜀郡守去治理岷江水系。李冰领命后，立即带着儿子二郎赶赴蜀郡仔细考察那里的地形与山势。

李冰发现，岷江上游沿江两岸山高谷深，水流湍急，到灌县附近时，突然转入空旷平地，来势汹汹的江水势如破竹，很容易冲决堤岸，泛滥成灾。同时，挟裹而来的泥沙也层层堆积起来，年年抬高河床，导致险情频发。玉垒山就因为横挡江水，年年水灾肆虐，周围百姓苦不堪言。

李冰和二郎带领众人先在玉垒山末端凿开一处二十米宽的"宝瓶口"，以方便岷水东流，而后又欲在江心中构筑分水堰将江水分作两支，使其中一支流进宝瓶口，但这项计划因为江水过于湍急、抛石易被冲散最后宣告失败。李冰又让人编制长三丈、宽二尺的大竹笼，里面装满鹅卵石，逐个沉入江底，这才筑成了分水大堤。大堤将岷江江水成功分作内外两支，流经宝瓶口的那支再被分解流入大小沟渠河道，组成巨大的扇形水网，极好地灌溉了成都平原的千里农田。

为了能够自如控制进入宝瓶口的水量，李冰父子二人还率众在分水大堤的尾部修建了分洪用的平水槽和溢洪道，这样夏秋之季每遇洪水来袭时，就可保证宝瓶口内的江水水量平稳。为了便于观察水量，李冰还特地在江中立起一尊石人，作为观测水位的标尺，要求水位"竭不至足，盛不没肩"。

奔腾怒号的岷江江水被治理得服服帖帖，但李冰还是不放心，为了造福百代，他又将岁修工程列为重中之重。所谓岁修工程是指，在每年水量最小的霜降时节，于鱼嘴西侧，用杩槎也就是三根大木桩制成的三脚架在外江截流，使江水全部流入内江，然后淘挖外江和外江各灌溉渠道淤积的泥沙。第二年立春前后，外江岁修完毕，把杩槎移到内江，让江水流入外江，然后再淘挖内江河槽，进行平水槽和飞沙堰的岁修工程。清明节前，内江岁修完毕，撤除杩槎，开始放水灌溉。

如此一来，都江堰的轮廓已初具雏形，以前堪称泽国的成都平原借助优良水域一跃成为"沃野千里"的富庶之地。然而李冰的治水重任还未完成，他另外修建水利设施，疏导管江、汶井江、洛水，同时引出绵水到资中一带解决了农田的用水问题。

李冰主持修建的都江堰既解除了当地水患，又兼有防洪、灌溉、航行三大作用，称得上世界水利工程史上的奇迹，人们为了纪念这位治水功臣，尊称他为"川主"。

◎ **传统文化小知识**

【灵渠】 灵渠又称湘桂运河，也称兴安运河，秦凿渠，全世界最古老的运河之一。位于桂林东北60公里处兴安县境内，是现存世界上最完整的古代水利工程，与四川都江堰、陕西郑国渠并称为"秦朝三大水利工程"。灵渠全长37公里，由铧嘴、大小天平、南渠，北渠泄水天平和陡门组成。灵渠设计科学，建造精巧。铧嘴将湘江水三七分流，其中三分水向南流入漓江，七分水向北汇入湘江，沟通了长江、珠江两大水系。

·多才多艺的张衡

115年，张衡入朝为官任太史令，他发现洛阳城周围四十二郡近三十年来地震不断，其范围之广、受灾之重不忍目睹，加之古时交通不便，即使某地发生地震多日以后才能报至洛阳城，根本不能及时进行抢救。张衡决心改变这种情况，制造一种能及时、自动报告地震方位的仪器。

许多朝廷中人对这个想法嗤之以鼻，嘲笑、污蔑、排挤、打击等迎面而来，但他顶住层层压力，经过无数日夜的苦心研制，终于在132年成功造出世界上第一台测报地震的地动仪。

这架地动仪用青铜铸成，状似酒樽，四周镶有八条龙，龙头分别指向东、南、西、北、东北、东南、西北、西南八个方向，每个龙嘴中含有一颗铜丸，正下方蹲有八只张嘴的铜蛤蟆，既可以支撑地动仪也可接住龙嘴中掉落的铜丸。

按照张衡的设计原理，如果某地发生地震那么同方向的龙嘴就会自动张开，铜丸掉出，正巧落入铜蛤蟆嘴里，看守地动仪的人就可以即时记下时间与方向，及时报告地震的消息。地动仪被安放在地下室里，靠一根铜柱接连着地下岩石，它的精妙之处在于，虽然发生于百里、千里之外的地震可以使铜丸落下，但若是附近发出走动、奔跑、挖泥、填土等声响丝毫不会惊动。张衡制作完成后，尚未来得及验证这架仪器便受到排挤，不得已离开了洛阳城，地动仪也就静静地安放在灵台地下室里。

138 年，地动仪的龙嘴里忽然"当啷"一声掉下颗铜丸！看守立刻禀告，新任太史令根本不以为然。几天后，信使飞马来报："陇西地区发生大地震。"当时的陇西是指洛阳城西北一千多里处，在今天的甘肃省西南部，太使令闻听当即脸色大变惊愕不已！张衡制造的地动仪终获成功验证！

不光在地震学方面，在天文学、机械技术、数学乃至文学艺术等诸多方面，张衡都表现出了非凡才能与广博学识。他还发明了世界上第一架准确表演天象的漏水转浑天仪、用来计算里程的记里鼓车、世界上最早的机械飞行器独飞木雕、测量风向的候风铜鸟仪、活动日历，等等，并撰有著名的天文著作《灵宪》《灵宪图》，名列东汉时期著名的六大画家之首等。

后人为了纪念他的杰出功绩，称他为"木圣""科圣"，郭沫若也给予了高度评价："如此全面发展之人物，在世界史中亦所罕见，万祀千龄，令人景仰。"

◎ 传统文化小知识

【漏水转浑天仪】 漏水转浑灭仪，简称浑天仪，是我国古代用于演示天象的一种天文仪器。它的主体是一个直径四尺多的铜球，球上刻有二十八宿、中外星官以及黄赤道、南北极、二十四节气、恒显圈、恒隐圈等，成一浑象，再用一套转动机械，将浑象和漏壶结合起来，以漏壶流水控制浑象，使它与天球同步转动。

【记里鼓车】 记里鼓车，也叫记里车、司里车、大章车等，是种计算里程的木质仪器。据史料记载，记里鼓车分上下两层，上层设一钟，下层设一鼓。记里鼓车上有小木人，头戴峨冠、身穿锦袍高坐车上。车走十里，木人击鼓一次，当击鼓十次就击钟一次。

·治学楷模刘徽

刘徽是三国时期魏国人，祖籍山东，出身平民终生未入仕，因他在古代数学史上取得了惊人成就，后人赞其为"布衣数学家"。

刘徽一向治学严谨，对名著古书中的不实之处极为挑剔，他的数学成就之一即是为《九章算术》作注。《九章算术》历来被视为我国古代数学的权威之作，很少有人对此书有非议，但刘徽为了易于讲解，对其中的各类解法均做出简要证明，并阐述了各种解题方法与道理，还指出某些近似解法的精确程度和个别解法的错误。此外，他在《九章算术注》10卷中也提出不少超出原著的新理论，为后世树立了治学楷模。

刘徽的数学成就之二是计算圆周率。他应用割圆术，从圆内接正六边形出发，依次计算出园内接正 12 边形、正 24 边形、正 48 边形，直到圆内接正 192 边形的面积，然后使用现在称作的"外推法"，得到了圆周率的"π"值应在 3.14 至 3.1416 之间，这就是"徽率"。后来，祖冲之也延用这种方法将"π"值推算到小数点后 7 位数。除了割圆术以外，刘徽还提出了齐同术、今有术、图验法、棋验法等计算方法，这些计算方法在当时都比较先进，极大地促进了数学体系的形成和发展。

数学成就之三是他撰写了《重差》1 卷，这部书在传至唐朝时改名为《海岛算经》，它是一部说明各种高度或距离的测量和计算方法的著作，在此书中刘徽提出了用相似三角形对应边成比例的原理来测量计算高、深、广、远的方法。

刘徽的研究方法与研究成果不仅对我国古代数学的发展产生了深远影响，而且在世界数学史上也具有重要的历史地位。有人赞他是"中国传统数学理论体系的奠基者之一""中国数学史上的牛顿"。

◎ 传统文化小知识

【《九章算术》】《九章算术》是我国古代第一部数学专著，也是《算经十书》中最重要的一部。它反映了中国先民在生产劳动、丈量土地和测量容积等实践活动中所创造的数学知识，包括方田、粟米、衰分、少广、商功、均输、盈不足、方程、勾股九章，含有上百个计算公式和 246 个应用问题，有完整的分数四则运算法则，比例和比例分配算法，若干面积、体积公式，开平方、开立方程序，方程术线性方程组解法，正负数加减法则，解勾股形公式和简单的测量问题算法，是当时世界上最先进的应用数学，该书作者无法考证。

·"圆周率之父"祖冲之

祖冲之是我国南北朝时期杰出的数学家、科学家，他的贡献主要集中在数学、天文历法和机械三方面。祖冲之在数学上取得的最大成就是率先将圆周率推算到小数点后七位数。什么是圆周率？简言之，它是一个常数，是指圆的周长与它直径之间的比。当时魏国人刘徽采用割圆术已将圆周率算至3.14至3.1416之间，后人将其称为徽率，祖冲之遵循割圆术之法，设出一个直径一丈的圆，开始在圆内顺序切割。

当他切割到圆的内接192边形时，得到了徽率数值，继续切割下去，历经384边形、768边形……一直至24576边形，依次求出了每个内接正多边形的边长。最后祖冲之求得直径一丈的圆，它的圆周率应在3.1415926至3.1415927之间。

祖冲之使用的计算工具是简单甚至简陋的算筹，是一根根由竹、木、铁、玉等材料制成的几寸长方形或扁形小棍，那时人们通过对算筹的不同摆法来表示各种数目，如果计算过程中出现一次差错就需全盘推翻重来。祖冲之计算圆周率，包含对九位有效数字的小数进行加、减、乘、除和开方运算等十多个步骤的计算，且每个步骤都要反复进行十几次，仅开方运算就有五十次。难以想象，他当年的推算过程是多么纷繁复杂、枯燥无味。

为了纪念祖冲之在计算圆周率方面的成就，人们尊他为"圆周率之父"。后来，祖冲之将在数学方面的种种研究成果汇编成一部《缀术》，该书被收入著名的《算经十书》中，列为唐代国子监算学课本，可惜在唐宋时失传了。

在天文历法方面，祖冲之还编制了《大明历》，第一次将"岁差"引入历法，推算出一回归年的长度为365.24281481日。在机械制造方面，他重新复原了指南车、千里船、定时器等器械。此外，祖冲之还精通音律，擅长下棋，同时著有文学作品，是我国古代历史上少有的一位博学之士。

◎ 传统文化小知识

【割圆术】 割圆术是指用圆内接正多边形的周长去无限逼近圆周并以此求取圆周率的一种计算方法，它由我国古代数学家刘徽提出，在圆周率计算史上曾长期使用。1630年，格林贝尔格利用改进后的方法将圆周率成功推算至小数点后39

位，成为割圆术计算圆周率的最好结果。

【算经十书】 656 年时，唐朝的最高学府国子监特作规定，将《周髀算经》《九章算术》《孙子算经》《五曹算经》《夏侯阳算经》《张丘建算经》《海岛算经》《五经算术》《缀术》《缉古算经》十部数学名著总称为《算经十书》，列入国家最高学府的算学教科书，用来进行数学教育和考试。后因《缀术》失传，另一部算书《数术记遗》被纳入顶替。

· 观察入微的沈括

北宋时期的沈括精通天文、数学、物理学、化学、地质学、气象学、地理学、农学和医学，是我国古代不可多得的一位科学通才。他之所以能取得如此惊人的成就，与自小养成观察入微的良好习性密不可分。

沈括三十二岁那年，在转运使张蒭手下担任司理参军。有一天，张蒭带着他与十几位官员来到寺庙，由庙里的老法师引领着参观庙堂建筑，当众人行至一幅大型壁画面前，顿时被那生动的人物形态与逼真的面部表情紧紧吸引，不少官员都称赞眼前是幅绝世珍品。

老法师长叹一声："画本是好画，可其中有处毛病将好画全毁了！你们看——"老法师指着壁画说，"画上乐工都在吹奏'4'音，唯独这个弹琵琶的乐工没有拨动'4'音的上弦，却将指头掩盖下弦，这不是产生错乱之音了吗？好多人来这儿观画，都把它当作笑话，哪还能算好画呀。"经老法师这么一解释，张蒭等官员们才点头称是，惋惜不已。

沈括上前端详了好一会儿，转身说道："我看这画毫无过错，那下掩的指头正说明了画家的高明之处，至少他很懂得乐理之道。"

"施主何出此言？"老法师惊诧不已，探身问道，张蒭与其他官员也极为疑惑。

"你们仔细看。"沈括上前一步指着壁画道，"管乐的发音可以看出指头的部位，而琵琶属弦乐，拨弄之后能发出声音。所以当管乐吹奏'4'音时，琵琶乐工刚刚拨过上弦，'4'音已从弦上发出，这样他的手指自然由上弦移向下弦，画上当然会准确而精细地显出他按向下弦的姿态。"

"妙啊！实在是妙！你说得太有道理了！"老法师惊喜地赞道。

沈括又补充说："如果琵琶乐工的手部动作与其他人一致，那他弹奏的音就不会协调了。"众位官员这才回味过来，也连呼高见。

这种精于观察的习性极利于沈括的科学研究之道，使他在天文、方志、律历、音乐、医药、卜算等方面皆有建树。晚年时期，沈括倾尽毕生心血写成皇皇巨著《梦溪笔谈》，为世人留下了一笔巨大的财富。

◎ 传统文化小知识

【《梦溪笔谈》】《梦溪笔谈》是一本有国际影响的中国古代科技典籍。它包括《笔谈》《补笔谈》《续笔谈》三部分，《笔谈》有 26 卷，分为 17 门，依次为故事、辩证、乐律、象数、人事、官政、机智、艺文、书画、技艺、器用、神奇、异事、谬误、讥谑、杂志、药议；《补笔谈》有 3 卷，包括上述内容中的 11 门；《续笔谈》有 1 卷，不分门。全书共列出 609 条，内容涉及天文、历法、气象、地质、地理、物理、化学、生物、农业、水利、建筑、医药、历史、文学、艺术、人事、军事、法律等诸多领域，被称作"中国科学史上的坐标"。

·徐霞客遍游青山

徐霞客出生在江苏江阴一个书香门第，受父亲的影响，他从小就喜爱读历史、地理和探险、游记之类的书籍。父亲徐有勉见儿子有志于此，便不强迫他求取功名，还专门提供了祖上那幢万卷楼里所有藏书。

徐霞客读书非常认真，即使博览群书也过目不忘，这一点深得父亲赏识。在他十九岁那年，父亲去世了，守孝三年期满后，母亲看出儿子意在出游，遂定做了一顶远游冠送上："男子汉大丈夫，志在四方。你应该到天地间去舒展胸怀，广增见识，而不应该因为我就像那篱笆里的小鸡、车辕上的小马，困守家园无所作为。"徐霞客非常感激母亲的通情达理，简单收拾后即踏上了梦想中的远游之路。

此后三十多年中，他先后四次远行，每次都是背着行李徒步行走，偶尔才乘船渡河，寻访之地也多是山高林密、人迹罕见之处。除了交通不便外，那时更让徐霞客担心的是旅程艰险，他曾三次遇盗、四次绝粮，几乎每次都是在生死边缘徘徊。

1636年，徐霞客年过五十，第四次出行后不久就在湘江遭遇强盗，行李、旅费全被洗劫一空，自己也险些丧命。有人见他如此落魄，便劝道："这么做值得吗？不如我送你些盘缠赶紧回乡吧。"

徐霞客语气坚定地说："我带着一把铁锹，什么地方不可以埋下这把尸骨呀！"没有粮食，他用身上的绸布换点米粮，没有旅费，他变卖夹衣、长褂换取铜钱……就这样，三十多年过去，他游遍今天的江苏、浙江、山东、河北、山西、陕西、河南、安徽、江西、福建、广东、湖南、湖北、广西、贵州、云南和北京、天津、上海等19个省、自治区、直辖市，东到浙江的普陀山，西到云南的腾冲，南到广西南宁一带，北至河北蓟县的盘山，大半个中国都留下他的足迹，被称为"中国旅游第一人"。

徐霞客旅行中最重要的任务是撰写游记，在他第四次返乡时，旅行游记已写了二百多万字。可惜的是，这些珍贵史料目前仅存六十万字，后人将其汇编成《徐霞客游记》，真实再现了徐霞客一生的旅行见闻。

◎ 传统文化小知识

【《徐霞客游记》】《徐霞客游记》主要记述了徐霞客于1613至1639年旅行时对地理、水文、地质、植物等现象的详细观察，是一本以日记体为主的中国地理名著，具体包括天台山、雁荡山、黄山、庐山等名山游记17篇和《浙游日记》《江右游日记》《楚游日记》《粤西游日记》《黔游日记》《滇游日记》等著作，全文原有二百多万字，现今仅存六十万字。后人赞誉此书为"世间真文字、大文字、奇文字"。

同传一脉的
武学医道

　　武学与医道是我国古老文化中的并蒂双娇，二者相依相生密不可分。历代名医华佗首创五禽戏、张仲景撰写《伤寒杂病论》、李时珍编定《本草纲目》、孙思邈著书《千金要方》，均是为求治病养生、延年益寿；而始于山林的三大武学名门：少林、武当与峨眉，不论是武风刚健雄浑还是轻灵曼妙，也均是为求强身健体、百病不侵。所以在我国古籍史料中，武学与医道相提并论，后世的爱好者也或将医道融入武学，或将武学汇通医术，传承与发扬这种文化精粹。

· 扁鹊救太子

神医扁鹊是春秋战国时期的名医，因为他医术精湛，人们就用传说中轩辕时的名医扁鹊的名字来称呼他。扁鹊创造了望、闻、问、切的四诊法，奠定了中医临床诊断和治疗方法的基础。他把积累的医疗经验都用于平民百姓，时常带领弟子周游列国行医。

有一天，神医扁鹊与弟子来到虢国，只见街市上异常冷清，行人们都躲在路边屋檐下窃窃私语。扁鹊师徒很纳闷，是发生什么事情了吗？

他们走到一家店铺前，低声问店主："请问店家，这里出了什么事？"

店家看了看周围，悄声回答说："今天鸡叫时分，皇上最喜欢的皇太子突然昏厥死了，宫里正在为他准备后事呢。"扁鹊望了望日头，在心里算了算时辰，看来太子好像得了尸厥症，这种病外表看上去像死了，其实并没有死，如果时间来得及，也许还有救，扁鹊赶紧带着弟子向皇宫奔去。

皇帝正在为儿子的暴卒悲痛欲绝，听到卫士的通报后欣喜若狂，连忙带着侍从出来迎接。皇帝激动地说："久闻神医盛名，先生能来到我们这个小国，真是我们群臣及百姓的福分啊！先生一来，我的儿子就有救了！"说着就哽咽起来。

扁鹊来到太子病床前，俯身贴近太子的鼻子，果然还有极微弱的气息。他又用手摸摸太子的心窝和大腿根，也有一丝热气儿，而且太子有脉象，只是极其微弱且不规律。扁鹊的猜想得到了证实，太子果然是得了尸厥症。

扁鹊先在太子的头顶和胸前扎了几针，又在太子肋下热敷。过了一会儿，太子像从睡梦中醒来的样子，被人搀扶着坐起来，大家都看呆了。皇帝喜出望外，搂着儿子流下眼泪。大家连声赞扬说："神医就是神医，连死人都能医活。"

扁鹊一边开药方一边谦虚地说："我秦越人只不过是个民间的医生，哪有让死人复活的本事啊！病人本来就没死，我只是帮助他从病中解脱出来而已。"

太子服了扁鹊开的药后，身体一天天好起来，不到一个月就完全恢复健康。扁鹊的名气越来越大了，被尊为中国传统医学的鼻祖、中医理论的奠基人。

◎ 传统文化小知识

【古代十大名医】 古代十大名医，即战国的扁鹊，东汉的华佗、张仲景，魏

213

晋的皇甫谧，西晋的葛洪，唐初的孙思邈，北宋的钱乙，元朝的朱震亨，明朝的李时珍，清朝的叶天士。

【十二经脉】 十二经脉，指身体经络系统的主体，具有表里经脉相合，与相应脏腑络属的主要特征。包括手三阴经（手太阴肺经、手厥阴心包经、手少阴心经）、手三阳经（手阳明大肠经、手少阳三焦经、手太阳小肠经）、足三阳经（足阳明胃经、足少阳胆经、足太阳膀胱经）、足三阴经（足太阴脾经、足厥阴肝经、足少阴肾经），也称为正经。

【奇经八脉】 奇经八脉是任脉、督脉、冲脉、带脉、阴维脉、阳维脉、阴跷脉、阳跷脉的总称。它们与十二正经不同，既不直属脏腑，又无表里配合关系，不受十二经拘制，所以称为奇经八脉。

·华佗刮骨疗毒治关公

关公是三国时期的著名将领，手持一柄青龙偃月刀，纵横疆场，威猛无敌。这年，他领兵攻打樊城，与守城的曹操直面相对。曹操趁着关公指挥着千军万马准备攻城之时，命令弓箭手将涂有毒药的利箭偷偷射出，关公来不及躲避，右臂上正中一箭！

众将士立即保护主将退回大帐，他们经过一番商议，恳请关公撤回荆州调治身体，关公连连摆手道："不可，万万不可，我不能因这小小箭伤失去战机。"如果不及时治疗，毒药的毒性进入五脏六腑，后果不堪设想。可关公在与谋士马良下棋，执意不肯离开，众人只好请位医生。

还没派人找医生，就有人通报华佗前来求见，众人大喜，忙把华佗请入帐中。华佗仔细瞅了瞅右臂箭伤，那箭毒正在发作，只见伤口处红肿一片。华佗赶紧对关公说："君侯手臂上的毒已散开，若想根治，需将手臂牢牢绑缚在柱上，然后我用刀将皮肉割至见骨，刮去骨头上的毒素，再敷上药末，用线缝合才行。此法剧痛难忍，恐君侯惧怕。"

关公哈哈大笑说："我非世间俗子，不怕痛更不用将手臂缚住，先生现在就可动手，我照样下棋，你勿见怪。"

华佗不再多说，请人在关公右臂下方放一盘，而后取出尖刀割开皮肉，顿时鲜血丝丝缕缕渗出。华佗手法娴熟，下刀极快，转眼间就探入臂骨，众将士见盘内注满鲜血，纷纷掩面不忍目睹。

"君侯，我现在就将骨上的毒素刮除干净。"华佗对关公说道。关公捋须颔首，面色不改地拈子而落。

众将士清清楚楚听到那窸窸窣窣刀片刮骨的声音，顿觉胆战心惊。过了片刻，华佗已将毒素全部清除，收回刀，将伤口敷药缝合了。关公见他手法利索、疗法独特，心内非常赞赏，正欲取出重金封赏，华佗却施礼道别，飘然而去。

◎ 传统文化小知识

【华佗与麻沸散】 华佗是东汉末年杰出的医学家，精通内科、妇科、儿科、针灸等科，尤其擅长外科。他用研制出的能麻醉全身的麻沸散，来减轻病人在手术中的痛苦，是世界上最早的麻醉剂。华佗还模仿虎、鹿、熊、猿、鸟五种禽兽的动作和姿态，创造了一套名为五禽戏的体操，可以增强体质、预防疾病。

【刮痧】 刮痧，中国传统的自然疗法之一，是根据人体十二经脉及奇经八脉、遵循"急则治其标"的原则，用器具（牛角、玉石、火罐）等在皮肤相关部位刮拭，强制刺激经络，直到刮至皮下出血凝结成米粒样的红点为止。刮痧可以扩张毛细血管，使汗孔张开，增加汗腺分泌，痧毒（也就是病毒）随即排出体外，从而达到治愈的目的。经常刮痧，可调整经气，解除疲劳，增加免疫力。

·张仲景巧用灌肠法

张仲景是东汉末年著名医学家，被人称为医圣，他发明的灌肠法使不少病人大受裨益。

一日，张仲景正在伏案写书，弟子卫汛进来求教："老师，有位老年病人，大便干结不下，学生很为难。"

"这种病你以前不是治过吗？"张仲景不解地问。

"以前都是用泻药治疗，可这老人已经六十多岁，身体很虚弱，我再用泻药怕会导致瘫痪，弄不好还有生命危险。"

"走，去看看。"张仲景一挥手，和弟子出了门。

情况确如卫汛所说，这位老年患者身子虚弱至极，根本不敢用泻药。老人艰难地说："你们就给我灌泻药吧，反正我也六十多了，死了也不会怪你们。"

老者的儿子急了："张先生是名医，能不能想点别的法子？"

"眼下没别的法子，自古以来治大便干结就一直用泻药。"卫汛回答。张仲景看到老人痛苦的样子，决定先回去想想别的办法。

师徒二人回到书房，卫汛泡了杯蜂蜜水端来，"嗯？蜂蜜水？为什么不试着用它来做药引？"张仲景赶紧带着弟子直奔病人家。到那儿以后，他让弟子取出蜂蜜放在铜盆里温火慢熬，受热的蜂蜜开始浓缩变干，张仲景将它搓成细长条，塞进老人肛门内。

半个时辰之后，患者体内的干结大便终于顺利排出，他儿子长出一口气，感激地连连称谢。卫汛疑惑地问："老师，这是什么原因？"

张仲景笑着说："蜂蜜软化后，可以润滑肠道，大便自然就下来了。它与泻药的功能一样，而且对年老体弱者毫无损害。"

"那我们应该把这叫什么疗法？"弟子问张仲景。张仲景略一思索，便将其命名为灌肠法。此后，这种灌肠法就被古代医生延用，为更多的病人解除了痛苦。

◎ **传统文化小知识**

【《伤寒杂病论》】 张仲景是东汉末年著名医学家，被称为医圣。他经过多年的行医经历，广泛收集医方，写出了《伤寒杂病论》这部传世巨著。书中将外感疾病演变过程中的各种症候群进行综合分析，归纳其病变部位、寒热趋向、邪正盛衰而区分为太阳、阳明、少阳、太阴、厥阴、少阴六经，称为六经辨证，几千年来指导着中医学的辨证施治，受到历代医学家的推崇，是后学者研习中医必备的经典著作。

·李时珍对症下药

湖北蕲州有位名医叫李言闻，膝下有两个儿子李果珍、李时珍，他在替人看病时经常让孩子们帮着抄写药方。

某日，李言闻带着李果珍出门应诊，只留下小儿子看家。屋门突然打开，闯入两位患者，一个火眼肿痛，另一个泻肚不止，这两人刚进门就直呼："李大夫，李大夫！"李时珍如实告之父亲不在。患者们疼痛难忍，不断呻吟着却只能苦等下去，李时珍看得心焦，思索半晌后大着胆儿说："父亲回来会很晚，要不我先开方子你们拿去试试，不行的话再来找我父亲。"两个患者哪还顾得了许多，连声道好，迫不及待地就催着他开方子。

打发走患者，李时珍直等到日落时分才见父亲返回，他将事情原原本本告知，李言闻看过药方就问："你为什么开这几味药？"李时珍有理有据地说了一通，父亲听得不住点头，哥哥李果珍也看到了药方，心里十分羡慕弟弟的本事。

没过两天，又有两个病人登门求诊，巧的是他们和前两位患者一样，还是眼痛和痢疾。家中只有李果珍，怎么办？哥哥想起弟弟那张药方，依样写下作了处理。可第二天一早，这两位患者就找上门来，说服药后病情反而加重，只得再次上门求诊。

李言闻心说不好，叫来大儿子一问知道了实情，他连呼："错，错，错矣。"李果珍很不服气："同样的病，同样的药，为什么弟弟对我就错了？"李言闻说："症状表面上看起来一样，而病因却多有不同，如果只看症状不问病因，那怎么可能起到效果？时珍就是因为明白这个道理，所以他能够对症下药，药到病除。"

听了父亲这番话，李果珍彻底明白过来，终于对弟弟心悦诚服。

◎ 传统文化小知识

【《本草纲目》】 李时珍出生在明代一个医学世家，祖父、父亲都是医生。他自幼喜欢医学，尤其重视本草，不但继承家学，而且富有实践精神，肯向劳动人民学习。他在父亲的启示下认识到，"读万卷书"固然需要，但"行万里路"更不可少。于是他穿上草鞋，背起药筐，遍访名医宿儒搜求民间验方，远涉深山旷野观察和收集药物标本，然后结合自身经验和调查研究，历时二十七年编写出药物学的总结性巨著《本草纲目》。

· 孙思邈悬丝诊脉

　　唐朝年间，唐太宗李世民碰着桩烦心事，长孙皇后怀胎十月怎么也生不下孩子，身边的御医使尽招数也无济于事。李世民心急如焚，气得直骂，召集众臣遍求名医，于是大臣徐懋功当廷举荐了民间医生孙思邈。

　　李世民顾不得宫里那些规矩，当下就派徐懋功去请孙思邈。徐懋功刚出门，御医们就犯起了嘀咕："去请个民间医生这不是打我们脸吗？他要治不好还行，要治好了我们的脸面可往哪儿放？"御医们决定想办法阻止孙思邈给皇后诊治。

　　孙思邈跟随徐懋功快马加鞭，一路奔至长安城。正准备给长孙皇后诊脉时，御医们在旁边奏请说："皇上，孙思邈只是个江湖郎中，地位低下，怎能轻易得见皇后真容？他若治好了便罢，若治不好传出去恐怕有损皇上尊严哪！"

　　李世民想想也是，可不让见面怎么看病呢？御医们又说："不如请他悬丝把脉，将绳子一头系在皇后手腕上，另一头由孙思邈把住，若能号准了病就证明还有几分能耐，若连病也号不出来就直接请出皇宫。"

　　李世民听后连连点头，于是孙思邈就扯起细绳这端，那边交给宦官系腕。御医们暗暗唆使小宦官将细绳另一头系住青铜器，孙思邈轻捏片刻，自言自语道："那端不见一点动静。"

　　小宦官无奈，又遵照指示将细绳系在一只鹦鹉腿上。孙思邈道："这不是人腕。"小宦官第三次系在一根桌子腿上，孙思邈也不说话只摇了摇头。

　　御医们见难不倒他，只得命小宦官将绳系在了皇后手腕上，这回他说话了："这病好治，您伸出右手中指我给扎一针，扎完我就走了，不多打扰。"皇后娘娘听得真切，慢慢伸出右手，孙思邈瞅准穴位一针下去，扎得她直叫疼。

　　孙思邈也不言语起身就走，还没等他走出皇宫，唐太宗就派人把他请回来，原来孩子已经顺利生下来啦！

◎ 传统文化小知识

　　【药王孙思邈与《千金要方》】 孙思邈为唐代医学家，京兆华原人，中医医德规范制定人。他自幼多病，立志于学习医学知识，青年时期即开始行医于乡里。他对待病人无论贫富老幼、怨亲善友都一视同仁，深为百姓崇敬，被尊为药王。

孙思邈在数十年的临床实践中，深感古代医方的散乱浩繁和难以检索，因而博取群经，勤求古训，并结合自己的临床经验，编著成《千金要方》和《千金翼方》。因他认为生命的价值贵于千金，而一个处方能救人于危殆，价值更当胜于此，因而用《千金要方》作为书名，简称《千金方》。

·云南白药的传说

　　云南澜沧江边有座无量山，山下住着位采药老头儿。老头儿无儿无女，除了几间破草屋外，家里只有一头毛驴、一只黄狗和两只芦花大母鸡。

　　这天早上，老头儿骑着毛驴上山采药，整整一天没见返回，大黄狗饿得呜呜直叫，围着草屋连连转圈。"咯咯哒——咯咯哒——"刚产完蛋的芦花鸡正在不停叫唤，大黄狗紧紧盯着鸡屁股底下那只还冒热气的鸡蛋，悄悄趴下，芦荟鸡刚刚离开，它就嗖地窜出，一口咬破蛋壳吞咽下去。

　　傍晚，老头儿终于赶着毛驴回来了，刚进鸡窝他就发现那蛋没了！窝边只剩下几片破碎的蛋壳。老头儿心里明白，抄起根木棒蹑手蹑脚走到狗窝前，可怜那大黄狗嘴边叼着几根鸡毛睡得正香时竟猛地挨了一棍！这棍打中了后腿，疼各黄狗拽起伤腿一路哀叫着跑远。

　　几天过去，没见黄狗返回，老头儿心里非常愧疚。第四天早上刚开屋门，他就见那被打跑的好伙伴欢快地扑过来，老头儿高兴地低头一瞧，受伤的后腿居然完全恢复了！心里很是纳闷："怎么好得这么快？"他特别留意大黄狗。

　　转眼小半年过去，老头儿这日在家里翻晒草药。大黄狗可能是无聊吧，偷偷绕到毛驴后面伸出爪子挠挠，毛驴毫无反应，它又大起胆子咬着尾巴朝后扯，这下可惹怒了对方，毛驴扬起硬蹄子"腾"地踢在它腹部上！大黄狗肚子当时就给踢破了，掉出半截肠子，它"嗷嗷"惨叫着，掉头就往后山奔去！

　　老头儿紧紧跟后，一直跟着跑到草坡前，看见黄狗趴下身子疯狂地连啃带咬。他觉着可能秘密就在这里，于是就一样一棵挑着拔，整整拔出了一百棵青草。老头带着这把青草下了山，细细剁碎了混搅起来，而后又挑破手指头，将青草末连吃带敷，嘿！这招可真灵，手指头破口处顿时就止了血！没过几天完全愈合了。再过些日子，他的大黄狗也伤愈回家了。

老头高兴万分，干脆就给这些混杂起来的草药取名叫"白药"，意同"百药"，它就是现在用于活血止痛有奇效的"云南白药"。

◎ 传统文化小知识

【北京同仁堂】 同仁堂，中药行业著名的老字号，创建于1669年，自1723年开始供奉御药，历经八代皇帝、188年。历代同仁堂人始终恪守"炮制虽繁必不敢省人工，品味虽贵必不敢减物力"的古训，树立"修合无人见，存心有天知"的自律意识，造就了制药过程中兢兢小心、精益求精的严细精神，其产品以配方独特、选料上乘、工艺精湛、疗效显著而享誉海内外。

【杭州胡庆余堂】 胡庆余堂，又名胡庆馀堂，是在1874年由胡雪岩创办的国药店。胡庆余堂以宋代皇家的药典为本，选用历朝历代的验方，以研制成药著称于世，精心调制庆余丸、散、膏、丹，被称为江南药王，拥有"北有同仁堂，南有庆余堂"的殊荣。

【广东陈李济】 陈李济由陈体全、李升佐两公创建于1600年，从两人姓氏中取字，含有同舟共济、同心济世的意思，至今已有400多年的历史。陈李济创立后，主要致力于搜集民间古方、验方，经独特炮制后推出各种良药，并首创蜡壳蜜丸剂型。

· 人参娃智斗胡恶人

河北某地有一恶霸胡员外，人们都叫他胡恶人。胡恶人雇了个十四五岁的小伙计，每天起早贪黑啥活都干，扫院子、喂猪、劈柴、推磨等，天天手脚不停，虽然干活像牛可吃得连狗都不如，小伙计气得常常在夜里哭。

这天天还没亮，他去担水，远远瞧见两个穿着红肚兜的胖娃娃正趴在井台上朝下望呢。走近一看，井里没什么呀，再看两胖娃娃直盯着水桶，小伙计明白了，"咕噜噜"打上来水，让他们喝了个饱，胖娃娃们抹抹嘴道了谢，欢欢喜喜跑了。

如此连着一百天，小伙计回回给他们打水喝。百天之后，胖娃娃们带着小伙计钻进山里，挖出两根带有长须、像萝卜似的绿叶菜，说："小哥哥，我们喝了你一百天水，就送你这两棵东西吧，你可以跟胡恶人换来三间房子、十亩地，好好过自己的日子。"小伙计双手接过，正想道谢，他们打个滚就没影了。

再说那胡恶人一见这两棵绿叶菜，双眼放光，小伙计说啥他就答应啥，还叫来账房先生写下文书念出来听。小伙计听得明明白白，按下手印把绿叶菜给了胡恶人。胡恶人一阵狼吞虎咽后露出了原形："哈哈，这文书上写得清清楚楚，要想得到三间房子十亩地，你还要再把那俩胖娃娃，就是人参精给我找来！""啊？你这个骗子！"小伙计又惊又怒，暗自寻思："那胖娃娃竟是人参精？"

胡恶人把他轰出大门，还直嚷嚷："找不回来人参精我可要拿着文书去告官！"可怜的小伙计只能再去找胖娃娃想办法。他俩一拍胸膛说："不要怕，明天我们跟你去见胡恶人，好好治治他！"

第二天，胡恶人见人参精果真来了，乐得眉开眼笑，赶紧重新起草了文书，将房子、田产全数奉送给小伙计。他刚将人参精牢牢捆住，胖娃娃们忽地冲上天，震倒了满缸水，那水哗哗地流，胡恶人哪里还能找见人参，只听见天空中响起脆生生的声音："水泼到哪里哪里就有人参，快去挖吧。"

贪婪的胡恶人看到水流过的地方真长起了无数人参，他忙不迭地挖着、吃着，直吃得肚儿溜圆。没过半个时辰，他就开始闹肚子，一趟趟不停往厕所跑，原来那些人参是大萝卜！胡恶人罪有应得，没挨到晚上整个人就虚脱而死。

◎ 传统文化小知识

【百草之王人参】 人参，古时又称为黄精、地精、神草，为多年生草本植物，喜阴凉、湿润，多生长在昼夜温差小的山林之中。由于根部肥大且常有分叉，全貌颇似人的头、手、足和四肢，故称为人参。人参具有补气固脱，健脾益肺，宁心益智，养血生津的功效。人工栽培的人参称为园参，野生的称为山参，多于秋季采挖，洗净，如晒干或烘干，分别称为生晒参、生晒山参；经水烫、浸糖后干燥，称为白糖参；蒸熟后晒干或烘干，称为红参。

·治眼病的金银花

有一个山村里住着对老夫妻，他们有个美丽的女儿，因为平时爱戴金色和银色的花朵，村里人们都叫她"金银花姑娘"。

金银花姑娘十六岁那年，村里闹瘟疫，全村人上吐下泻，金银花非常着急，她采来药草精心调配了一种专治瘟疫的"避瘟丸"发给大家。这"避瘟丸"真是神奇，患者吃了立即见效，这消息迅速传开，周围村落染病的患者纷纷前来讨药，金银花日夜忙碌，治好了不少病人。待这场瘟疫过后，她的美名也传遍了四里八乡。

有个大户人家听说了这位美丽的姑娘，就上门来提亲，金银花一听要嫁的是个傻儿子，百般不从，老父母也不同意。可穷人家哪能拧得过大户人家呢，她最终还是被迫嫁给了那家傻儿子。

222
223

金银花出嫁后终日啼哭，有个地痞知道了这件事，就想了个坏主意。他找到那傻小子，让他转交给金银花一张纸条，傻小子懵里懵懂照办了，金银花打开一看，上面写着："高山有好水，平地有好花。可惜金银花，落到傻瓜家。"

这摆明了是故意气她的，金银花刚止住的眼泪又掉下来。她趁傻小子不注意，偷偷跑出门，刚转过山口眼看就要到家了，路边忽然窜出几个人强行将她塞进轿子，慌慌张张奔远了。

待轿子停稳，金银花一掀轿帘，那地痞赶紧迎了上来！原来这一切都是他暗地里策划好的，就等着半道上截她呢。金银花姑娘羞愤难当，"啪啪！"连扇地痞两个耳光，然后一头撞死在墙上！

消息很快传遍了全村，人们将这个美丽而不幸的姑娘埋在了山花烂漫之处。不久，这座新坟就开满了金色和银色的花儿，鲜艳秀丽，清香扑鼻。第二年，村里很多人害了眼病，无人能医，金银花姑娘在夜里托梦告诉大家，新坟上的花儿可以治眼病，于是，人们就将它采来用水一烫，擦洗眼部，接连几日后，眼疾就完全消失了。此后，这种花就被当作一种药品，正式定名为"金银花"。

◎ 传统文化小知识

【药性与药味】 药性有寒、热、温、凉四种，称为四气。寒、凉性的药物大多具有清热、泻火、解毒等作用，热、温性的药物大多具有散寒、温中、助阳等作用。药味指药物的辛、甘、酸、苦、咸等五种味道。辛味有解表发汗、理气开窍的作用，甘味有调和脾胃、补养气血的作用，酸味有收敛、固涩、生津、止咳的作用，苦味有清热、泻火、燥湿、通结的作用，咸味有润燥、通便、软坚、散结的作用。

·益母草的由来

北京城还是片黄土地上的小村落时，这里住着位张大娘和她十六七岁的女儿。张大娘素来体弱多病，又因家境贫寒无钱看病，身体一天不如一天，她女儿张姑娘看在眼里急在心上，四处打听着哪儿能找着灵药医治母亲。

村里老人告诉她，北山上有种灵药什么重病都能治，张姑娘问清道路后把母亲托付给邻居，只身一人前往北山。

足足走了半个月，她终于到达北山，可是北山那么大，往哪儿找呢？就在张姑娘犯愁时，一个白胡子老头儿跳出来："小姑娘，你来这儿干什么？"待她将来意细细说明，白胡子老头儿笑了，回头一指说："你打这儿上山，左拐七道弯，右拐八道弯，饿了吃松子，渴了喝清泉，瞧见地上天，灵药到手边。"说完，他就倏忽不见了。

张姑娘满腹疑虑地顺着小道往上走，左拐七道弯右拐八道弯、吃过松子喝过清泉后看到一处小水池。这小水池映照着天上的天、池边岩石，真像一片地上天哩，她猜白胡子老头儿说的定是这里，就安静地等待在此。

不知什么时候，张姑娘面前出现两位穿着白衣与花衣的姑娘，她正要说话，白衣姑娘取出口袋先说道："小妹妹，白胡子老爷爷都说了，我这有袋灵药，拿回去熬制成膏，给大娘喝了就好。"花衣姑娘也取出只口袋说："这一袋是灵药种子，你可以拿去栽种，以后造福万民。"张姑娘感激地接过，眼前忽地一花，就见两位化作梅花鹿和白鹦鹉飞天而去。

她兴冲冲赶回家，将其中一袋煎熬成膏后给母亲服用，张大娘的病转眼就好了，另一袋栽种在园内。第二年，这灵药种子发出嫩芽，秋天就长成可以入药的草，帮助许多患者恢复了健康。人们不知该怎么称呼它，想起当初张姑娘是为了母亲而采来的就取名叫"益母草"。

【中药八珍】 中药八珍指补中益气、健脾生津的党参，补脾益气、健脾燥湿的白术，利水渗湿、健脾补中的白茯苓，滋阴补血、滋肾养肝的熟地，补血和血、调经止痛的当归，养血和阴、缓急止痛的白芍，活血行气、祛风止痛的川芎，还有炙甘草，用于调和诸药。

【七方十剂】 七方十剂，我国中医有关方剂分类的一种方法。七方指大方、小方、缓方、急方、奇方、偶方、复方等七种组织不同的方剂，十剂指宣剂、通剂、补剂、泻剂、轻剂、重剂、滑剂、涩剂、燥剂、湿剂。

·被贬凡间的灵芝

据说，灵芝姑娘是天蓬元帅的膝下千金，生得花容月貌，姿色无双，整个天庭都知道这位美人儿。玉皇大帝虽然身边嫔妃众多，但没一位比得上灵芝，玉帝就动起了歪心思，想将她据为己有。这天，他特意下旨，传令天蓬元帅到凌霄宝殿见驾。

天蓬元帅一听玉帝召见，还以为自己犯了什么天条，吓得战战兢兢跪在宝殿上头都不敢抬，只嗫嚅拜道："陛下宣微臣上殿，不知有何圣谕？"玉帝一改往日威严，笑容满面地拈须说道："爱卿请起，今日宣你进殿并无大事。寡人听说你有一女品貌兼优，为人中绝品，就想将她纳为贵妃娘娘，与寡人共享天庭之乐，不知你意下如何？"那天蓬元帅本就是个官迷，做梦都想着如何加官晋爵，今闻玉帝这一说，他怎能不高兴？当下就如捣蒜般连连叩头，还要玉帝早早安排良辰吉日好迎娶灵芝。

天蓬兴冲冲跑回家中告知，以为女儿也会像他一样求之不得，谁知灵芝当时就沉下脸来，一口回绝："那玉帝老儿看似位高权尊，实为轻薄好色之徒，你看他后宫嫔妃有几个不是强颜欢笑，勉强伴君？父亲说是为女儿幸福着想，恐怕是为了博个官位吧？"

天蓬被说到短处，恼羞成怒："你若违抗皇命，玉帝岂能饶我全家？我可不愿眼睁睁看着咱家的荣华富贵断送在你手里！"他一挥手气哼哼道："来人哪！给我看好灵芝，不许她踏出房门半步！"

灵芝被囚之后，夜夜啼哭，可是天蓬从未来看过她。她知道父亲不可能回心转意，终于找了个机会偷偷溜出了帅府，变成一棵毫不起眼的小草向凡间飘落。天蓬发觉后知道大事不好，又不敢隐瞒，只得向玉帝禀报。那玉帝听了气得暴跳如雷，为了掩人耳目，遂发下诏令："驱逐灵芝出仙界，贬她为一棵独居山野的小草，不准她在肥沃的土地上落脚，不准她再择偶婚配，也不准她再有一般小草那样有遮体的外衣，孤单地终身寂寞，裸茎露秆，等到她觉得这样活不如死，决定悔改，再予赦免。"

从此，灵芝就在人间牢牢扎下根来，虽无富贵之享却尽得自由之身，成为飘落凡间的一棵仙草。

◎ 传统文化小知识

【仙草灵芝】 灵芝，又称灵芝草、神芝、芝草、仙草、瑞草，是多孔菌科植物赤芝或紫芝的全株，有紫、赤、青、黄、白、黑六种，性味甘平。中国古代认为灵芝具有长生不老、起死回生的功效，所以又被尊为吉祥物的象征，由灵芝演化而来的"如意"是宫廷皇室中十分珍贵的陈设品，寓意长寿福禄、吉祥如意、国泰民安。

·何首乌的来历

唐朝年间，有位采药人叫何田儿，早早娶妻却一直未生育，年过五十仍和老伴儿度日。

某天，他上山采药，无意中发现一种藤蔓相交的植物，这东西苗如木槁，叶有光泽，形如桃柳，根蔓缠绕。何田儿从未见过如此奇形怪状的植物，就连根带叶将其整个儿挖回。周围乡邻见何田儿抱回个怪物，都围拢上来，可没人能辨认出这到底是什么东西。有人想存心戏弄老头儿，就说："你已年过五十，尚无儿子，这东西或许是天赐神药，何不吃着试试，也许对你有用呢。"

何田儿老实巴交，听不出对方的讥讽之意，真就拿回家洗净后一刀刀切碎了用水相煎。那不明植物块头挺大，何田儿一锅煮了竟吃不完，他便每天分两次服下，日日坚持。差不多吃到一半时，五十岁的老头儿感到身体明显硬朗起来，再服一半，头顶花白的头发也全变黑啦。

这下，何田儿可知道自己挖到的是个宝贝了，他有空就上山搜寻一番，挖回宝贝煎汤熬服。不到半年，老伴儿居然有孕在身，再过半年就给家里添了个大胖小子！何田儿老来得子喜得眉开眼笑，给儿子取名叫延秀。自延秀以后，没想到老伴儿又几度怀孕，接连不断地给家里添丁进口！何田儿喜上加喜，干脆给自己改名叫能嗣。

延秀渐渐长大，何田儿告诉儿子如何采食那宝贝植物，延秀遵照父命，坚持服用，一直活到了一百六十岁。后来延秀把这奇方再度传给儿子何首乌，何首乌也活到了一百三十多岁，直至晚年时期，仍然发黑如墨，膂力过人。

这件奇事不胫而走，人们争相采食那种奇异植物，为了便于称呼，索性以何首乌的名字为它冠名，这就是中药何首乌的来历。

◎ 传统文化小知识

【地精何首乌】 据《本草纲目》记载，何首乌一名野苗，二名交藤，三名夜合，四名地精，五名何首乌，多年生缠绕草本植物，根细长，末端成肥大的块根，外表红褐色至暗褐色。何首乌具有补肝、益肾、养血、祛风等功效。因为野生何首乌的生长地理比较特别，周围有石头等硬物，在生长过程中受到挤压，长大后千姿百态，甚至有的像人形，所以称为地精。

· 听讼清明的宋慈

宋慈是南宋末年的法医学家，素以"听讼清明，决事刚果，以民命为重"著称，破获了不少疑难案件。

某日清晨，县里发生一桩焚尸案，仇善人的丫环兰香昨晚被一场意外火灾烧死在屋中，兰香的哥哥却不认为她死于意外，认定内有冤情，遂递上了一纸诉状特请宋大人明察。

宋慈立刻乘轿赶去，只见现场一片惨状，死者已被抬离原地，尸体大部分被烧得焦黑，四肢蜷缩着。他蹲下身子仔细检查，发现颈部等未烧焦处还明显有气泡，无红斑，口鼻腔内也没有草灰。再看看四周，屋子里也没火炉、火盆。宋慈细细拨弄起厚厚的灰烬，忽从床脚下找见几颗粒状物，小心擦擦，竟是零散的玉质串珠，他暗暗藏于手心，转身步出屋外，又去走访了一番邻人。

当日下午，宋慈即开始现场办案。他命人找来两只猪：一只绑住四蹄，另一只杀死，停放约两个时辰后，再召来仇善人、兰香哥哥，见人已到齐，宋慈令人点燃木柴，将两只猪投入火中，那活猪被烧得吱吱乱叫奋力挣扎，死猪却只是肢体痉挛。熄火后，衙役们检验两猪，高声呈报："查活猪口鼻内有炭灰，死猪没有。两猪腋部皆有泡，活猪为水泡，死猪为气泡。"

这时，宋慈正色道："本官今日之举实非儿戏，这是为了辨别兰香到底是活活被烧死还是被害后遭焚尸。现在从这两只猪的现场实验来看，本官敢下断论：她是先遇害后被凶手纵火焚尸以图灭迹。"围观百姓顿时哗然一片。

宋慈不经意地瞟了眼仇善人："你认为呢？"仇善人故作镇静："大人明鉴啊，没想到竟会有人干这种伤天害理之事？"宋慈也不应答转而问道："邻人们经常看你戴有串珠，今天怎么没见？"仇善人心下一惊："啊，串珠断线，今天就不方便外戴了。""那你看看，这在兰香屋里发现的可是你掉下的串珠？"宋慈摊开手掌，几颗滚圆的珠子现于眼前。仇善人登时吓得瘫软在地，他知道再也隐瞒不住，只得老实招供。

原来，仇善人贪图兰香美貌，深夜窜入她屋欲行不轨，兰香挣扎欲喊被他当场掐死，仇善人为毁尸灭迹干脆放把火烧掉屋子。明察秋毫的宋慈让案情大白于天下。

◎ 传统文化小知识

【《洗冤录》】 《洗冤录》又名《洗冤集录》，宋朝法官宋慈所著，世界上第一部系统的法医学著作。全书内容非常丰富，总结了历代法医的宝贵经验，记述了解剖人体、检验尸体、勘查现场、鉴定死伤原因及自杀或谋杀的各种现象、各种毒物和急救、解毒方法等内容。其中区别溺死、自缢与假自缢、自刑与杀伤、火死与假火死的方法至今还在应用，被公认为世界法学界的财富。

·王惟一发明针灸铜人

王惟一是我国北宋时期的医学名家，在针灸学方面很有造诣，属当时的顶尖人物。

针灸学在那时非常盛行，可王惟一发现流传的针灸古籍上存有不少错误，若后人死搬教条极易引发很多事故，要想杜绝这类事故最彻底的方法是重新调整、修订这批古籍。为此，他多次上书皇帝，要求编绘规范的针灸图谱，并铸造标有十二经循行路线及穴位的铜人，以统一针灸学各学派观点。

得到宋仁宗恩准之后，王惟一先按人形绘制人体正面、侧面图，标明腧穴的精确位置，结合古今临床经验，汇集诸家针灸理论，著成了三卷医书。随即开始制作铜人，他亲自设计出铜人的模具图，带领朝廷组建的工匠队伍，全程操作从塑胚、制模及铸造的整个过程。

1027 年，这两具精铜人体模型终于铸成。铜人前后可肢解为两片，肢解后可见到五脏六腑，内部中空，外封黄蜡可以注水或水银，针刺入指定的穴位时，如能准确刺中，洞眼里的水或水银就会随针流出。如进针不准，刺不到洞眼，就会弯针。

宋仁宗见到铜人后赞不绝口，将其视为精湛的艺术品，待王惟一详细介绍了铜人的用途与医学价值之后，宋仁宗即下令一具置于医官院让医生们学习参考，另一具置于大相国寺仁济殿供观者鉴赏。作为铜人的设计者，王惟一不忘将自己编制的《铜人腧穴针灸图经》献给皇上，宋仁宗见图经注解详细，再次下令将它刻在石上，传扬后世。

这两具铜人后来被定名为"天圣铜人"，一直被北宋朝廷视为国宝。1127 年，金人大举南下，北宋皇室在逃跑时带出了铜人，可惜的是途中丢失一具，另一具被带到了南京。几十年后，南宋又将铜人作为贡品献给忽必烈，被忽必烈安置在元朝大都。明代时，这件国宝级古物就不见踪影，消失了。

◎ 传统文化小知识

【针灸】 针灸最早见于二千年多前的《黄帝内经》一书，其中详细描述了九针的形制，并大量记述了针灸的理论与技术。针法是把毫针按一定穴位刺入患者体内，运用捻转与提插等针刺手法来治疗疾病。灸法是把燃烧着的艾绒按一定穴位熏灼皮肤，利用热的刺激来治疗疾病。针灸有疏通经络、调和阴阳、扶正祛邪的作用，是中医学的重要组成部分之一。

【推拿】 推拿又称按摩，是以中医的脏腑、经络学说为理论基础，用手法作用于人体的特定部位，调节机体生理、病理状况，以疏通经络、推行气血、扶伤止痛、祛邪扶正、调和阴阳，常用手法有推、拿、按、摩、揉、捏、点、拍等。

·华佗首创五禽戏

有一次，华佗正在屋内读书，看到邻居家小孩两手扒住门闩来回晃荡，立即联想到古书上写的户枢不蠹，流水不腐。他想，人的大多疾病都是由于气血不畅或疲塞停滞造成的，如果人体经常运动，气血不就畅通无阻不易生病了吗？此后，华佗开始专心致志地研究锻炼身体的方法，他参照以前人们练习的导引术，模仿虎、鹿、猿、熊、鸟五种动物的运动姿态，编出一套锻炼身体的拳法，取名五禽戏。

五禽戏的第一套动作模仿虎用前肢大力扑捉，第二套动作模仿鹿的头颈向上伸扬，第三套动作模仿熊扭转腰身侧卧，第四套动作模仿猿用脚尖耸起纵跳，第五套动作模仿鸟舒展双翅飞翔。这五套动作常加练习可以使周身关节、脊背、腰部、四肢都得到舒展与运动，能迅速改善人体机能，被华佗视为强健体魄、益气养生之道。

吴普是位养尊处优的官宦子弟，自小不事劳作体弱多病。有一次华佗带着他外出采药，刚回屋他就倒床不起。华佗一摸其手腕，脉象和平毫无症状，心中遂明了："你本无病，只是体弱而致，若想变得身强体壮，最好的办法是时常练习五禽戏。"

"五禽戏？什么是五禽戏？"吴普如听天书。

华佗细细讲解道："五禽戏实际上就是五种动物的活动方式，你可以按虎的动作锻炼四肢，可以按鹿的动作锻炼颈部，可以按熊的动作锻炼腰椎，还可以按猿的动作锻炼关节，按鸟的动作锻炼胸腔，将身体运动出汗，就会觉得周身轻松，百骸通达，每日坚持练习，自会强身健体，延年益寿。"言毕，他还取出一本《五禽戏法》交给吴普，自己又亲身演习了一番。

吴普牢记华佗的教诲，日日演练五禽戏，原来的文弱之躯渐渐变得厚实强壮，据说，他后来还成为高寿之人，了近百岁呢。

◎ 传统文化小知识

【气功】 气功，中华传统文化之一，在古代通常被称为吐纳、导引、行气、服气、炼丹、修道、坐禅，等等，通过调心、调身、调息，提高人体的生命功能。气功主要分为动功和静功，动功指以身体活动为主的气功，特点是强调与意气相结合的肢体操作；静功是指身体不动，只靠意识、呼吸的自我控制来进行的气功，大多气功动静结合。

·十三棍僧助秦王

621年三月，秦王李世民欲在擐州城消灭王世充的侄子王仁则的部队，不料窦建德闻讯赶来，意从后方与王仁则形成夹击之势迫降李世民。双方兵力悬殊过大，李世民心急如焚却一筹莫展。

距擐州城二十五里便是少林寺，少林寺当时的住持是志操禅师。志操推测李世民与父亲李渊必然一统天下，便与众僧商议，协助李世民夺取擐州城。

当晚，志操禅师亲率昙宗、惠赐、善护、普惠、明嵩、灵宪、普胜、智守、道广、智兴等十二位僧人乔装改扮，偷偷潜入擐州城，趁着夜色一路摸到王仁则的老巢。王府上下灯火通明，大门两侧把守森严，那王仁则正搂抱着美女喝得醉意醺然。

志操禅师打了个手势，众僧悄悄从院后潜入，呈扇状一步步摸向正门，昙宗翻身滚近后窗吹灭了蜡烛，屋中美女顿时乱纷纷跑向门外，门口守卫不知发生了什么事，正欲开门，被埋伏在侧的众僧们一阵乱棒打得晕头转向。窗后的昙宗鱼跃入内，三招两式便将王仁则制服，捆绑得结结实实。众僧得手后分作两对，一队押着王仁则潜出城外奔向李世民，另一队则暗守城内伺机以待。

第二日，秦王李世民押着王仁则，擐州城守军见主将被擒，顿时军心大乱，此时城内的少林僧人挥舞枪棒，杀开城门，李世民不消半日便顺利拿下擐州城，而后一鼓作气俘虏了窦建德。驻守洛阳城的王世充见大势已去，只好出城投降，李世民一举两克，为大唐安定了国势。

后来，秦王李世民派上柱国李安远到少林寺慰问封赏，当场宣读手书，准许少林习武练兵，少林寺从此名扬天下。

◎ 传统文化小知识

【南拳北腿】 随着少林功夫的兴盛发展，少林寺所建分院按地域划为南、北少林，北少林是指登封、和林、蓟县、长安、太原、洛阳等六地分院，南少林是指福建分院。南拳源于南少林寺，即南方拳种的总称，后来形成独立拳系，代表拳系是广东南拳。北腿源于嵩山少林寺，包括潭腿、谭腿、弹腿等。

·交臂错失张三丰

朱元璋建立大明王朝后，极想见识奇人张三丰，遂派礼部尚书胡濙四处寻访。胡濙轻装简从微服而行，到达金州时听说附近有个香溪洞，张三丰曾在此出现，便赶紧前寻。

香溪洞处于崇山峻岭中，幽谷深洞，茂林修竹，他刚刚转过岔口，忽见眼前有座"柴扉道院"，两位道长正在拜别。前者衣衫褴褛，举止疯傻；后者仙风道骨，面如满月，拜别后，那前边道人一摇三晃，边走边吟道："世人都被利禄缠，惹来烦恼与辛酸。我已挣脱红尘网，不慕富贵愿修仙。"

胡濙好奇地问那后边道人："这人是何方仙道？""张三丰。"老道回答。"哎呀，我正是为此人而来！"他拔腿就追。那张三丰看着步伐踉跄，身形却极快，绕过个弯就没影儿了。气喘吁吁的胡濙无奈，只得返回央求老道，老道叹口气让他明天再来。

第二天，胡濙早早前往，还未到香溪洞，就见一人手挽雕弓、弦搭长矛欲射小鸟。"还有人把长矛当箭射？"他快步走过。刚进柴扉道院胡濙问老道："张三丰来了没？""你没看见？他不是在头天门等你吗？""没啊，那里只有个把长矛搭在弓上当箭射的怪人。"老道施礼道："弓上搭长矛，是在暗示'张'字呀。"胡濙悔之莫及，连呼遗憾，百般恳求之后，老道又让他再等一日。

第三天，胡濙来得更早，过了头天门没见人，来到二天门，看见牌坊下卧一乞丐，蓬头垢面，臭气熏人，他赶紧捂着鼻子侧身而过。老道已经等在门口，看到胡濙就问："今天该见到了吧？""没有啊。""那你路上看到谁了？""就有个邋遢乞丐臭不可闻。"老道仰天长叹："张三丰人送绰号张邋遢，那不是他又能是谁呢？你已三失机缘，他不会再见了，施主还是请回吧。"

胡濙呆愣片刻，无限感慨地吟道："枝头小鸟语间关，野径无人自往还。扶杖过溪临绝壁，石桥空听水潺潺。"再不寻访这位奇人了。

◎ 传统文化小知识

【开山鼻祖张三丰】 张三丰，武当全真道士，辽东人氏，名通，字君宝，生卒年不详，在宋、元、明史上均有出现。在各地传记或史料里，他还有三峰、玄一、昆阳、保和容忍三丰子、邋遢张仙人等诸多名号。张三丰其人骨骼清奇，丰姿魁伟，大耳圆目，须髯如戟。他在老年时才到武当山修行，将道家理学内功和武学精髓熔于一炉，创建了武当派内家拳。为了区别于少林外家功夫，后人将武当派内家拳及由此传延开的太极、八卦、形意等统称为内家功夫。武当武术是中华武术的一大流派，与道教渊源极深，张三丰既精于内丹仙学又擅长拳剑武艺，是道教武术之代表者与集大成者，被奉为武当派开山鼻祖。

232
233

·仙人传艺峨眉派

春秋战国时期，楚庄王麾下有位文武双全的大将军叫陆通，他娶了美丽的女子陶嫣为妻，两人感情很好，只是膝下没有儿女。

楚庄王大势将去，陆通带着娇妻双双隐居到峨眉山虔心苦修，这一待就是三十多年。三十多年后的一天，雨后初霁，二人忽听得一阵清亮的山歌："峨眉山中多神仙，树上崖间自清闲，欲得仙缘真修路，彩虹尽头人背山。"

"人背山？不就是仙字吗？难道有神仙来给我们指路了？"夫妻俩豁然开悟，无暇细想，翻山越岭就追那彩虹而去。

一直追到夕阳西下，彩虹将尽时，两人被一块四方巨石拦住，抬头一看上书"歌凤台"三字，放眼四望，歌凤台周围遍布奇花异草香飘山外，百鸟欢鸣百兽悠闲，真是仙山美境。

正愕然，陆通忽然看到前方瀑布有个洞穴，他招呼妻子进入，里面有位须发皆白的老者端坐其中。陆通知道眼前绝非常人，恭恭敬敬施一礼问道："敢问老人家尊姓大名？"

老者自称白猿大仙，也不问二人来自何方，就直接带他们见了另一位丹凤仙子。此后，夫妻俩就在两位大仙门下为徒，自号动灵子、虚灵子，白猿大仙教动灵子通臂拳、降龙掌和铁头功，丹凤仙子教丹灵子七彩剑光神功与各类轻功绝技。

他们学成之后，又各自收徒。动灵子后来选中了在峨眉山修道的司徒玄空，将通臂拳、降龙掌两大神功悉数传授；虚灵子则选中了峨眉的碧云道姑，将七彩剑光神功等平生所学全部教授于她。这位道姑后来创立了峨眉派。人们根据这段传说，将陆通、陶嫣夫妻与司徒玄空、碧云道姑四人齐尊为峨眉派武术的开山鼻祖。

◎ 传统文化小知识

【峨眉绝技】 峨眉与少林、武当同为中华武术的三大宗派。峨眉派功法介于少林阳刚与武当阴柔之间，亦柔亦刚，内外相重，长短并用，是诸家武术中姿态最为优美的一种。峨眉派武功有动功十二桩，即天、地、之、心、龙、鹤、风、云、大、小、幽、冥；静功六大专修功，即虎步功、重捶功、缩地功、悬囊功、指穴功、涅槃功；有三大器械，即剑法，簪法（峨眉刺）、针法（暗器）。峨眉派的绝技，不仅包括三十六式天罡指穴法，还有峨眉派的剑法和簪法，姿势优美且威力十足。

第十二辑／

独特纷纭的
历法节日

没有什么比节庆历法更能体现我国的民俗文化了，每个节日都有一段美妙的传说，也同时被赋予了不一样的深刻寓意：如辞旧迎新的春节、登高望远的重阳节、粽叶飘香的端午节、拜祭先人的清明节、情人相会的七夕节、家人团聚的中秋节，还有其他各具特色的风俗习惯：如赛龙舟、插柳条、扭秧歌等。这些普天同庆的节日，这些欢乐、喜庆与祥和的背后，是绵延了五千年的中华文化。

·樵夫万年制历法

很久以前，有个名字叫万年的青年樵夫，他不但勤劳，而且特别聪明。有一天他上山砍柴，砍累了就在树荫下休息。万年那些天正在想怎样制造一个能计算时间的仪器，于是盯着地上的树影想得出了神，不知不觉过了大半个时辰。突然，他发现地上的树影已经移动了位置，不由心里一动：可以利用日影的长短来计算时间啊！

万年兴奋地跑回家，用了几天几夜的时间制造出测日影计天时的日晷仪，可是遇上阴雨天或者有雾的时候，日晷仪就失去了作用。一天，山崖上的滴泉又给了万年灵感，那有规律的滴水声不正可以用来计算时间嘛！万年又动手制作了一个五层漏壶，利用漏水的方法来计时，这样无论天气阴晴，都可以正确地掌握时间。经过多年的归纳、记载，万年还发现每隔三百六十多天，天时的长短就会重复一遍。

万年兴冲冲地带着日晷仪和水漏壶去见国君祖乙。祖乙正为天气的不测而苦恼，看到万年的发明，又听他讲了日月运行的道理后顿时龙颜大悦。祖乙留下万年，并为他在天坛前修建了日月阁、日晷台和漏壶亭，还派十二名童子供万年差遣，使万年能专心地研究日月运行的规律，推算出准确的晨夕时间，为天下的黎民百姓造福。

过了段时间，祖乙去日月阁了解万年研究的情况。万年拿出自己初步推算的结果说："日出日落三百六，周而复始从头来。草木枯荣分四季，一岁月有十二圆。"祖乙点点头，万年接着说："今天正是星象复原之日，到子时夜交就开始了新的春年，希望天子为它定个名称吧！"祖乙说："既然春为岁首，就称为春节吧！"

就这样，冬去春来，过了一年又一年，万年经过数十年的观察和推算，终于制定出准确的太阳历，而他也成了白发苍苍的老人。为了纪念万年的功绩，祖乙就把太阳历定名为万年历，并封万年为日月寿星。

◎ 传统文化小知识

【阳历】 以地球绕太阳一周为一年，共 365 天 5 小时 48 分 40 秒。为了方便，以 365 天为一年，称为平年，余下的时间每四年加一天，称为闰年。

【阴历】 阴历，又称夏历、农历，是以月亮的一次圆缺循环为一个月，一年共有 12 个月，大月 30 天，小月 29 天，全年共 354 或 355 天。因为比阳历年少了 10 天 21 小时，所以规定每隔两三年加一个闰月调整节令，于是闰年就有十三个月。

【黄历】 黄历指黄帝历。考古发现，我国在三千年前就有了用甲骨文记载的历书，其中以轩辕黄帝创建的黄历最为古老。古时，民间在使用黄历时，加入了很多宣扬吉凶忌讳的内容，带有很浓的迷信色彩。

【皇历】 皇历指官方历书。唐文宗大和九年（835 年），唐王下令编制了我国第一本雕版印刷的历书《宣明历》，详细记载了日月、时辰和节令，并宣布，历书以后必须由皇帝亲自审定，由官方印刷，于是历书就被称为皇历。

·扑朔迷离的天干地支

在我国古代的历法中，甲、乙、丙、丁、戊、己、庚、辛、壬、癸被称为十天干，子、丑、寅、卯、辰、巳、午、未、申、酉、戌、亥被称为十二地支。天干和地支按照固定的顺序相互组合，就组成了干支纪法。古人利用干支纪法来纪日、纪月、纪年、纪时等，用途十分广泛，可是干支纪法的发明者始终是个谜。

战国末期的史书《世本》中记载，黄帝的两位臣子容成公和大桡利用金木水火土五行的特性，创造了十天干和十二地支，用于纪日，六十日为一甲子，依次轮回。

创世史诗《黑暗传》中记载，开天辟地之前，玄黄骑着混沌兽到处遨游时，遇见了女娲。玄黄看到女娲身边有两个大肉包，就问她是什么。女娲回答说："大肉包里有十个男子，小肉包里有十二个女子。"玄黄说："他们就是来治理乾坤的天干地支神啊！"于是，玄黄和女娲分别为他们取名，男子为阳，统称天干，女子为阴，统称地支，然后给他们配成夫妻。

《史记》和《汉书》里记载了天干地支的部分含义。甲为拆，指万物剖符甲而出；乙为轧，指万物出生，抽轧而出；丙为炳，指万物炳然著见；丁为强，指万物丁壮；戊为茂，指万物茂盛；己为纪，指万物有形可纪识；庚为更，指万物收敛有实；辛为新，指万物初新皆收成；壬为任，指阳气任养万物之下；癸为揆，指万物可揆度。

子为兹，指万物兹萌于既动之阳气下；丑为纽，阳气在上未降；寅为移、引，指万物始生寅然；卯为茂，指万物生长繁茂；辰为震，指万物经震动而长；巳为起，指阳气之盛；午为忤，指万物盛大、枝柯密布；未为味，指万物皆成有滋味；申为身，指万物的身体都已成就；酉为老，指万物衰老；戌为灭，指万物尽灭；亥为核，指万物收藏。

由此可见，十天干与太阳的出没有关，太阳的循环周期对万物产生直接的影响，因此又称为十母；十二地支指地上与太阳息息相关的万物，因此又称为十二子。

◎ 传统文化小知识

【六十甲子】 十天干与十二地支按顺序两两相配，从甲子到癸亥，共六十个组合。甲子、乙丑、丙寅、丁卯、戊辰、己巳、庚午、辛未、壬申、癸酉、甲戌、乙亥、丙子、丁丑、戊寅、己卯、庚辰、辛巳、壬午、癸未、甲申、乙酉、丙戌、丁亥、戊子、己丑、庚寅、辛卯、壬辰、癸巳、甲午、乙未、丙申、丁酉、戊戌、己亥、庚子、辛丑、壬寅、癸卯、甲辰、乙巳、丙午、丁未、戊申、己酉、庚戌、辛亥、壬子、癸丑、甲寅、乙卯、丙辰、丁巳、戊午、己未、庚申、辛酉、壬戌、癸亥。六十甲子用于纪年、月、日、时，周而复始地循环，无穷无尽。

·介子推割肉奉君

春秋时期，晋公子重耳为了躲避骊姬的迫害流亡到国外。流亡途中，重耳受尽了苦难，随从们陆续离开他自找出路，只剩下几个忠心耿耿的随臣留在他身边，其中一个叫介子推。

有一天，他们逃到一处荒无人烟的地方。连续几日不停歇地奔波，重耳又累又饿，再也无力站起来，附近却找不到任何吃的东西。介子推为了救重耳，悄悄走到僻静处，忍着痛从自己大腿上割下一块肉，煮了碗肉汤给重耳喝。这碗汤让重耳恢复了体力，当他知道是介子推割自己腿上的肉为他煮的汤时，他握着介子推的手流下了眼泪。

十九年后，重耳回国做了君主，就是著名的晋文公。晋文公重赏了当时与他共患难的功臣，唯独忘了介子推。很多人为介子推叫屈，劝他进宫找晋文公封赏。介子推平日最鄙视争功讨赏的人，对大家的鼓动感到很厌烦，于是背着老母躲进了绵山。

晋文公想起往事以后，亲自去请介子推进宫，得知他进了绵山，于是派御林军到绵山上寻找，找了几天几夜也没找到。有人给晋文公出主意说，不如放火三面烧山，大火燃起来，介子推就会出来，于是晋文公下令放火烧山。

没想到大火烧了三天三夜，一直到熄灭也不见介子推出来。晋文公带人到山上查看，发现介子推母子俩抱着一棵烧焦的大柳树已经死了，晋文公后悔极了，放声恸哭起来。他发现介子推的身体挡着一个柳树洞，洞里好像有什么东西。他掏出来一看，原来是介子推在衣襟上写的一封血书：割肉奉君尽丹心，但愿主公常清明。

晋文公将血书收入袖中，然后在那棵柳树下厚葬了介子推和他的母亲。为了纪念介子推，晋文公下令把绵山改为介山，把放火烧山的那天定为寒食节，禁忌烟火，只吃寒食。

第二年，晋文公率领众臣素服徒步登山祭奠，发现那棵老柳树死而复活，绿枝千条随风飘舞，于是为老柳树赐名清明柳，把寒食节的后一天定为清明节。后来，由于清明节与寒食节的日子接近，而寒食节是民间禁火扫墓的日子，渐渐地，寒食节就与清明节就合二为一了，成为清明节的别称。

240
241

◎ 传统文化小知识

【二十四节气】 早在春秋战国时期，人们根据太阳在黄道（即地球绕太阳公转的轨道）上的位置，以及月初、月中的日月运行位置、天气、动植物生长等自然现象，把一年平分为二十四等份，作为指导农事的补充历法。二十四节气依次为立春、雨水、惊蛰、春分、清明、谷雨、立夏、小满、芒种、夏至、小暑、大暑、立秋、处暑、白露、秋分、寒露、霜降、立冬、小雪、大雪、冬至、小寒、大寒。

·隋炀帝下令歇耕牛

立春又称报春、打春、咬春，立表示开始，春表示季节，农谚中有春打六九头的说法，因为立春那天正是冬至后入六九的开始。为什么把立春称为打春，还有个传说。

隋末，隋炀帝三下扬州游玩，在乐不思蜀中迎来了新年。当时正值牛年，隋炀帝正好也属牛，文武百官借机大献殷勤给隋炀帝祝寿。有位大臣献媚高呼："万岁英明，国泰民安。"

隋炀帝听了后得意非凡，脱口说道："现今国泰民安，下令让所有耕牛都休息吧！"

各位大臣面面相觑，没了解隋炀帝说的是什么意思，就问道："万岁，现在即将春耕，为何要让牛休息呢？"

隋炀帝一挥手说："朕属牛，现又是牛年，为什么牛不能休息！马上传我的命令，今年春天，所有耕牛放假休息，主人要好生饲养不得怠慢，违抗命令的人要严加惩罚！"

隋炀帝连年带兵出征，很多耕田都已荒废，这次又给耕牛放假，无疑是雪上加霜。百姓们怨声载道，四方农民都揭竿而起反抗隋炀帝，吓得他躲在宫里不敢出来。

过了立春，农民们纷纷赶牛耕种，可是牛已经变得很懒惰，必须鞭打着才肯下田。于是，在每年立春的时候，农民们一边鞭打着耕牛一边唱歌：春打六九头，手举鞭条打春牛，打得春牛下田去，打得昏君不露头。

后来，鞭春牛演变为鞭土牛，有的还在土牛腹中装满五谷，把土牛鞭碎后五谷溢出，喻为五谷丰登，遍地都是。

◎ 传统文化小知识

【咬春】 立春日民间习惯吃萝卜、春饼，称为咬春。因为萝卜味辣，取古人咬得草根断，则百事可做之意。春饼又叫荷叶饼，是一种烫面极薄的饼，用来卷时令的新鲜蔬菜吃，有迎新春之意。

·黄帝排生肖

自从使用天干与地支配合的干支纪年法后，黄帝觉得这种纪年法有些复杂，不适合在民间使用。有人提议，从动物中选出十二种与地支相配来纪年，黄帝就派仓颉承办此事，下令在正月初一那天，天下所有动物到黄帝宫殿前候选。

动物们得到消息后非常兴奋，争先恐后地准备参加候选。牛知道自己走得慢，在腊月三十晚上就离家动身，第一个到达黄帝宫殿前。第二个赶到的是虎，第三个是兔，第四个是龙，接着是蛇、马、羊、猴、鸡、狗、猪、鼠。

候选大会上热闹非凡，天上飞的、地上跑的、水里游的、树上栖的，所有种类的动物全都来啦！黄帝喜欢勤劳，选中先到的十二种动物，给它们排先后顺序。黄帝对大家说："牛虽然笨拙，但是身材健壮、力气又大，而且来得最早，应该排在首位。老鼠来得最晚，身材最小，应该排在最末。"

老鼠听黄帝这么说，心里非常不高兴，它灵机一动对黄帝说："要比大还得是我，不信让老百姓鉴证一下。"

黄帝生气地说："真是个不知天高地厚的老鼠！不过既然是为百姓选生肖，就由百姓鉴定吧！如果有人说你大，我就把你排在第一位。"于是黄帝传下旨意，让入选的十二种动物上街游行一圈。牛上了街，百姓有的夸奖牛勤劳，有的赞扬牛忠诚……就是没有说牛大的。这时，老鼠突然蹿上牛背，百姓都被吓得惊呼起来："哎呀，这是从哪儿蹦出来这么大的老鼠啊！"老鼠得意扬扬地看着黄帝，黄帝只好将老鼠排在十二生肖之首，配上十二地支依次为：子鼠、丑牛、寅虎、卯兔、辰龙、巳蛇、午马、未羊、申猴、酉鸡、戌狗、亥猪。

◎ 传统文化小知识

【本命年】 本命年，俗称属相年。一个人出生的那年是什么属相年，那么以后每到这个属相年便是此人的本命年，因十二生肖循环往复，所以每过十二年，人们就要遇到自己的本命年。

【正月与腊月】 正月即农历一月。古代帝王要在每年的第一个月接受百官的朝拜，为了表示庄重，就把第一个月称为正月。秦朝时，因为秦始皇的名字叫嬴政，为了避讳，就规定把正读作征，于是就流传下来现在的叫法。腊月即农历十二月。在古代，一年中要进行多次祭祀活动，冬至以后的祭祀活动称为腊，举行祭祀的那天称为腊日，都是在农历十二月进行，久而久之，农历十二月就被称为腊月。

·除夕过年

古时候，有个叫年的怪兽，它不但体形巨大，头上还长着尖尖的触角，非常凶猛。年平时深居海底，只有在腊月三十那天才爬上岸，吞食牲畜和百姓。所以每到腊月三十，百姓们都扶老携幼逃到深山，渡过"年"这一关。

转眼又到了腊月三十，桃花村的百姓正忙着准备到深山避难，有的在锁房门，有的在收拾行装准备干粮，有的在牵牛赶羊……到处是恐慌的景象。这个时候，从村外来了位白发苍苍的老人，大家都忙着逃走，谁也没顾上关照这位老人。

村东头的老婆婆给老人些食物，并劝他快上山躲避怪兽。老人笑呵呵地说："这个怪兽又叫夕，我知道它最怕什么，婆婆如果同意我在你家待上一夜，我一定除掉这个夕。"老婆婆见老人气宇不凡，心想也许他是位神仙吧，可她还是反复劝老人逃走，老人也不说话，只是笑着摇头。老婆婆无奈，只好上山避难去了。

半夜时分，怪兽年，也就是夕闯进村里。它发现村头老婆婆家的大门上贴着大红纸，屋内烛火通明，便吼叫着往里冲。刚挨近大门，只听院内传来噼里啪啦的炸响声，夕浑身颤抖，再也不敢往里冲了。原来，夕最怕红色、火光和炸响。

突然，婆婆家的大门开了，一位身披红袍的老人站在门口哈哈大笑。夕大惊失色，狼狈逃窜，老人紧追不舍，一直追到海边，把红袍脱下抛向夕，红袍裹着夕沉到海底，夕再也出不来了。

第二天是正月初一，避难回来的百姓见村里毫无异样，感到十分惊奇。老婆婆想起老人说的话，连忙告诉村里人。他们一起来到婆婆家，只见婆婆家门上贴着红纸，院子里还有没燃尽的竹子正噼里啪啦除夕响着，屋内的红蜡烛还发着明亮的烛光，炕上还有件新的红袍子。

这件事很快传到了别的村庄，人们都知道了驱赶怪兽的办法。为了感谢老人对大家的帮助，就称每年的腊月三十为除夕。人们在除夕那天纷纷换上新衣新帽，贴红对联，放爆竹，夜里户户烛火通明，守更过年，除夕渐渐成为民间最隆重的传统节日。

◎ **传统文化小知识**

【守岁与压岁钱】 除夕合家团聚之夜，满室灯火通明，家人们在一起谈心叙话，通宵不寐，以求新的一年里大吉大利，这一习俗称为守岁，也叫守天门。早期的压岁钱是在除夕之夜，用彩绳穿钱，放在孩子的床脚，有压惊和祝福双层含义，年过后才可以花掉。民国以后，流行用红纸包一百文铜元，取长命百岁之意。如今，大人们都喜欢选用新钞票赠给孩子，表达节日的祝福。

·来福送斧

很久以前，长白山下有户姓王的忠厚人家，老少三代靠种地为生，日子过得很艰难，吃了上顿愁下顿。过年时有个习俗，除夕夜之前必须归还借别人家的东西。邻居老张家借走老王家的斧子，张大妈就让儿子来福去老王家还。

老王家正在煮饺子，让来福一起吃。来福说："我给您家送斧子来了。"因为年三十这顿饭都在家吃，来福送完斧子就回家吃饭去了。没想到，开春以后，老王家种啥收啥，养啥得啥，鸡满架猪成群，日子越过越好，让村里好吃懒做的赵清福非常嫉妒。他打听到老王家与往年有何不同之处，也把斧子借给来福家，让他在三十晚上再来还，还许诺给来福好处。

三十那天晚上，赵清福把饺子煮在锅里等着来福送斧，左等右等也不见来福。他媳妇说："别等了，再等饺子都煮破了！"

赵清福气急败坏地骂道："不会说话就别说，什么破不破的！"刚骂完，就看到来福进门，他赶紧喊道："来福送斧子来了！"

来福在地上搓着脚说："送什么斧子啊，在门外踩了一脚屎！"赵清福气得说不出话来，站在那里垂头丧气，年也没过好。

这一年，赵清福家祸不单行，父母生病，自己又摊上官司坐了牢。媳妇见家里穷得叮当响，也卷起包裹改嫁了。就这样，赵清福请来福送斧（福）的事情一传十、十传百地传开了。因为王家和赵家的改变，大家都告诫孩子在腊月里不能说不吉利的丧气话，免得过年时顺口说出来。为了在新的一年里万事如意，就有了过新年贴"福"字的习俗，一直流传至今。

◎ **传统文化小知识**

【贴倒福】"福"字的含义是幸福、福气、福运。在新春佳节贴"福"字，寄托了人们对幸福生活的向往和对美好未来的祝愿。为了更充分地体现这种向往和祝愿，人们干脆将"福"字倒过来贴，表示"幸福已到""福气已到"。

· 李闯王惜民挂灯笼

明朝末年，闯王李自成的义军打到开封。守城的巡抚仗着城内粮草充足，想和李闯王对抗到底。李闯王害怕硬攻会伤到城里的百姓，决定先进城探探底。他命令义军围驻在城外，把开封城围得水泄不通，然后自己乔装打扮，挑着两筐菜进城了。

刚进城，李闯王就看到老百姓东一群、西一群，正在议论义军。有位小伙子说道："听说李闯王红头发绿眼睛，见人就杀，见东西就抢！"

旁边一位老人说："不会吧，听说李闯王对穷人非常好，从不滥杀无辜！"

大家七嘴八舌地争论起来，李闯王挑着菜走过去，有人问他："这位大哥，看你的样子好像从城外来的，你见过李闯王没有？"

李闯王心想：那些贪官、财主们天天造谣，老百姓根本就不了解义军，不知道义军在为谁打天下，我得趁着这个机会让他们了解一下。于是他回答说："我早先也不知道李闯王什么样，不过现在我心里可清亮啦！"

大伙儿听他这么说，都围拢过来请他讲讲。李闯王放下菜筐，放低声音说："李闯王的义军专门为穷人打天下，绝对不杀一个老百姓。前几天他们到了我们村，还把老财主的粮食分给穷人了呢！"大伙儿听了他的话非常高兴，纷纷表示要支持义军。

忽然，有位老人说："可是李闯王的义军没进过开封城，城里大街小巷纵横交错，即使熟人都未免走错门，何况黑灯瞎火进城的义军啊！如果李闯王带领义军进错了门，这大过年的杀错了人怎么办啊？"

李闯王听了这话，正想该怎么办，猛然抬头看到远处有个小孩手里提着灯笼，他心里一动，悄悄对大伙说："有办法了！除夕夜每家可以准备个红灯笼，不论白天黑夜都挂在门前。我回去后告诉李闯王，义军一见红灯笼，就知道是穷人家，不过千万别走漏了风声。"

闯王回到大营后，马上布置在除夕夜攻打开封。巡抚见闯王马上就要打进城，就派人去黄河黑冈口，挖开黄河大堤，企图淹死义军和城里的老百姓。顿时，滔滔的黄河水奔涌而来，老百姓叫苦连天，带着红灯笼爬到房顶或树上，等着李闯王来救援。

李闯王立即派人找船、扎木筏，带着义军进城救援。他见老百姓在危急时刻依然提着红灯笼，就急忙传令："凡是提着红灯笼的，一律救上岸！"那些来不及逃跑的贪官和财主，眼睁睁地看着老百姓一个个被救了出去，这才明白红灯笼的含义。

从那以后，每逢过年过节，人们都要挂上通红通红的灯笼，象征着平安与好运。

◎ 传统文化小知识

【灯笼】　灯笼，也叫灯彩、花灯，它常以竹、木、藤、麦秆、兽角、金属、绫绢等做材料，融合了绘画、剪纸、纸扎、刺缝等工艺制成。灯笼从种类上可分为宫灯、纱灯、吊灯等，从造型上可分为人物灯、山水灯、花鸟灯、龙凤灯、鱼虫灯等，除此之外还有专供人们赏玩的走马灯。

【走马灯】　走马灯，又叫跑马灯、串马灯，其形制较大，外部一般是由毛竹编织成马头、马尾，灯身上糊以颜色鲜艳的纸或丝绸，内里再用剪纸粘一轮，将绘好的图案粘贴其上。燃灯以后热气上熏，纸轮辐转，灯屏上即出现人马追逐、物换景移的影像。走马灯在宋时也被称为马骑灯。

·王少智骂笑面虎

很早以前有位姓胡的财主，家财万贯，平日横行霸道、欺弱凌小，与人言谈时总是皮笑肉不笑，被人们称为笑面虎。

快到春节时，胡家先后来了两个人。先来的是衣着华丽的李才，后来的是衣着破烂的王少。家丁一见李才，赶紧去禀告笑面虎。笑面虎出来后对李才寒暄客套，恭敬有礼。李才施礼说道："小生前来拜托老爷，暂借十两银子，数日后奉还。"笑面虎满脸堆笑，让家丁取来银子交给李才，李才谢过后扬长而去。

王少上前说道："老爷，快过年了，能不能把我的工钱给我，我好买些粮过年。"

笑面虎瞟了他一眼，呵斥他说："没有！滚回家等着去吧！"王少还没来得及说别的，就被家丁赶出大门。回家的路上，他越想越生气，明明可以借给别人十两银子，却不肯给自己不到半两银子的工钱，难道自己白白给他做了几个月的工？他暗暗下决心，一定要斗斗这个笑面虎。

转眼间，春节过去快到元宵节，各家各户都忙着做花灯。王少也在家里忙了一天，元宵节晚上，提着自己做的花灯上了街。这花灯扎得漂亮极了，而且又大又亮，上面还题了一首诗。王少来到笑面虎家门前，把花灯挑得高高的，大家都被吸引过来围着花灯看。

笑面虎正在门前观灯，见此景也挤过来凑热闹。他识字不多，不知道灯上题的四句诗是什么意思，就命跟着他的账房先生念给他听。账房先生摇头晃脑念道："头尖身细白如银，论秤没有半毫分，眼睛长到屁股上，光认衣裳不认人。"

笑面虎一听，气得面红耳赤，他瞪大眼睛骂道："好你个王少，竟然敢到我门前骂我！"就命令家丁去抢花灯。

王少笑呵呵地说道："且慢，老爷，怎么能说是在骂你呢？我这四句诗是个谜语，谜底就是针，老爷您想想是不是？"

笑面虎顿时哑口无言，气得脸色变了又变，又无话可说，只好灰溜溜地回家了。大家哈哈笑起来，都觉得出了口恶气。没想到，这件事越传越广，到了第二年的元宵节，大家都把谜语写在花灯上，让观灯的人猜谜取乐，称为灯谜，而后相沿成习，在每年的元宵节都举行猜灯谜的活动，一直流传到现在。

◎ 传统文化小知识

【放花灯】 花灯也叫彩灯，它一般由竹木、绫绢、明球、玉佩、丝穗、羽毛、贝壳等材料，经彩扎、裱糊、编结、刺绣、雕刻，再配以剪纸、书画、诗词等装饰制作而成。民间在元宵节与春节时都有放花灯的传统习俗，多与猜灯谜、吃元宵同日进行。

·金豆开花救龙王

武则天当了皇帝以后，玉帝认为她破坏了天条，下令三年内不许向人间降雨。顿时，人间变成了炼狱，花草树木和庄稼都干死了，小河的水也枯竭了，老百姓和动物们饥渴难耐，苦不堪言。

掌管天河的龙王不忍心百姓受灾挨饿，就偷偷下凡降了场大雨。玉帝知道后气得暴跳如雷，把玉龙打下天宫，压在大山下面，还在山前立了块碑，上面刻着：龙王降雨犯天规，当受人间千秋罪。要想重登灵霄阁，除非金豆开花时。

百姓们为了拯救龙王，到处寻找开花的金豆。黄金制成的豆子当然不能开花，那到底什么是金豆啊，大家都百思不得其解。二月初二那天，大家在场地上翻晒金黄色的玉米种子，有孩子嚷嚷要吃炒爆的玉米花，大家猛然醒悟，这玉米像金豆，炒爆开花不就是金豆开花吗，大家高兴得都跳起来。

于是，家家户户开始爆玉米花，然后在院子里设案焚香，供上"开花的金豆"，让玉帝和龙王看见。龙王知道这是百姓们在救他，就向天高呼："金豆开花了，快快放我出去！"玉帝见人间到处都是金豆花，只好下令让龙王回到天庭，继续为人间兴云布雨。

从那以后，每到二月二，人们就爆玉米花或者炒豆子，大人小孩还念着"二月二，龙抬头，大仓满，小仓流"的歌谣。有的地方还在院子里用灶灰撒成一个个大圆圈，将五谷杂粮放在中间，称作打囤或填仓，预祝当年五谷丰登，仓囤盈满。那天吃的食品也都加上"龙"字，吃水饺称为吃龙耳，吃饼称为吃龙鳞，吃面条称为吃龙须，吃米饭称为吃龙子，吃馄饨称为吃龙眼。

◎ 传统文化小知识

【二月二龙抬头】 中国古代用二十八宿来表示日月星辰在天空的位置和判断季节。二十八宿中的角、亢、氐、房、心、尾、箕七宿组成一个完整的龙形星座，其中角宿恰似龙的角。每到二月春风以后的黄昏时，龙角星（即角宿一星和角宿二星）就从东方地平线上出现，所以称为龙抬头。

【剃龙头】 传说有个手艺高超的理发匠，他从小就失去双亲，由舅舅抚养长大，甥舅关系非常好。有次过年，理发匠因为没钱给舅舅买件像样的礼物，就到舅舅家为他精心地剃头刮脸，亲朋好友都说舅舅看上去年轻了很多。舅舅很高兴，约定每年的正月都由他给理发。舅舅去世后，理发匠每到正月时都因思念舅舅而哭泣。后来大家以讹传讹，正月里剃头"思"舅舅变成了"死"舅舅，所以正月里不剃头，选择二月二那天剃龙头交好运，慢慢变成了习俗流传下来。

·火光菩萨护民插柳条

古时候，财主们天天过着花天酒地的生活，剥削来的五谷吃吃不完，堆在粮仓里发了霉，就倒在河里。土地神巡游时，看到河里倒了许多霉烂的五谷，非常生气，就向玉皇大帝禀告说："凡间土地长出的五谷，都被人糟蹋了！"玉皇大帝怒火冲天，立即派火光菩萨到人间去降天火。

这天正好是清明节，火光菩萨带着火龙火柱降到凡间，只见三五成群的人都在讨饭。他不解地想：凡间不是把五谷都倒进河里了吗？怎么还有这么多人没有吃的呢？火光菩萨变成乞丐，来到一户穷人家门前。

那户人家本来就很穷，才挖点野菜准备充饥，见他可怜，就将野菜送给他吃，火光菩萨这才知道把五谷倒进河里的是那些财主，穷人们根本吃不饱饭。他让穷人马上互相转告，在门前插上根柳条。

晚上，财主们的房屋和粮仓都燃起了熊熊大火，插了柳条的穷人家都平安无事。后来人们为了感谢火光菩萨，也是为了躲避火灾，每年清明节那天，在门前插上青青的柳条，然后相约去踏青，进行斗草、荡秋千、放风筝等娱乐活动。

◎ 传统文化小知识

【荡秋千】 上古时期，我们的祖先为了取得食物，常要攀藤或跨越沟涧，这就是秋千的雏形。民间最早的秋千活动，人们起先称为"千秋"，据说由春秋时北方的山戎民族所创，当时以手抓独绳而荡行，后来齐桓公伐征山戎族，将"千秋"带入了中原，汉武帝为祈祷千秋之寿，同时也为避讳，遂将"千秋"二字倒转为"秋千"，令宫女们耍绳戏为乐。自此以后，秋千才渐渐发展为用两根绳索加上踏板、人站其上来回荡行的一种运动。

【风筝】 风筝源于春秋时期，早先称为纸鹞、鹞子、纸鸢，相传"墨子为木鸢，三年而成，飞一日而败"。到了南北朝，风筝成为传递信息的工具。隋唐时期由于造纸业的发达，民间开始用纸来裱糊风筝，放风筝成为人们喜爱的户外活动。中国传统的风筝一般分为硬翅、软翅、板子、串子、立体几类，按地域和风格又可分为潍坊、天津、南通、北京等各具地方特色的风筝。其中，山东潍坊被称为世界风筝之都，也是我国最大的风筝制造地。

·五月初五插艾蒿

有一年，天上有位老神仙听说凡间风调雨顺、五谷丰登，家家户户都装满了粮食，就下凡到人间游玩。他来到一个村庄，摇身变成个穿得破破烂烂的乞丐，提着打狗棒，端着讨饭碗，来到一户人家门前。

进了门，他就看见有位妇人正在喂猪，猪槽里的猪食竟然是白面汤！里面还有整块的烙饼和馒头。再往屋内一看，锅台上正放着一大盆热气腾腾的米饭。老神仙心里暗自高兴，看来凡间的百姓日子过得不错，只是不知道他们的心地是否淳朴善良。

还没等老神仙说话，那位妇人便嚷起来："哪里来的脏乞丐，赶紧从我家出去！"

老神仙忍着气说："这位大嫂行行好，我已经两天没吃饭了，求求你给我点饭吃吧！"

妇人嗤之以鼻地说："快给我滚出去！我这没有给你的东西吃！给你吃还不如喂我的猪，猪喂肥了过年还可以杀了吃肉，给你吃有什么用！"

老神仙强忍着怒火说："那求你给我碗凉水喝吧！"

妇人拿来用铁丝编的笊篱说："你要是有本事，就用这笊篱舀水喝吧。"

笊篱是用来捞东西的，根本盛不住水。老神仙见妇人捉弄他，再也忍不住怒火，心想这个地方的人太坏了，就用手指在门墙上比画几下，然后消失不见了。妇人大吃一惊，才明白讨饭的老人不是凡人，再看墙上写着一行大字：明日降瘟疫，全村都莫逃。妇人知道自己闯了大祸，坐在地上哭起来。

第二天正是五月初五，天刚亮，老神仙拿着装瘟疫的瓶子来到村子上空，刚要打开瓶盖，忽然看见有位妇女抱着大孩子，领着小孩子，慌慌张张地蹚着河水往对岸走。老神仙觉得很奇怪，又变成个老头儿在河对岸问她："你怎么抱着大孩子，领着小孩子啊？"

那妇女回答说："老人家，这个大孩子是丈夫前妻留下的孩子，小孩子是我生的。昨天我们村有人得罪了神仙，神仙要让全村得瘟疫，我们只好逃走。蹚水容易着凉生病，我怎么能抱着亲生的儿子，让前妻的儿子蹚水呢！"

老神仙听了心里不住地赞许，嗯，这是个好心的后娘，看来虽然在一个村，人和人还是不一样啊！老神仙拔了一棵艾蒿递给她说："你带着孩子们回村去吧，把这棵艾蒿插在你家门框或窗框上，瘟病就不会传染到你家。"说完用手一指，河上出现一座桥，妇人带着孩子从桥上过了河。

妇人一边向家走一边想，应该让大家都躲避瘟疫。于是她跟孩子拔了一大捆艾蒿，在每家每户的门框和窗框上都插上了艾蒿，老神仙的瘟疫药没处落，随风飘到大海里去了。村里人为了感谢这位善良的妇人，在每年的五月初五，太阳没升起前，就采来艾蒿插在门框和窗框上，还要打来河水洗手洗脸，以驱凶辟邪，使身体健康。

◎ 传统文化小知识

【端午节】 端午节特指每年农历的五月初五。端午节在我国各地有不同叫法，如端五节、端阳节、重五节、天中节、夏节、五月节、菖蒲节、龙舟节、浴兰节、粽子节等，每年这一天的传统习俗有赛龙舟、吃粽子、插艾蒿等。

【赛龙舟】 龙舟是指做成龙形或刻有龙纹的船只，古代帝王们行走水路时的工具。赛龙舟是端午节的一项重要活动，在我国南方十分流行，是民间传统水上体育娱乐项目。据史书记载，赛龙舟是为了纪念爱国诗人屈原。当代用来比赛的龙舟要比旧时简化许多，以色彩分赤龙、青龙、黄龙、白龙、黑龙等。船身、船上的罗伞旌旗等装饰以及划手们的服装乃至船桨，都要求一色。龙舟比赛在我国南方地区比较普遍，已形成一年一度的龙舟节。

·牛郎织女七夕相会

很久以前，有个聪明勤劳的小伙子叫牛郎。他很小的时候父母就去世了，跟哥嫂生活在一起。嫂嫂总是虐待牛郎，天不亮就让他上山放牛，还总不给他饭吃。他成年以后，狠心的哥嫂把他赶了出去，只分给他一间破草房和一头老黄牛。牛郎白天上山砍柴、放牛，晚上就和老黄牛睡在破草房里。

有天晚上，老黄牛突然开口喊牛郎："牛郎，牛郎。"牛郎吓得目瞪口呆，老黄牛又接着说："我本来是天上的金牛星下凡，我就要回天庭了。我死后，你剥下我的皮留着，披上它就能飞上天，以备不时之需。明天的午时，你去树林里的河边，里面有几个仙女在洗澡，你千万别让她们看到，偷着去拿走河边的绿衣服，这样你就有媳妇了。"说完，老黄牛就死了。牛郎哭了一场，留下它的皮，把它安葬了。

第二天中午，牛郎悄悄来到河边，果然看到几个仙女在洗澡，岸边堆放着一件件美丽的霓裳。牛郎拿走绿色的那件，藏在树后面。午时一过，仙女们纷纷穿上霓裳，驾着祥云飞上天，只留下找不到衣裳的仙女。这时，牛郎从树后走出来，请求她做自己的妻子，仙女羞涩地答应了。原来仙女是王母娘娘的女儿，是天上的织女。他们成婚后男耕女织，恩恩爱爱，生下一对漂亮的儿女，日子过得红红火火。

牛郎织女成亲的事被玉帝和王母娘娘知道了，他们大发雷霆，命令天神下界抓回私自下凡的织女。七月初七那天，牛郎去田里干活，忽然间天色暗了下来，一大片乌云朝他家房顶落下。牛郎赶紧跑回家，原来是天神下界抓走了织女，孩子们吓得哇哇大哭。

牛郎披上牛皮，拿起扁担和箩筐，担着两个孩子飞起直追，眼看就要追上织女他们。王母娘娘在天上看到，拔下头上的金簪向银河一划，顿时间银河变得白浪滔天，牛郎飞不过去，只能与织女隔河相泣。他们的哭泣声感动了喜鹊，无数只喜鹊飞向天河，为他们搭起一座鹊桥，牛郎织女终于可以相见了。

王母娘娘见他们可怜，准许他们在每年七月初七相会一次。在那天，人间的喜鹊都要飞向银河搭起鹊桥，帮助牛郎织女相会。夜深人静的时候，人们在葡萄架下，还能听到牛郎织女的喁喁情话。

◎ 传统文化小知识

【七夕节】 七夕节，又称乞巧节、女儿节、少女节、七娘会、仙缘会、双七节、香桥会、仙桥会、天缘会、巧节会等。每年此日，姑娘们会群体祭拜牛郎织女星，大多用茶、酒、水果、桂圆、红枣、榛子、花生、瓜子作为供品，向织女乞巧，希望织女把一手巧艺传给人间。

·朱元璋月饼起义

元朝时，统治者把全国人分为四等，地位最高的是蒙古人，第二等是色目人，汉人和南人是三四等的贱民，连姓名都没有，只能以出生日期为名，也不能拥有武器，甚至连做饭用的菜刀，都是几家合用一把。苛捐杂税日益沉重，再加上灾荒不断，老百姓生活在水深火热之中。

老百姓不堪忍受朝廷的残酷压迫，纷纷起义抗元。朱元璋联合各路的反抗力量，提出"驱逐胡虏，恢复中华，立纲陈纪，救济斯民"的口号，准备进行大规模起义。朱元璋与刘基细细商定了起义计划，可是当时朝廷官兵搜查得十分严格，传递消息非常困难，怎么样才能让大家都得到消息而不被朝廷发现呢？

刘基想出个好主意，朱元璋一听连连说妙，命令属下把藏有"八月十五夜起义"的纸条藏在面饼里，再派人化装成普通百姓走亲访友，把面饼分头送到各起义军中，这下大家都做好了起义的准备。八月十五那天晚上，朱元璋率先起义，各路义军纷纷响应。

起义军节节胜利，朱元璋实现了自己的愿望，成为明朝的开国皇帝。建朝后的第一个中秋节，朱元璋想起当年曾用面饼传递消息，就下令把那种面饼命名为月饼，并作为佳节专用糕点赏赐给群臣。从此，月饼越做越精细，品种也越来越多，成为中秋节必食和馈赠的佳品。

◎ 传统文化小知识

【中秋节】 农历八月正逢三秋之半，所以也称中秋、仲秋或八月节，又因中秋月象征团圆，所以也被称作团圆节，中秋节主要习俗有祭月、观月、赏桂、观潮、吃月饼、走月亮等。宋代大词人苏轼由于思念弟弟，曾于中秋之夜写下"但愿人长久，千里共婵娟"的传世名句。

·恒景降瘟魔

东汉时期，汝南县有一个人叫恒景，与父母住在一起，守着几亩田地辛勤劳作，日子虽不富裕，倒也过得去。

恒景小时候就听老人们说过，汝河里住着一个瘟魔，不知道何时就会上岸来到村庄，它走到哪里就把瘟疫带到哪里，以致天天都有人丧命。不幸的是，这一年瘟魔又上来了，恒景的父母都被瘟疫夺走了生命，连他自己也差点病倒。

安葬完父母，恒景决心出外访师学艺，为乡亲们除掉瘟魔。他听说东方有座最古老的山，山上住着位法力无边、名叫费长房的仙长，于是收拾行装，到山里寻找仙长。

恒景进了山，只见山路九曲十八弯，千峰万峦，不知道仙长住在哪里。他爬了一道峰又一道峰，鞋子磨穿了就光着脚走。这时，有只仙鹤飞到他头顶盘旋，然后向前飞去，飞一会儿盘旋一会儿。恒景突然明白过来，仙鹤是在为他引路呢！他就跟着仙鹤走，果然找到仙长住的地方。

费长房见恒景的脚都走出血了，被他的精神所感动，破例收他为徒，教给他降妖剑术，还赠给他一把降妖青龙剑。恒景披星戴月、废寝忘食地苦练剑法，不知道过了多少天，终于练就一身非凡的武艺。仙长把恒景叫到跟前说："明天是九月初九，瘟魔又要出来作恶，你现在已经练成武艺，应该回去为民除害了！"临下山时，仙长又给恒景一包茱萸叶和一瓶菊花酒，并教他如何用。

恒景骑着仙鹤，转眼间就回到家乡。九月九那天，他召集大家登上了附近的山，然后分给每人一片茱萸叶和一小口菊花酒，让他们随身带着茱萸叶、喝下菊花酒，这样瘟魔便不敢接近。安排好大家后，恒景回到家里，握紧青龙宝剑，做好降魔的准备。

突然，汝河水翻滚起来，狂风大作，瘟魔走上岸来到村里。它走啊走啊，到处都不见人影，抬头一看，原来人们都在山上呢！它向山上窜去，忽然闻到茱萸叶的异香和刺鼻的酒气，它不敢登山，只好又回到村里。早已等候多时的恒景拔剑向瘟魔刺去，瘟魔吼叫一声，扑过来与恒景交战。

　　一连斗了几个回合，瘟魔渐渐落了下风，它刚想逃走，恒景嗖的一声抽出青龙宝剑，刺死了瘟魔，汝河两岸的人们再也不用担心瘟魔的侵害了！后来，人们便在每年的九月初九相约登山，佩戴茱萸叶，喝美酒，进行赏菊、吟诗等活动，渐渐就成为习俗流传下来。

◎ 传统文化小知识

　　【重阳节】 重阳节是指农历九月初九，也称为重九节、茱萸节、登高节、菊花节等。人们为纪念恒景除魔，都会在九月九这天成群结队去登高眺远，平原地区的百姓无高可攀，就制作了可食用的米粉糕点，并在糕上插一面彩色小三角旗，借"糕"与"高"同音之便，寓意登高消灾与步步高升。此外，重阳节还有插茱萸、饮菊花酒等习俗。双九还有生命长久、健康长寿的意思，所以重阳节也称作老人节。

·灶王奶奶探亲

　　玉皇大帝的小女儿非常贤惠善良，她偷偷爱上了一位凡间烧火帮灶的穷小伙子。玉帝知道后非常生气，把小女儿打下凡间，让她跟着"穷烧火的"受罪。王母娘娘很疼爱小女儿，总在玉帝面前为她说情，玉帝才勉强封"穷烧火的"做了灶王爷，小女儿就成了灶王奶奶。

　　灶王奶奶深知百姓疾苦，常常以回娘家探亲为名，从天宫带些好吃的、好喝的分给穷苦百姓。玉帝本来就十分嫌弃穷女儿女婿，知道这件事后十分恼火，只准他们在每年的年底回去一次。

　　又到了一年的年底，眼看要过年了，有的人家穷得连锅都揭不开。灶王奶奶非常难过，腊月二十三那天，她决定回娘家去给大家要点吃的，大家烙了灶干，送给她在路上做干粮。灶王奶奶回到天上，向玉帝讲了百姓的苦难，可玉帝不但不同情，反而怪她带回来一身穷灰。要她当天就回凡间。

　　灶王奶奶气得扭头就想走，可两手空空怎么向大家交代啊！这时，王母娘娘过来说情，灶王奶奶便说："今天我不走，明天我还要扎把扫帚带回去扫穷灰呢！"

二十四这天，玉帝催她回去。她一边扎扫帚一边说："眼看要过年了，家里没有豆腐，明天我要磨豆腐呢！"

二十五这天，玉帝又催她回去。她一边磨豆腐一边说："家里没有肉吃，明天我还要去割肉呢！"

二十六这天，灶王奶奶刚割完肉，玉帝又催她回去，她说："催什么啊，家里穷得连只鸡都养不起，明天我要杀鸡呢！"

二十七这天，玉帝又催她回去，她一边杀鸡一边说："明天我要发面蒸馍，路上好带着吃呢！"

二十八这天，玉帝又催她回去，她一边蒸馍一边说："过年要喝点喜酒，明天我要灌酒去呢！"

二十九这天，玉帝又催她回去，她一边灌酒一边说："我们一年到头连顿饺子都没吃过，明天我要包饺子呢！"

三十这天，玉帝又来催灶王奶奶回去，见她还在包饺子，气得大发雷霆，让她必须马上回去。灶王奶奶的东西已经准备得差不多了，只是舍不得王母娘娘，就陪着王母娘娘到天黑才告别。

百姓们没有睡，都坐在炉火边等灶王奶奶，见她回来了，就放起鞭炮迎接她。灶王奶奶把带回的好吃的都分给大家，分完就快天亮啦！

后来，为了纪念灶王奶奶，家家户户都在每年的腊月二十三烙灶干，二十四扫房子，二十五磨豆腐，二十六割肉，二十七杀鸡，二十八发面，二十九灌酒，三十包饺子，三十夜里不睡觉称"熬百岁"，其实是为了迎接善良的灶王奶奶回到凡间呢！

◎ 传统文化小知识

【小年】 小年也称谢灶、祭灶节、灶王节或祭灶。因地方各异日期也有不同，北方大部分地区称腊月二十三或腊月二十四的祭灶节为小年，江浙沪一带很多地区称正月初五为小年，还有不少地区称正月十五元宵节为小年。

传承百代的
育养婚丧

婚丧习俗在我国有长达几千年的历史。古时婚姻至少包含求婚、合婚、相亲、订婚、完聘、定婚期、迎娶、拜堂、婚宴、合卺、闹房、归宁等程序；古时丧葬一般有停丧、奔丧、挂孝、坐夜、入殓、吊孝、出殡等程序。经过历代浸染，婚丧习俗已成为我国民间独特而富有情趣的文化现象之一。

· 三媒六证牵姻缘

从前，陕西有个家财万贯、良田千顷的王员外，方圆几百里，没有一家比他有钱。因为日子过得很舒坦，王员外不免有些沾沾自喜。有年除夕，他大笔一挥夸起海口，写了副对联。上联是"天下第一家"，下联是"要啥就有啥"。写完后自己欣赏半天，才命令仆人端端正正地贴到大门上。

没想到这事传到天上，惊动了玉皇大帝。玉皇大帝非常生气，怎么有人敢这么吹牛！于是，他命令南极星、北极星和太白金星三位星君下凡，去惩治不知天高地厚的王员外。

正月初一天刚亮，有位老道来到王员外家门前，说自己很饿，想化个馍充饥。门人刚要进去给他拿馍，老道指着对联说："我化的馍要像太行山那么大，如果拿不出来，我就要施法拿走你们全部的家产。"王员外听到禀告，知道是那副对联惹的祸，愁得不知如何是好，只好让门人告诉老道正月初六上午来取。化馍老道点点头，转身腾云驾雾而去，原来他是南极星的化身。

化馍的刚走，随后又来一位化香油的老道，他化的香油要像海水那么多。王员外心知自己惹下了大麻烦，暗自叫苦不迭，只好也让他正月初六来取。化油老道点点头，转身腾云驾雾而去，原来他是北极星的化身。

接下来轮到太白金星化身的老道出场啦，他竟然要化块跟天一样大的布单，王员外索性也告诉他正月初六来取，于是太白金星也腾云驾雾而去。

王员外这下可愁死啦，整天吃不下睡不好，急得撞墙。他疼爱的小孙子看到爷爷愁眉苦脸地唉声叹气，就问他："爷爷，您有什么愁事吗？能不能告诉我呢？也许我有办法呢！"王员外看着才十岁的小孙子，叹口气说："你这么小的孩子能有什么好办法呢？"

小孙子听爷爷说完三位老道来化缘的事，安慰爷爷说："这件事您不要再担心啦，包在我身上吧，初六我来应付他们。"王员外听了更加叹气，都怪自己夸海口惹下大祸，现在连孙子也跟着学会吹牛了，真是悔不该当初啊！万贯家财眼看就要毁在自己手里，王员外又急又气，突然病得起不来了。

转眼就到了正月初六，三位老道早早就登门来取东西。小孙子先笑嘻嘻跑出来问他们："请问三位老道长，你们想要什么啊？"小孙子听他们回答完，眨眨眼伸出小手说："那你们先把六证给我。"

三位老道面面相觑，不知道什么叫六证，一时窘在那里。小孙子哈哈笑起来："没有六证，你们还到我家来化缘啊？山东我外公白员外家有六证，你们去那借吧！"于是三位老道腾云驾雾直奔山东而去。王员外出来见小孙子把他们支到山东去了，气得大发雷霆说："你小小年纪怎么戏弄人呢？如果他们真去了你外公家，你外公去哪找什么六证啊？"

小孙子拍拍胸脯说："爷爷，您就放心吧，我表妹知道六证是什么。"

三位老道转眼间就到了白员外家，向白员外说明来意。白员外左思右想，也没想明白外孙说的六证是什么。正不知如何是好，在一边玩耍的小孙女说："六证咱家多的是，爷爷拿来借给他们便是。"过了一会儿，小孙女拿着一个斗、一杆秤、一把尺、一面镜子、一个算盘和一把剪子跑出来，三位老道接过东西又驾云返回陕西。

白员外埋怨小孙女说："你竟敢信口胡说，那些家常物怎么叫六证呢，这下你可给我们惹下大麻烦了！"

小孙女说："凡间所有事物，都需要六证来衡量。粮食多少斗来作证，东西重量秤来作证，布料长短尺来作证，面目真假镜子来作证，收入多少算盘来作证，衣裳裁的好坏剪子来作证，这不就是六证吗？"白员外觉得小孙女说的话蛮有几分道理，就放心了许多。

三位老道把六证交给员外的小孙子，心想这下你可赖不掉了吧，看你怎么拿给我们太行山那么大的馍、海水那么多的香油、像天那么大的布单！

只见小孙子把秤递给南极星说："麻烦您先去称称太行山，然后回来按斤两给你馍。"接着他把斗交给北极星说："麻烦您去量量海水，然后回来按斗升给你香油。"最后他把尺递给太白金星，让他去量量天，然后按尺寸给他布单。

三位星君见他小小年纪就这么聪明，十分惊叹。又想那个白员外的小孙女竟然能猜出六证是什么，也是个聪明绝顶的孩子，这两个孩子真是天造地设的一对啊！三位星君顿时兴奋起来，东西也不要了，驾起祥云往来于陕西和山东之间，为两个孩子牵起了姻缘线，让他们长大后成婚。

办完此事，三位星君回到天庭禀告玉皇大帝。玉皇大帝听了非常高兴，也不再追究王员外对联的事了，于是他提笔写道：知心之人得姻缘，三媒六证做凭据。从那时起，天下人就多了三媒六证的规矩了。

◎ **传统文化小知识**

【三媒】 男方、女方分别聘请的两位媒人和给双方牵线搭桥的中间媒人，通婚双方成为亲家或姻亲。

【六证】 娶亲时摆在天地桌上的一个斗、一杆秤、一把尺、一面镜子、一个算盘和一把剪子。

【婚聘六礼】 古代结婚的程序，按顺序分为纳采、问名、纳吉、纳征、请期、亲迎六个步骤。先拿女方的生辰八字请算命先生看是否合婚，如可以结姻，便由媒人正式到女方家求婚说媒，称为纳采。然后，男女双方正式交换写着生辰八字的庚帖，称为问名，相当于现在的订婚。接下来拿女方的生辰八字到宗庙向祖先卜吉，称为纳吉，后来演变为小聘，由男方家送给女方所用的衣物、首饰、彩礼等。第四道程序为纳征，后来演变为下聘礼或过大礼，由男方家按照约定向女方家交纳彩礼。第五道程序为男方选择好娶亲的日子，由媒人通知女方家，以便双方都做好结婚前的准备工作，俗称报日子。最后一道程序是亲迎，也是最为隆重的仪式，新郎到女方家迎娶新娘回家，俗称接亲。

·王安石双喜临门

传说，北宋年间，青年王安石赴京赶考，借住在舅舅家。有一天，他读完书感到有些疲惫，就出门到附近转转。

不知不觉，他来到一户大户人家的门前，只见这家的门楼上挂着一只走马灯，上面还龙飞凤舞写着一条上联：走马灯，走马灯，灯熄马停步。王安石不禁感叹道："好对，好对！"这时门里出来位老人，拉着王安石的手哈哈大笑说："既然你说这副对联好对好对，那就先贺喜公子啦，请你稍等片刻，我去禀告我家主人马员外。"王安石有些糊涂，不知道发生了什么事，因为第二天要考试，所以没等老人出来就先回去了。

第二天，主考官见王安石才华出众，就传他面试。考官指着大厅前的飞虎旗说："飞虎旗，飞虎旗，旗卷虎藏身。"说完让王安石对出下联。王安石顿时想起马员外家的那只走马灯，真是得来全不费工夫啊！于是他立即对道："走马灯，走马灯，灯熄马停步。"主考官满意地点点头。

刚到舅舅家门前，早已等候多时的马家老人拉着王安石就走。原来，走马灯上的对联是马员外为女儿选婿所出，半年来无人能对。王安石到了马家，大笔一挥写道：飞虎旗，飞虎旗，旗卷虎藏身。马员外一看，王安石不但对得工整，字体飘逸，人也长得一表人才，马上就要招他为婿。王安石与舅舅商量后，了解到马家小姐是知书达礼之人，就由舅舅出面同意了这门亲事。

结婚当天，刚进入洞房，就听到门外响起鼓乐声和噼里啪啦的鞭炮声，两个报喜官来报喜："王大人金榜题名，明日请赴琼林宴！"王安石喜上加喜，喜不自胜，于是重新摆酒庆贺，并挥笔在红纸上写下一个大大的"囍"字，命人贴在门上。

此后，"囍"字就作为欢庆吉祥的标志而流传起来，结婚的时候都要在门上、窗上、室内摆设等贴上"囍"字，以示幸福、吉利。

◎ **传统文化小知识**

【入赘婚】 入赘婚源于战国时期，也称为招女婿，倒插门，指女子不出嫁，男子到女方家为婿的婚姻形式。入赘男子多为家境贫穷之人，因备不起聘礼而选择入赘。招婿之家多因无子，为了传宗接代、补充劳动力而招婿养老。婚后所生子女为女方家族所有，随女方姓。赘婿地位低下，未经女方同意，不得私自归宗。

·县太爷妙计除妖狐

最早的时候，人们结婚并不放鞭炮，迎新娘放鞭炮的习俗是从一件事情以后才开始的。

有年夏天，某大户人家正在迎娶新娘，亲朋好友都聚集在大堂等待新娘的到来。过了一会儿，门外传来熙熙攘攘的欢笑声，有人喊道："新娘来啦，大家快出来看啊！"于是众人都兴高采烈地跑出去迎接新娘。

新娘羞羞答答地下了轿，在大家的簇拥下迈着缓缓的莲步走进门，来到大堂中央正准备拜天地。突然，门人慌慌张张跑进来大喊："不好了，老爷！外面又来了一顶花轿，也说是公子的新娘。"

老爷听了非常奇怪，自己只给儿子订了一门亲啊，于是赶紧问媒人是怎么回事。媒人也很奇怪，跑出去一看，两顶轿子一摸一样，两个新娘也长得一模一样，肯定是有妖精变成新娘的样子前来捣乱，顿时大家都被吓呆了。

两个新娘都说自己是真的，老爷没办法，只好去县衙请县太爷来审理判断。县太爷也没遇到过这种奇事，实在是难辨真假。县太爷想了想说："看来只有用最简单的办法让公子决定娶谁了。我在门口竖根两丈高的木竿，你们俩谁先爬到顶端，谁就是公子的新娘，爬不上去的那个，用棍棒赶走！"

听了县太爷的话，围观的人纷纷指责县太爷办案草率。县太爷没理会大家的言语，他一声令下，先来的那个新娘扔掉红盖头，蹿上木竿噌噌噌向上爬去。后来的那个新娘却怎么也不会爬，急得站在下面直哭，眼睁睁地看着先来的那个新娘爬到木竿顶端。

突然，震耳欲聋的鞭炮声响了起来，几支响箭射向木竿顶端的新娘。只见一缕青烟直上云霄，新娘变成一只死狐摔落下来。原来，过去的女子几乎足不出户，哪能爬上两丈高的木竿呢，能轻易爬上去的必定是妖精！所以县太爷安排了放鞭炮、放响箭除妖。

这时，大家才恍然大悟，都夸县太爷办案高明。从那以后，每逢结婚办喜事时都要准备鞭炮，等新娘到门口时点燃，鞭炮轰鸣以示吉祥平安。

◎ 传统文化小知识

【媒妁之言】 媒人又称媒妁，撮合男女婚事之人。古时无媒不婚，并载入官方律法，媒人在婚姻中有着极其重要的地位。女子不经过媒人自定婚姻，则被认为有辱名节。

· 捞儿洞求子

春秋时期，晋卿赵简子为了获得北方的安定，采取缓兵之计，与北邻联姻，把女儿嫁给了代王。赵简子死后，赵襄子继位，他等不及要扩张权势和土地，丧期未满就在夏屋山摆下酒宴，邀请姐夫代王前来赴宴。

代王怎么也想不到小舅子会加害于他，欣然赴宴。酒宴上杯觥交错，宾主尽欢，大家都夸厨师的菜做得好。菜上齐以后，赵襄子宣厨师入席为代王斟酒。厨师手里拿着长柄的铜勺走到代王身旁，赵襄子暗递眼色，厨师举起沉重的铜勺狠狠敲向代王的头，顿时代王脑袋迸裂，顷刻间命断气绝。赵襄子没费吹灰之力，就将代王的地域占为己有。这时，他念起姐弟之情，觉得愧对姐姐，便派人接代王夫人回来。

代王夫人听说弟弟杀害了代王，悲痛欲绝。她想起小时候自己对弟弟的疼爱，想起自己和代王的情深意重。如果偏祖弟弟不顾代王之死，自己就成了不忠之人；如果偏爱代王而痛恨弟弟，自己就成了不义之人。老天为何这样为难她，偏要让她做不忠不义之人啊！在回去的路途中，代王夫人痛哭不已。走到七岩洞时，代王夫人拔下头上的碧玉簪，在石头上磨啊磨啊，一边哭一边磨，把发簪磨得尖尖的。趁大家不注意，代王夫人举起发簪用力刺向自己……

为了纪念这位有情有义的代王夫人，人们把她自杀的地方更名为摩笄山，并建了一座庙，宋朝时被封为惠应圣母祠。传说惠应圣母有求必应，渐渐地，人们就在每年农历的七月初一到山上来祭祀求子，在七岩洞内的七宝池中捞取鹅卵石，然后用红布包好带回家供奉。如果当年怀孕，次年生育后，就要举行隆重的仪式，把鹅卵石送回七宝池。久而久之，惠应圣母被改称为七岩圣母、七岩娘娘，七宝池被改作捞儿洞。

◎ **传统文化小知识**

【和亲】 和亲又称为和蕃，指皇帝把公主嫁给外国的君王，表示两国之间的友好，和亲之策始于汉朝，从汉至清，史不绝书，每次和亲的历史条件不完全一样。所谓和亲，一般是指中原王朝与边疆少数民族首领缔结的婚姻关系，这种关系是从汉高祖与匈奴和亲开始的。

· 村姑救皇获尊享

传说，南宋时期一个秋季的农忙时节，金兀术南侵京城临安，康王赵构弃城南逃。一路上金兵穷追不舍，险象环生。康王疲惫不堪，眼看就要被金兵追上。康王见前方不远处有座破庙，也许能暂时藏身，就向那儿赶去。庙前晒场上有位村姑正在翻晒谷子，康王气喘吁吁地求救道："后面有金兵追我，快救救我。"村姑望着远处正飞驰而来的大队人马，拉着康王就要跑。可晒场上四处空旷，哪有什么藏身之处啊！村姑急中生智，赶紧让康王藏到谷箩下面，然后解下布兰围裙盖在谷箩上面，自己仍装作若无其事的样子翻晒谷子。

　　不一会儿，金兵追过来问村姑看没看到有个男人从这经过，村姑不慌不忙地用手一指："刚才是有人急匆匆朝南去了。"金兵立即快马加鞭向南面追去，于是康王躲过了这场杀身之祸。村姑把自己的午饭让给了康王，又给他找了件干净衣服换上。感激不尽的康王许诺说："将来若能重归金殿，必赐你娘娘的尊享。"

　　不久，康王得救回到了临安，为了报答村姑的救驾之恩，下令寻找村姑进宫。可是康王不知道村姑的名字，只记得她有条布兰围裙。地方官员接到任务后，无处寻找村姑，只好贴出告示，请救康王的布兰姑娘在自家门口挂出布兰围裙。没想到第二天，家家户户都挂上了布兰围裙，原来浙东妇女几乎人人都有这种布兰围裙。地方官这下更没办法找到真正的布兰姑娘了，只好如实上报给康王。

　　康王大笔一挥，下了一道诏书：浙东女子都封"后"，出嫁尊享皇家仪，然后又派人重新修建了那座破庙。从那以后，浙东女子出嫁时就有了穿戴凤冠霞帔、坐着雕龙描凤的大花轿的风俗，渐渐传遍了全国。

◎ 传统文化小知识

【花轿接亲】 古人认为女子代表阴气，晚上适合迎阴气入室，所以男子要穿黑色的衣服，在黑夜用黑漆车子到女方家迎亲。后来，南宋孝宗皇帝为皇后制造了最早的花轿，由朱红漆的藤编座椅、踏子、门窗、围幛、门帘、窗帘等构成，称为彩舆。而后历代帝王纷纷效尤，为后妃制造华丽的彩舆。渐渐地，迎亲时间由黑夜改为清晨以后，接新娘就不再用黑漆车子，而改为色彩鲜艳的花轿。

·女娲红盖头遮羞

　　传说在宇宙初开的时候，天上有个雷公，地上有个电母，他们生了一对人首龙身的兄妹，哥哥叫伏羲，妹妹叫女娲。

　　雷公想电母时，就下凡找电母约会。可是，雷公每次下凡都会导致人间电闪雷鸣、狂风暴雨、洪水泛滥成灾。电母不忍心看到人间生灵涂炭，等伏羲兄妹长成少年以后，对他们说："天有阴阳才能风调雨顺，滋养万物；人有阴阳才能繁衍后代，生生不息。为了大地上的生灵，母亲只能狠心扔下你们，你们要互相照顾，相亲相爱。"说完，电母就飞到天庭与雷公团聚去了。

母亲走了以后，勇敢的兄妹俩互相扶持，辛勤地劳动，过着快乐的生活。那时，天庭的大门经常开着，他们干完活就攀着天梯到天庭去玩。过了几年，兄妹俩长大成人到了婚配的年纪，哥哥伏羲就想和妹妹女娲成亲，妹妹不同意："那怎么可以呢？我们是兄妹啊！"

伏羲说："母亲上天庭的时候不是对我们说'人有阴阳才能繁衍后代，生生不息'嘛，天地间只有我们两个是人，如果我们不结婚怎么会有后代呢？"

为了繁衍人类，兄妹俩就爬到山顶向天祷告："上天啊，如果你同意我们兄妹二人结为夫妻，就让空中云团聚合在一起；如果不同意，就让云朵都散开吧！"话音刚落，空中的云朵就慢慢聚合在一起。

可女娲还是害羞，对哥哥说："如果你能追上我，我就答应和你结婚。"于是，伏羲和女娲绕着一棵大树追赶起来，追了好久，伏羲也没追上女娲。伏羲知道妹妹非常机灵敏捷，恐怕自己追不上她，就趁女娲没有防备，突然转身向回绕，正好抱住迎面跑过来的女娲。

266
267

女娲闭着眼睛羞红了脸，伏羲说："不要害羞啦，我闭上眼睛不看你。"伏羲的话提醒了女娲，他们用青草和鲜花编了一把大扇子遮住女娲的脸，结婚做了夫妻。

不久以后，女娲就怀孕生下了一个肉球。夫妻俩觉得奇怪，就把肉球装进花篮里，想带着它到天庭问问电母是怎么回事。哪曾想攀到半空中时，一阵大风吹翻了花篮，肉球向地面落去，夫妻俩急得惊叫起来。这时，肉球在空中爆裂成无数的小碎块，随着风飞落到地上，竟然都变成了人！

为了区别他们，女娲就规定落在杨树上的人就姓杨，落在柳树上的人就姓柳，落在叶子上的就姓叶……这下，夫妻俩有了这么多的孩子，再也不寂寞啦！

孩子们长大以后，女娲让他们婚配。因为女孩子怕羞，就学女娲编扇子遮住自己的脸。后来有了纺织品，人们就改用鲜艳的红布来盖头，一代代流传下来。

◎ 传统文化小知识

【红白喜事】 很早以前，人们用黄色代表吉庆。到了汉朝，汉高祖自称为赤帝之子。因为赤是红色，所以人们就开始崇尚红色，红色成了人们表示喜庆和吉祥的颜色。结婚被称为红事，相反丧事被称为白事。

·月老做媒拜天地

传说女娲造人时，起初只造了一个清秀儒雅的小伙子，孤单单的很寂寞。有天夜里，小伙子翻来覆去睡不着，望着高高挂在天空的明月，更觉得孤独，于是叹口气对月亮说："月老啊月老，你真的在天上掌管人间姻缘吗？月老啊月老，你若能给我找个知心的伴侣，我一定好好报答你！"

小伙子话音刚落，只见月亮一闪，一位白眉长须、仙风道骨的老人拄着龙头拐杖站在小伙子面前。老人笑呵呵地对小伙子说："你不要着急，这件事包在我身上。"说完就消失不见了。小伙子以为自己在做梦，于是咬咬手指，很疼！看来那位老人一定是月老啦！

小伙子正躺在那里想刚才月老说的话，忽然一阵清风吹来，月老带着一个漂亮的姑娘出现在他面前，"我到女娲那里，让她给你造了一个姑娘，你们先认识认识吧。"月老说完，一忽闪又不见了。

姑娘害羞地抬起头看着小伙子，小伙子见姑娘面如桃花、唇红齿白，真是太美啦！小伙子鼓起勇气问姑娘："你对我还满意吗？你愿意和我一起生活吗？"姑娘的脸更红了，微笑着点点头。小伙子喜不自胜地拉着姑娘的手，四目相对，情意绵绵。这时，天空传来一阵笑声，月老又带着两位老仙人出现了。

月老指着两位老仙人说："现在，我要给你们办喜事啦。这是天公和土地，将来你们的生活离不开他们的养育，所以你们首先要给他们拜三拜。"

"一拜、二拜、三拜。"小伙子和姑娘对着天地二公拜了三拜。接着月老笑着说："我给你们牵线做媒，你们也得给我拜三拜。"于是小伙子和姑娘又给月老拜了三拜，刚拜完，三位老仙人就不见了，只听到空中传来他们哈哈的笑声。

小伙子和姑娘恩恩爱爱地生活在一起，过着幸福的日子。后来，为了感谢天地的养育、月老做媒的情意，人们在结婚时都一拜天地，二拜月老，三拜父母，渐渐形成了结婚时拜天地的习俗。

◎ 传统文化小知识

【结发夫妻】 结发夫妻，即原配夫妻的代名词。古时女子定完亲，要用一种叫作缨的丝绳来束发，表示有了结婚对象。举行婚礼以后，再由新郎亲手解下那条丝绳，这就是最早的结发之礼。唐代末期，结发之礼演变为喝交杯酒之前，夫妻各剪一绺头发绾在一起，表夫妻同心之意。后来又发展成夫妻并坐，将两人一绺头发束在一起的合髻仪式，由此而称为结发夫妻。

·九头鸟比美惧红窗

　　很久以前，结婚新房的窗口都是大开的，而且要在窗台上摆放一个迎喜台，意为迎接傍晚时前来送子的麒麟。

　　后来，水母娘娘生了一只九头鸟，虽然它长得奇丑无比，但它的羽毛色彩斑斓，光艳夺目，十分漂亮。九头鸟非常骄傲，自恃连孔雀和凤凰都比不上自己，就到处与人比美。

　　有一天，它听说结婚的新娘子很漂亮，就来到凡间，偷偷地把头从新房的窗户伸进去，想要跟新娘子比美。新娘子突然见到长了九个头的怪鸟，吓得魂不附体，惊叫一声昏了过去。

　　人们拿着棍棒来赶九头鸟，可是它会飞会跳，既捉不住也赶不走，把大家急得束手无策。正巧，这时有个人举着火把从窗口经过，九头鸟一见火把，怕火烧掉自己漂亮的羽毛，吓得赶紧逃走了，于是大家都知道九头鸟怕火，就在新房窗口摆放着燃烧的火把。

　　很快，这种办法便流传开来，九头鸟一见火把，就吓得不敢飞过来了。可是，有的人家却因为不小心引起了火灾，使喜事变成了祸事。于是有位老人想出个好办法，把新房的窗户关上，再贴上红纸，室内的烛光映着窗户上的红纸，远看就像燃烧的火把一样。果然，九头鸟远远一看，以为到处是燃烧的火焰，吓得再也不敢来了。

　　可是，送子麒麟该从哪里进新房送子呢？人们便让一个小男孩在新郎新娘入洞房后，拿筷子戳破窗户上的红纸，这样麒麟就能进到新房里送子啦！新娘从窗户上的洞口向外一看，正好能看到小男孩的笑脸。男孩用筷子戳破窗纸，正好象征着快生贵子的美好愿望，于是便一直流传下来。

【麒麟送子】 传说古时有位老画师偏爱画麒麟。有天晚上，他梦到麒麟驮着胖乎乎的小男孩向他走过来。几天后，一直未孕的老伴就怀孕产下一子。这个孩子聪明过人，被大家称为麒麟子，渐渐就传下麒麟送子的习俗。

【门当户对】 门当指大户人家门前辟邪镇宅的石鼓。户对指门楣或门楣双侧的木雕或砖雕，圆形为文官，方形为武官，只用双数。户对数量和大小代表官位高低，最高为六个，最低为两个，普通大户人家也可以有两个。有户对的人家必定有门当，二词相并，渐渐就成了通婚范围的限制，要求结亲双方有基本相同的社会地位和财富。

·一夫一妻入洞房

黄帝战败蚩尤以后，建立起部落联盟，禁止了群婚，改为一夫一妻制。可是，群婚毕竟经历过很漫长的时间，一时间难以杜绝，就发生了很多抢婚事件，严重影响了各部落之间的团结。黄帝担心部落联盟因此而分裂，多次召来大家商议可行的办法，可大家谁也没想出个好办法，黄帝整日愁眉不展。

有一天，黄帝带领大家巡察部落群员居住的洞穴是否安全，发现有一家人为了防止野兽侵害，在居住的洞穴周围垒砌了高高的围墙，只留下出入的洞口。黄帝突然有了灵感，马上召集大家开会，大家听说有了制止群婚的好办法，高兴地围着黄帝让他快点告诉大家。

黄帝说：“要想制止群婚，只有一个办法。今后凡是结婚的男女，必须先聚集部落的群员们前来祝贺，再当着大家的面举行结婚仪式，然后大家一起喝酒庆祝，宣告两个人正式结婚，最后住进事先准备好的洞穴里。”

听到这里，大家七嘴八舌地议论说：“这不是跟现在差不多吗？”

黄帝呵呵笑着说：“我还没有说完呢！夫妻住的洞穴要在周围垒砌高墙，只留下出入的洞口，吃饭喝水暂时由男女双方的亲人负责送进去，让两个人先在洞穴里培养夫妻感情，学会烧火做饭过日子。凡是结婚入了洞房的男女，再就不许去抢别人。为了区分结婚和未婚的女人，结婚的女人要把头发束起来挽个结，男人不许对已婚女人有非分之想，否则就以部落法规论处。”

听了黄帝的话，大家不住点头赞许。于是黄帝命仓颉写下法规，公布于众，大家都开始挖洞穴、垒高墙，为儿女结婚做准备，群婚这个恶习就彻底被杜绝了。

虽然，我们现在已经不用居住在洞穴中，可结婚"入洞房"的说法一直没有改变。

◎ 传统文化小知识

【三宫六院】 三宫六院由故宫内皇帝和后妃们所住建筑的布局得来，泛指帝王的妃嫔。三宫指乾清宫、坤宁宫和交泰殿。六院分别指东路斋宫、景仁宫、承乾宫、钟粹宫、景阳宫、永和宫六宫，西路储秀宫、翊坤宫、永寿宫、长春宫、咸福宫、重华宫六宫，因为各宫建筑都是庭院格局，所以称为六院。古代帝王有众多妃嫔，她们的命运都掌握在皇帝手中，获得皇帝宠爱是她们毕生的追求，绝大多数妃嫔在孤独中郁郁而终。

·皇帝护民闹洞房

传说很久以前，天上的紫微星下凡做了皇帝。这位皇帝非常体恤人民，常常扮成百姓暗访民间。

有一天晚上，皇帝在乡间小道上遇到一队接亲的人马，大家都穿红戴绿，打扮得十分喜庆。只有一个披麻戴孝、面容奇怪的女人紧紧跟在新娘轿子的后面。因为皇帝是紫微星下凡，有双明察秋毫的慧眼，他看出这个女人是个隐形的魔鬼，而且别人无法看到，于是跟在队伍的后面。

到了新郎家门前，那个怪女人就飘忽忽先进去，躲在洞房里。趁着大家欢天喜地举行仪式的时候，皇帝也进到新郎家中，搬了把椅子坐在洞房门口，守住那个怪女人。

新郎新娘拜完天地，正准备进洞房，皇帝拦住他们不让进。主人忍着怒气说："这位先生请让让，新郎新娘该入洞房了。"

皇帝说："洞房里有个披麻戴孝的魔鬼，所以现在不能进。"

大家七嘴八舌嚷道："胡说，我们怎么看不到魔鬼？"

皇帝诚恳地说："你们看不到，只有我能看到，请大家相信我。"

大家看器宇不凡的皇帝实在不像捣乱的坏人，于是都相信了他，主人也吓得战战兢兢，请求他帮助除魔。

皇帝安抚大家说："魔鬼最怕人多，人多阳气重，魔鬼就不敢行凶作恶，所以大家都别走，在洞房里嬉闹说笑，用我们的欢乐和笑声驱走魔鬼吧！"

于是大家都留在洞房里，闹到五更天将亮，魔鬼只好仓惶逃走了。

从那以后，结婚时就留下了闹洞房的习俗。

◎ 传统文化小知识

【合卺之礼】 一个匏瓜剖成两个瓢，各称为卺。匏瓜非常苦，所以卺内酒为苦酒，新郎新娘各拿一卺饮尽苦酒，表示夫妻同甘共苦，永结同心，称为合卺之礼。唐代时，卺被酒杯取代，用彩色丝线将两个酒杯系在一起，新郎新娘各取一杯，同时喝下半杯，再交换喝光剩下的半杯。到了现在，这个礼仪演变为新郎新娘相对站立，然后交折拿酒的手臂，同时喝光杯中的酒，以示婚后百年好合。

【洞房花烛夜】 古时娶亲在黄昏，在夜间举行婚礼，所以洞房内需点燃蜡烛照明。起初蜡烛都是白色的，结婚时为了显示喜庆，就给蜡烛装饰上五颜六色的饰物，称为花烛。后来，人们制作出红色的蜡烛，新婚之夜点红蜡烛渐渐成了习惯。只见洞房内烛光摇曳，盛装的新娘在烛光的映照下显得无比美艳，由此新婚之夜就得到洞房花烛夜的美称。

·夫妻逃跑度蜜月

很久以前，在部落联盟里有一对狩猎能手，男的名叫石墩，女的名叫木苗，大家都认为他们是天作地合的一对。于是，两个人在双方父母的撮合下结为夫妻，住进了洞房。

可是，他们在一起过了没几天，就觉得每天对着同一个人很没意思，都不愿意再过一夫一妻的生活，趁着夜深人静的时候，他们离开洞房各自逃跑了。

很巧的是，他们都逃到了鲜见人迹的大森林里。因为天黑看不清路，他们越走越深，野兽时不时的嚎叫声令他们胆战心惊。终于，天亮了，就像是老天已经安排好的一般，他们竟然又在森林里相遇了。

因为迷了路，一时走不出森林，他们又没有带狩猎工具。为了保存生命，避免野兽的伤害，他们只好相依为命，重新在一起生活，白天采些野果山珍充饥，晚上轮流值守休息，渐渐地，他们已经谁也离不开谁了。

有一天，他们走了很久都没采到充饥的东西，两个人又饿又累，就依偎着躺在树下休息。这时飞过来一群蜜蜂，在他们的头顶上空嗡嗡地飞来飞去，把石墩气得爬起来捡起根树枝就照着蜜蜂一顿乱打。不料蜂群被他激怒，冲上来把他们两个蜇得满脸是包。

石墩气不过，他观察到蜜蜂是从树缝里钻出来的，就带着木苗捡了很多干树枝，然后取出击火石点燃树枝。他们拿着燃烧的树枝，伸进蜜蜂出入的树缝里，烧毁了蜂巢。顿时，蜂巢里的蜂蜜从树缝里流出来，香浓的气味吸引着饥饿的石墩和木苗。

他们不知道那是什么，就用手指蘸了点放进嘴里。哇，实在是太香甜啦！他们高兴地拥抱在一起又蹦又跳。过了半天，他们确定身体没有什么异样反应，证明蜂蜜没有毒，就用树皮把流出来的蜂蜜全盛起来，每天用蜂蜜充饥。

就这样一个月过去了，两个人每天相依为命，感情变得越来越深，谁也不想离开对方。这时，进森林狩猎的部落群员发现了他们，把他们救了出来。

回到洞房后，石墩和木苗再也没有分开过，在一起过着幸福快乐的生活。后来，人们结婚时都要度蜜月，以增进夫妻间的了解和感情，一直流传到现在。

◎ 传统文化小知识

【拜舅姑】 拜舅姑指拜见公婆的成妇之礼。古时认为娶亲是整个家庭的大事，是为家庭纳入一个能够传宗接代、主持家务的主妇，所以拜舅姑是新娘由外人过渡到家庭成员必须履行的重要礼仪。新婚第二天，新娘先随新郎拜祭神祖，然后再对公婆行拜见之礼。婆婆把新娘扶起，表示正式接受她为家庭成员。否则，即使举行过婚礼，没拜见过公婆，也不算是家庭正式成员。

【回门】 婚事礼仪的最后一项，指女子出嫁后首次回娘家探亲。新婚夫妇在婚后第三、六、七、九、十日或满月日，通常选择第三日，所以又称三朝回门。新婚夫妇要在回门日携带礼物回娘家拜见父母及亲属，表示不忘父母养育之恩、夫妇恩爱美满。娘家要摆酒宴招待新婚夫妇，称为回门酒。因为有新婚一个月内不空房的风俗，所以新婚夫妇不能在娘家留宿，要在太阳落山前返回婆家。

·糟糠之妻不下堂

东汉时期，光武帝的姐姐湖阳公主不幸死了丈夫。光武帝想在文武百官中为她选个如意郎君，湖阳公主要求自己挑选。光武帝安排湖阳公主躲在屏风后面，早朝时偷偷听大臣们商议国事，还可以观察他们的外貌举止。

下朝后，光武帝问公主可否有中意的人选。公主回答说："我看宋弘不但长得一表人才，而且德才十分出众，好像朝中大臣无人能比呢！"

光武帝哈哈大笑说："姐姐真是好眼力啊！可是宋弘性格耿直，为官清廉，他官职不小，却住在很普通的房子里，据说连小偷都不去光顾，再则宋弘早已娶亲，恐怕他不会答应做驸马。等朕先派人去问问他的态度吧。"

宋弘果然拒绝了这门婚事，说自己已有妻室，不敢委屈公主下嫁。湖阳公主知道后觉得很委屈，堂堂公主竟然被大臣拒婚，公主颜面何在？于是就让光武帝治宋弘的罪。

光武帝召宋弘进宫，对他说："听说民间流传"贵易交，富易妻"这么一句话，不就是说人富贵了就会忘记过去的朋友，富贵了就会想再娶妻子，这些都应该是人之常情吧？"

宋弘回答说："臣只听说贫贱之知不能忘，糟糠之妻不下堂。丈夫穷困时，妻子能与丈夫以糟糠为食物而不离不弃，丈夫富贵后，怎么能忘恩负义抛弃从前一起吃苦受难的妻子呢？臣感谢公主的厚爱，请皇上恕臣不能从命。"

光武帝听了宋弘的肺腑之言，更加欣赏他的人品，非但没逼他做驸马，反而给他升官加禄，委以重任。

◎ 传统文化小知识

【七出】 七出，又称为七弃或七去，是古时丈夫休妻的条件。主要指一无子、二淫佚、三不事舅姑、四口舌、五盗窃、六妒忌、七恶疾，只要妻子符合其中的任意一条，丈夫就可以理直气壮地休妻。七出在汉代时被正式列入法规，成为保护夫权的封建法例。

【三不出】 为了维护家族的相对稳定，防止社会秩序混乱，古代立法机构对丈夫的休妻权加以限制，制定了三不出的法例。一是不忘恩，指曾在婚前供养丈夫或将财产交与丈夫，离婚后无家可归的妻子。二是不背德，指对父母大孝，并陪丈夫守孝三年的妻子。三是不弃穷，指成婚时丈夫贫贱，婚后富贵起来的妻子。只要妻子符合其中一条，即使犯有七出条例，只要不是犯奸，丈夫就不可以休妻。

·儿不嫌母丑

很久以前，在终南山下住着一对相依为命的母子。为了养大儿子，母亲每日起早贪黑辛苦劳作。好在儿子从小就很懂事，每天都帮母亲做力所能及的家事，令母亲很欣慰。

一年年过去，家里的日子越来越好过，儿子也长成高大英俊的帅小伙儿，该娶媳妇了。大家看小伙子很有出息，都帮着说媒。可是，姑娘介绍了一个又一个，媳妇却没娶进门，这是为什么呢？

原来，他母亲长得非常丑，女方的媒人一见，怕将来新媳妇嫌弃婆婆而埋怨自己，都不肯牵线。母亲为了儿子的婚事，急得头发全白了。她知道都是因为自己长得丑，就请邻居帮忙想了个办法，逼着儿子同意听她的安排。

过了段时间，邻居做媒给小伙儿找了个漂亮的媳妇，女方对小伙儿也非常满意，很快就成了亲。小夫妻婚后相亲相爱很和睦，小伙儿怕媳妇累着，求邻居帮忙找了个勤快的老妈子，给他们洗衣做饭，做些杂事，只是这个老妈子长得很丑。

新媳妇是个勤快人，心地十分善良，不但没嫌老妈子丑，还总是帮着老妈子做家务。知道老妈子没有儿女在身边，她还时常知冷知热地给老妈子吃的穿的，把老妈子感动得直抹眼泪。

渐渐地，新媳妇发现有些事情很奇怪。老妈子好像总是躲着小伙儿，尤其当小伙儿要跟她说话的时候，而小伙儿那时就会眼里含着眼泪。老妈子虽然极少说话，但是每次喂家里那条黄狗的时候，都会微笑着摸摸黄狗，好像自言自语地说："狗不嫌家贫，儿不嫌母丑啊！"

媳妇疑惑地问小伙儿是怎么回事，小伙儿流着眼泪向媳妇说出实情。原来母亲为了儿子能娶到媳妇，心甘情愿不用他们侍奉，反而装成老妈子侍候他们。媳妇听了又是感动又是羞愧，埋怨小伙儿不该瞒着她，让她成了不孝之人。他们赶紧请母亲坐下，接受他们的叩拜，从此一家人幸福美满地生活在一起。

【三从四德】 指儒家礼教对妇女在道德、行为、修养上的规范要求。三从指未嫁从父、既嫁从夫、夫死从子，女人应对男人服从。四德指德、容、言、工，妇女的品德、相貌、言语、持家之道。

·神鸟送子

远古时期，在我国北方易水中游的地方居住着两个古老的氏族，分别为有易氏和商族。易水一带土地肥沃，资源丰富，两个氏族安居乐业，彼此通婚，相处得十分和睦。

商族部落的首领名叫喾，是部落里最勤劳勇敢的男人。有易氏有位姑娘叫简狄，是部落里最聪明漂亮的女子。喾娶了贤惠的简狄，两个人结婚后相亲相爱，过着幸福美满的生活。

婚后第二年春天的一天，简狄和好友们一起到易水河畔游玩。外面阳光明媚，鸟语花香，她们在草地上互相追逐嬉戏。这时，天空中飞来一对燕子，时而停在柳树上卿卿我我，时而在水面上翩翩起舞，使简狄想起以前部落里老婆婆给女孩子们讲的故事。

那位慈祥的老婆婆最喜欢讲与燕子有关的故事，她说燕子是带给人们吉祥的神鸟，在谁头顶上飞旋，就是要带给谁吉祥。最神奇的是，如果谁有幸能得到燕子生的蛋，并一口吞下去，那么她将来一定会生出一个非常聪明勇敢的男孩子，长大后就会成为部落首领，做出惊天动地的事业。简狄目不转睛地盯着那对燕子，燕子也好像知道简狄在想什么似的，飞到简狄头顶绕了几圈，然后慢慢向山坡飞去。

简狄喜出望外地跟在燕子后面，最后燕子落在山坡上的一簇草丛里，简狄屏住呼吸静静地等着。过了一会儿，那对燕子飞上天空渐渐远去，简狄赶紧跑过去扒开那簇草丛。哇，果然有一只燕子蛋！简狄小心翼翼地捧起燕子蛋，闭上眼睛一口吞了下去。

不久，简狄就怀孕了，生了一个白白胖胖的男孩，取名为契。两个部落的人都前来祝贺，祭司们祭天祭地整天忙个不停，大家都期望这个神鸟所赐的孩子将来会成为好首领。訾非常高兴，煮了很多鸡蛋染成红色，分送给大家以示喜庆。

后来，契成为商族有证可考的始祖，他和禹是同一时期的人，传说曾帮禹治过洪水。简狄吃了燕蛋而生下优秀的契，所以生孩子吃红蛋的习俗就流传下来。

◎ 传统文化小知识

【催生礼】 古时，孕妇临产前，娘家要备礼物送到女婿家，对产妇表示慰问，并预祝顺利生产。礼物一般是鸡蛋、桂圆、襁褓、红筷子等。

【报生礼】 婴儿出生后，由父亲携带礼物去外婆家报喜。生男带单数红蛋，生女带双数红蛋。

【弄璋之喜】 璋为表示富贵的佩玉。因为古代男尊女卑思想，生男称为弄璋之喜，生女为弄瓦之喜。

· 母虎寒月救子

很久以前，在岐山脚下住着一对恩爱的夫妻。他们婚后多年没有孩子，非常着急，到处寻觅偏方，拜佛求子。好不容易，妻子在三十岁那年的正月怀孕了，怀胎十月产下一子，夫妻俩甭提有多高兴了！

当时正值冬季，大雪一下就是几天，屋里特别冷。孩子第二十九天的时候，天上又下起鹅毛大雪，呼啸的寒风直往屋里钻。孩子突然哭个不停，怎么哄也哄不好。一摸孩子额头，原来孩子在发高烧，不一会儿就烧得抽搐起来。因为大雪封山无法出去找医生，夫妻俩急得手忙脚乱，用尽办法给孩子退烧。

可不到两个时辰，孩子就停止了呼吸，夫妻俩放声大哭起来。丈夫怕妻子看到孩子伤心，就把孩子的尸首送到山上的树林里。

第二天，孩子的外婆来看他们，离女儿家很远时就听到他们的哭声，就连忙向女儿家跑去。路过树林时，一只老虎突然跳出来，外婆顿时吓得眼前一黑，晕了过去。她醒来时，看到老虎叼着个孩子，放到她旁边就走了，外婆赶紧把孩子抱到女儿家。

夫妻俩见妈妈抱着自己的孩子，惊讶得简直不敢相信自己的眼睛。原来孩子只是哭得暂时憋过气，并没有真死，在树林里被冷风一激就苏醒过来。正巧一只刚生了虎仔的老虎听到孩子的哭声，便过来暖着孩子，喂孩子自己的奶水，孩子的病就奇迹般痊愈了。夫妻俩认为是老天在帮助他们，才让老虎救子、妈妈送子，于是摆酒庆祝，一谢老天二谢妈妈。

从那以后，谁家孩子满月的时候，孩子的外婆家就会用黄布做成布老虎，给孩子送过去，让孩子快乐健康地成长。

◎ 传统文化小知识

【三朝礼】 三朝礼，又叫洗三，指婴儿诞生后第三天为婴儿洗身。北方多用艾叶等草药热汤洗婴儿，家人依长幼依次向洗澡盆里添勺清水，再放些钱币。前来祝贺的客人多为近亲，招待客人的主食为面条，称为洗三面。

【满月礼】 婴儿出生一个月后，要剃胎发、请客以示庆贺。有的地方称为出月，女儿要抱着孩子回娘家。外婆要给婴儿挂上花线和财物，以祝婴儿长命富贵。

·抓周立太子

传说在三国时期，吴主孙权刚称帝，太子孙登就得病身亡。孙权伤心之余，为再立太子之事绞尽脑汁，不知道该立哪个儿子。

这时，有个叫景养的人求见孙权。他向孙权进言说："皇上立太子传嗣位乃是千秋万代的大事。愚民以为，皇上不但要看皇子是否贤德，而且还要考察皇孙是否聪慧。愚民有辨别皇孙愚慧的办法，愿意为皇上分忧。"

于是，孙权选了一个吉日，让皇子们各自将已满周岁的儿子抱进宫。只见景养端着一个摆放着书简、绶带、珍珠、象牙、翡翠等物品的托盘，让小皇孙们任意抓取。众皇孙几乎都抓起珠宝类的物品，只有孙和的儿子孙皓一手抓起绶带，一手抓起书简。

孙权平时本就偏爱孙和，所以非常高兴，当即就册立孙和为太子。其他皇子认为只凭这点就立下太子，不免太过草率，所以纷纷抗议，孙权却不为所动。于是，皇子们各自在朝廷内拉拢大臣，明争暗斗，最终孙和受到陷害被废除，改立孙亮为太子。

孙权死后，孙亮只当了七年的皇帝就发生政变被废除，孙休称帝。孙休死后，大臣们一致推举孙皓登位。这时，一些年老的大臣回忆起当初景养选太子的情景，不免惊叹不已。

◎ 传统文化小知识

【周岁礼】 古时，小儿出生满一周年时的庆礼，中午吃长寿面之前，要进行抓周仪式。

【挂线】 凡是与小儿第一次见面的长辈，都要用一挂白线拴上钱币，给小儿挂在脖子上，祝福小儿健康长寿。

【少年礼】 古时，孩子每年生日时，用五彩线按年岁穿钱币挂在颈上，希望孩子健康平安，又称为锁关。

【冠礼和笄礼】 古时男子和女子进入成年阶段的仪式，男称冠礼，女称笄礼。男子要将头发束到头顶，用布包着头发，加冠和簪固定住。女子要将头发绾到头后，用布包成发髻并用笄或发簪固定。冠礼和笄礼之后，就要遵守成年人的规矩和礼仪。

·汉武帝喜食长寿面

有一年，汉武帝吩咐御厨准备他的寿宴，要求一定要有新意。御厨不禁犯起愁来："皇上天天吃山珍海味，哪能做出新意啊！"可若达不到皇上的要求，恐怕项上人头就要落地。

御厨愁得吃不好睡不好，大家纷纷帮他出主意。有个打杂的小厨说："论足智多谋，谁都比不上东方朔大人，何况皇上对他赞赏有加，他一定能知道皇上喜欢吃什么，大人不妨去求东方朔大人。"御厨猛然醒悟，对啊，东方朔一定有好主意，于是乐颠颠找东方朔去了。

听完御厨的烦恼，东方朔哈哈大笑说："这有何难，你只要用面团做成头发丝般细细的面条，越长越好，然后下锅煮熟，撒入调料便可。"御厨看东方朔的表情不像是在开玩笑，就将信将疑地回去了。

到了汉武帝寿辰那天，御厨胆战心惊地把面呈上去。汉武帝一见大怒："我的寿宴，你就拿一碗如此简单的面条来糊弄吗？"御厨吓得扑通跪在地上，话都说不出来了。

这时，东方朔上前跪拜说："恭喜万岁，贺喜万岁！"

汉武帝生气地问："你又何出此言？"

东方朔不慌不忙地回答："微臣曾看过一本相面书，书中说人的面孔越长就越长寿。听说寿星公彭祖的面孔就比较长，所以活了八百岁。这碗又细又长的面，是御厨取'面长'之意，来祝愿皇上万岁，万万岁啊！"

汉武帝听了龙颜大悦，端起面条一边吃一边说："既然是碗长寿面，朕一定是要吃的。为了使天下的老人都能健康长寿，以后凡是给老人祝寿，一定要吃长寿面！"自那以后，过生日吃长寿面的习俗就一代代流传下来。

◎ 传统文化小知识

【祝寿礼】 古时称生日为生辰，小儿和年轻人称为过生日。五十岁以上的长者在六十岁、七十岁等逢十之年要举行祝寿之礼，有的地方也选择在逢九之年或者逢一之年举行祝寿礼，称为做寿。有的人家张灯结彩设寿堂，做寿之人坐在正位，接受亲友的祝福和拜叩。祝寿礼物多为寿桃和寿面，取福寿绵长之意。仪式完毕，亲朋好友参加寿宴。吃长寿面时，大家要先挑几根面条加到做寿之人碗内，取添寿之意。

【七十三八十四】 因为圣人孔子活了七十三岁，亚圣孟子活了八十四岁，人们认为普通百姓的寿命不会超过贤明的圣人，所以民间流传有"七十三，八十四，阎王不请自己去"的俗语。

·兄弟忏悔披麻衣

很久以前，有一位年纪很大的老婆婆，因为她行动不方便，不能劳动，所以常常吃了上顿没下顿，日子过得很艰苦。老婆婆虽然有两个儿子，可兄弟俩早就忘记老婆婆养大他们的不易，结婚后就没赡养过她，还总在她面前争论不休。

当时流行厚葬，形成安葬老人花得越多越孝顺的坏风俗。这天，兄弟俩又开始互相吹牛。哥哥说："等娘去世以后，我要给娘买上等的棺材。"弟弟说："你别吹牛了，等娘去世的时候，我要穿红戴绿为娘做七七四十九天的道场。"其实，他们兄弟俩谁也不想出钱，所以吹着吹着又开始吵起来，连老婆婆喊他们帮忙倒水喝都不理。

夜里，老婆婆躺在冰凉的炕上暗自流泪，心想自己活着的时候儿子都不管，即使死了以后他们能舍得钱安葬自己，又有什么意义呢？老婆婆辗转反侧，一夜未眠。

第二天，老婆婆把两个儿子叫来说："我死了以后你们不用厚葬我，一文钱也不要花，就用炕上的破草席一卷，把我扔到阴沟里就成了。不过我有个条件，你们必须从今天开始，天天到屋后面的树林里，看看老槐树上的乌鸦和猫头鹰是怎么生活的，一直看到我闭上眼那天为止。"兄弟俩听老婆婆主动提出安葬时不用花钱，非常高兴，连忙答应老婆婆的要求。

每天收工后，他们都去树林里观察乌鸦和猫头鹰的生活。他们发现乌鸦妈妈和猫头鹰妈妈都非常细心地喂养孩子，可那些小鸟从来不顾妈妈寻觅食物有多辛苦，看到妈妈飞回来就张大嘴巴等着吃。当乌鸦妈妈老了飞不动的时候，长大的小乌鸦就会寻觅食物来喂养妈妈。而小猫头鹰却正相反，当猫头鹰妈妈老了飞不动的时候，长大的小猫头鹰就把妈妈吃掉。就这样，乌鸦和猫头鹰一代代重复着这样的生活。

280
281

兄弟俩看啊看啊，突然有天醒悟过来：我们现在这样对待妈妈，将来孩子是不是也要这样对待我们呢？顿时他们后悔莫及，开始每天嘘寒问暖，细心侍候老婆婆。可没过多久，老婆婆就去世了。

为了表示孝心，永远记住乌鸦和猫头鹰的善恶孝逆，兄弟俩都穿着跟乌鸦羽毛一样颜色的黑衣，外披跟猫头鹰羽毛颜色一样的麻衣，在前面三步一跪，五步一拜。渐渐地，这个风俗就流传下来，有的人因为贫穷买不起那么多的黑布，就裁条黑布戴在胳膊上，就成了现在这种简略的戴孝形式。

◎ 传统文化小知识

【五服】 古代服丧时，根据与去世之人关系的亲疏远近，把葬服分为斩衰、齐衰、大功、小功、缌麻五种形式，称为五服。死者生前地位愈高、身份愈贵、与服丧者的关系愈亲，服丧者服丧和所穿葬服的形式就愈重。

· 尤秀才巧计卖烧纸

很早以前，有个秀才名叫尤文。因为寒窗苦读十多年也没考中举人，尤文索性弃笔从商，投到蔡伦门下，向他学习造纸。尤文既聪明又勤快，深得蔡伦的真传。

蔡伦死后，尤文继承了蔡伦的事业。青出于蓝而胜于蓝，尤文的造纸技术越来越高，造的纸又多又好用。可是，当时用纸的人并不多，以致造出的纸越积越多，堆在库房里就像一座小山似的，使尤文没了流通的钱。

纸卖不出去，眼看师傅一生的心血就要毁在自己手里，尤文顿时急火攻心，卧床不起，三天没到就闭上眼睛死了。尤文的妻子哭得昏天地暗，让人见了好生难过，大家都来帮她料理后事。

谈到陪葬的时候，尤文的妻子说："家里穷，实在是没什么东西可以陪葬，就把堆在库房的纸烧了给他陪葬吧。"

于是，尤文的妻子跪在丈夫灵前，把纸一张张折起来在火盆里烧。到了第二天，尤文突然坐起来喊道："快烧纸，快烧纸，快给阎王爷送钱！"大家都以为尤文挺尸了，吓得惊恐万分四处躲藏。

尤文喊住大家说："你们不要害怕，是你们烧的纸到阴曹地府变成钱，我还清了债，阎王爷就放我回来了。"大家听了欢天喜地，赶紧又烧了很多纸。

一个有钱有势的老员外听了传闻后将信将疑，前来问尤文说："我们家都是用真金白银陪葬，难道还比不上你的纸值钱？"

尤文回答说："金银是阳间之物，带不到阴曹地府。老爷您若不信，可以打开祖坟，那些陪葬的金银保证分毫不少。"老员外听了点点头，买了很多纸回去。这下尤文的纸大卖起来，库房里的纸很快就卖光了。

其实，这一切都是尤文和妻子为了卖纸想出来的主意。尤文根本不是死而复生，而是在装死。他这一装死，就把给死人烧纸的习俗流传下来了。

◎ 传统文化小知识

【丧葬之礼】 葬礼由古代周礼演变而来，是秉着生有所养、死有所葬的原则，在人死后举行隆重庄严的仪式。

·诸葛亮巧计瞒坟

诸葛亮大病不起，自知阳寿已尽，便开始考虑后事。当时，他早已预见蜀汉不久要被魏所灭，如果自己的墓地被敌人知晓，恐怕九泉之下也不会安宁，于是他就想出一个妙计。诸葛亮密奏后主刘禅，自己死后丧事要从简，全权交给姜维处理。

临终前，诸葛亮叫来姜维嘱咐说："我死后千万不要厚葬，也不需要任何人送葬，对外放风说我要葬在定军山。然后你选四个身强力壮的青年男丁，用草绳抬着我的棺材往东南方向走，什么时候草绳断了才能放下棺材，就把我埋在那个地方，然后拿着草绳回来复命。如果绳子真是抬断的，你就给他们加爵封官。如果绳子是割断的，你就立刻把他们斩了。"

诸葛亮死后，姜维立即按照遗嘱一边故作声势准备在定军山下葬，一边选了四个壮丁，趁着天黑抬着棺材向东南方奔去。

四个人本以为是个轻松差事，没想到走啊走啊，走出十多里，绳子也没有要断的迹象。此时，他们觉得棺材是那么沉重，压在肩上就像座小山，却不准放下歇息。他们只好咬着牙，一步步艰难地向前挪着，累得上气不接下气。终于，他们实在抬不动了，就放下棺材，一起商量怎么骗过姜维。

他们先割断绳子，又在石头上磨了磨，假装绳子是抬断的，然后就地挖了墓穴，把棺材埋了下去。

姜维见他们返回，问："你们是绳子抬断才埋葬的吗？"四个人异口同声回答说是。姜维看了看绳子，然后分别问讯他们，得知绳子是被他们割断的，就下令把他们斩了。

处理完以后，姜维要去诸葛亮的坟地拜祭，这才想起自己把埋坟的人斩了，这下谁都不知道诸葛亮究竟被埋在哪儿了。姜维不禁佩服他的足智多谋，朝东南方在心里默默地拜祭。

◎ 传统文化小知识

【烧七】 烧七，又称作祭七，指人死以后，每隔七天祭奠一次，从一七（也称头七）到七七（也称断七），共祭奠七次，达四十九天圆满之数为止。

源远流长的竞技剧种

　　体育运动与戏曲剧种是我国古代文明的两大重要内容。不少体育项目的起源，可以追溯到上古时期，后来发展至秦汉和唐宋时期还形成了两大高潮，一些以军事训练为手段的体育项目相继出现，如射箭、摔跤、驭车、举重、田径、狩猎、足球、马球等，另有一部分逐步演化为社会娱乐活动，如杂技、游泳、花样滑冰、龙舟竞赛、拔河、博弈、秋千、风筝、踢毽子、抖空竹等。戏曲剧种源于原始歌舞，流传下来的有三百六十多种，目前最出名的是京剧、越剧、黄梅戏、评剧、豫剧与秦腔六大戏曲剧种。

·奇兽舞狮

传说在远古时候，在广东南海的乡村出现了一头身长八尺、头大身小、青面獠牙的怪兽。这头怪兽专门在除夕晚上出现，而且来去如风，专门破坏庄稼和牲畜，村民们不胜其烦，却毫无办法。

有一天快到除夕时，村里最年老的人做了个梦，梦中有位神仙指示他如何消灭怪兽。老人醒来后，按照梦中所示，召集全村人做"奇兽"。他们先用竹条和纸扎成一个巨大的狮头，然后涂上五颜六色，再用方形、三角形等各种形状的布缝成兽身。除夕那天，十多个小伙子藏在奇兽身下，手里拿着能敲响的器具，埋伏在怪兽必经之处。

当怪兽出现时，藏在奇兽头底的小伙子猛地举起奇兽的头，大家开始击打器具，发出惊天动地、震耳欲聋的声音。怪兽从没见过奇兽这种庞然大物，还发出这么怪异的吼叫声，顿时吓得落荒而逃，从此销声匿迹，再也没有出现过。

为了庆祝驱赶怪兽成功，就把这个奇兽称为舞狮，在每年的除夕取出来表演吓跑怪兽，久而久之，就成了风俗习惯，当初敲打的器具也改成了锣鼓。现在，舞狮不仅在新年时表演，也在各种庆典上表演，以增加喜庆的气氛，象征着吉祥如意、五谷丰登。

◎ 传统文化小知识

【南狮北舞】 舞狮主要分为南狮、北狮两种。南狮又称醒狮，造型比较威猛，主要靠舞者的动作表现狮子形态。北狮造型酷似真狮，狮头比较简单，全身披金黄色毛，狮头有红结的为雄狮、有绿结的为雌狮，一般是雌雄成对出现，主要动作有扑、跌、翻、滚、跳跃、擦痒等。起初北狮在长江以北较为流行，南狮则流行于华南、南洋及海外，后来出现将南北二狮融合的舞法，用南狮的狮子表演北狮的步法，称为南狮北舞。

· 少室周让贤

春秋时期，赵简子是晋国的中军元帅，他的戎右少室周是一个善于徒手搏斗和摔跤的能手。在当时，元帅的战车上有三名侍卫，按左、中、右排列，中间是驾车的驭手，只随身佩带护身的短剑。左边站立的侍卫拿着弓箭，右边站立的就是拿着戈矛的戎右。

元帅在战斗中负责指挥全军，所以三名侍卫担当了保护元帅安全的大任，尤其是戎右，一般是经过比赛选拔出的武艺高强、智勇双全的人。少室周当上了赵简子的戎右，心里非常自豪。可是责任的重大，使少室周不得不担忧，如果不幸被敌人攻到眼前，那么近身搏斗，尤其是摔跤水平的高低非常重要。于是闲暇时，他便到处寻师访友，提高自己的摔跤技术。

有一天，他听说晋阳城有个叫牛谈的奴隶，摔跤本领特别高，还为自己赢得了脱离奴隶身份的机会。少室周到晋阳找到牛谈，提出要与他比赛摔跤。没想到，第一场比赛少室周被牛谈摔了个脸朝天，第二场比赛又被牛谈摔了个肩背着地，一连几场比赛，都是少室周输了，而且牛谈特意照顾少室周的面子，没让他摔得很难看。

少室周非常佩服牛谈的摔跤技术，执意拜他为师并主动让贤，向赵简子推荐牛谈做了戎右。

◎ 传统文化小知识

【角抵与摔跤】 角抵又叫蚩尤戏，是类似于现代摔跤、散打、拳斗的一种比赛，摔跤的前身，到了宋代演变为相扑。摔跤在古代起初为徒手搏斗，是军事作战的技能之一。秦始皇以后，演变为戏要的娱乐活动。清代时的摔跤人被称为布库，专设善扑营进行管理，善扑营的布库分为三等，按等级领取钱粮。

·木兰秋狝

　　木兰是满族语哨鹿的意思，指秋高马肥的时节围猎鹿群。哨鹿的秘诀在于两只哨子，一只叫鹰骨哨，又叫人哨，指挥猎人所用；一只叫桦皮哨，又叫鹿哨，能模仿鹿的叫声，引诱鹿进入预定的地区进行猎杀。

　　狝是行猎的意思。古代行猎根据季节分为春搜、夏菟、秋狝、冬狩四种。木兰围场原为蒙古部落的领地，康熙到塞外巡视时，他们将其献给了康熙，清朝皇帝把秋季定位最佳狩猎时期，几乎每年都会组织大批人马亲临木兰围场进行狩猎活动，称为木兰秋狝。

　　木兰围场是历史上的战略要地。当时，清政府统治并不十分稳定，云南省吴三桂的叛乱、西北部准噶尔丹的分裂、沙俄的扰乱，都使清政府如履薄冰。而清军斗志却每况愈下，在平定三藩之乱时，有些清兵竟然因怕死而自残以逃避参战。

　　清朝源于北方的长白山麓，世代以狩猎作为谋生的手段，十分骁勇善战。康熙看着以前英勇的八旗将士颓废如此，担心大清江山难保平安，于是决心恢复古代狩猎阅军制度，每年在木兰围场以狩猎的方式演练军队。

◎ 传统文化小知识

　　【狩猎】　狩猎是人类最早掌握的谋生技能之一，随着文明的发展，逐渐成为具有娱乐、军事、体育多重性质的集体综合运动。狩猎的方式有火攻、围猎、网捕、索套、骑马箭射等，有时是几种方法同时使用。

·高俅发迹

北宋末年，汴梁有个破落户子弟姓高，他整天游手好闲，不理家事，只擅长踢蹴鞠球，于是大家称他为高毬，后来他嫌毬字不好看，就改为高俅。

高俅整天在妓院、酒馆、赌博等场所转悠，时不时就惹出点是非，他的老父亲实在忍无可忍，就到官府里告了他一状，结果高俅被打了四十大板，逐出东京城。高俅只好去淮西投奔开赌坊的柳大郎，在他那儿住了三年，直到皇帝大赦天下，才回到东京城。

临行前，柳大郎给东京城里开药铺的亲戚董将士写了封信，让高俅去投奔他。董将士早就听说高俅的劣迹，怕自己的孩子跟着高俅学坏，就把他推荐苏轼，苏轼也没敢留他，推荐他去当朝驸马王晋卿府里当差。刚到那里没几天，就是王晋卿的生日，小舅子端王也来祝贺。王晋卿送给端王一对羊脂玉的狮子，还有个玉龙笔架没做好，于是约好第二天派人送到端王府。

第二天，王晋卿派高俅去端王府送礼物。高俅到府上时，端王正在园中踢蹴鞠。高俅在旁边等候，不由看得入了神。突然，蹴鞠腾空而起向高俅射来，高俅不慌不忙地使个鸳鸯拐，把蹴鞠踢回给端王。

端王见了惊奇万分，连称神技，于是向王晋卿要来高俅，让他每日跟在身边不离左右。不久，端王继承皇位，高俅也跟着飞黄腾达，做了随驾，不到半年就升为太尉。就这样，不学无术的高俅一步登天。

◎ 传统文化小知识

【蹴鞠】 蹴鞠又名蹋鞠、蹴球、蹴圆、筑球、踢圆等。蹴指用脚踢，鞠是皮制的球，蹴鞠就是用脚踢球。蹴鞠是中国一项古老的体育运动，源于春秋战国时期的齐国故都临淄，流传了两千三百多年，唐宋时期最为繁荣，有直接对抗、间接对抗和白打三种形式。

【马球】 马球又称为击鞠、击球，指骑在马背上，用长柄球槌拍击木球的运动，相传唐初时由波斯传入，比赛马球时以草原或旷野为场地，游戏者乘马分为两队，手持球槌共击一球，以打入对方球门为胜。

·老婆婆跳百索

相传在很久以前，有位老婆婆，因为她的年纪有些大，觉得自己的背驼了，腰也弯了，干起活来慢吞吞的，再也没有以前的灵活劲儿了。

闲下来的时候，老婆婆总是想起自己年轻的时候，以前的自己多能干啊！无论干什么活都很麻利，谁见了谁称赞。不行！老婆婆不甘心自己的身体就这样衰弱下去，她一定要找到锻炼身体的好办法！

老婆婆一抬头，看到过节时挂在门窗上的五彩线，顿时灵光闪现，有了个好主意。她找到根粗绳子，用两只手各捏住绳子的一头，让绳子随意落在脚后面，然后双臂轻轻向前一摇，带动绳子转到脚前，老婆婆迈过绳子，再重复进行刚才的运动。她发现这样不仅能锻炼手脚，还能锻炼身体的各个部位。

就这样，老婆婆一天天坚持跳绳，摇绳的双臂越来越灵活，双脚也从当初的"迈"变成了"跳"，身体也越来越好。后来老婆婆越跳越快，绳子在她的摇动下，仿佛千百条绳索在空中依次飞动，所以大家又把跳绳称为跳百索。

◎ 传统文化小知识

【跳绳】 跳绳，古时称为跳百索，分为单人跳和多人跳两种，在南北朝时就已出现。单人跳时用双手摇绳，可前摇跳、后摇跳、双手交叉摇绳跳，也可带人跳、蹲跳、跑步快跳等。多人跳时，一般由两人摇绳，也可将绳一端于系树上由一人摇绳，其他人跳，跳法多种多样，有的地方还边跳边唱。

【拔河】 春秋战国时期，楚国的水兵非常壮大，为了能在战争时乘胜追击，便发明了一种武器叫作钩拒，在敌人败退时用钩拒将敌船钩住，用力往后拉，使之无法逃脱。后来，钩拒从军中流传至民间，演变为比赛运动。比赛时，在百余米长的大麻绳正中插一根大旗，旗的两边画两条竖线，称为河界线，作为胜负的标志，因此钩拒之战渐渐被称为拔河。一声令下，河界两边选手紧握绳索，用全力拉引，围观者欢声鼓动，热闹非凡。

·黄帝制鼓

远古时期，住在东方的蚩尤为了夺取黄帝的宝座，占领中原地带，便与黄帝在北方涿鹿展开了一场激烈的战斗。蚩尤生性凶恶，手下大将都是些面目狰狞、铜头铁臂的猛将，他们还能发出一种奇怪的靡靡之音，黄帝军队的将士们听到这种声音就会被迷惑，不但分不清方向，而且浑身虚脱失去战斗力。

如何才能扭转战局呢？黄帝吃不下睡不好，到处寻找破解那种怪声音的办法。有一天，黄帝发现东海的流波山上有只形状像牛的怪兽夔，它每次出入海中时，就会开口发出惊天动地的吼叫，像响雷般使人精神大振。黄帝不由心里一动，蚩尤军队发出的靡靡之音肯定最怕咚咚咚、轰轰轰的声音啊！于是黄帝捉住夔，剥下它的皮蒙在一个木制的圆形框架上，并起了个名字叫鼓，意为鼓舞将士们的战斗力。

可是用什么来敲击鼓呢？黄帝想起雷泽里的雷兽，这个雷兽经常拍自己的肚子玩，拍一次就是一声动天的响雷。黄帝命人捉来雷兽，从它身体里抽出一块最大的骨头做了鼓槌。然后把遮面大鼓搬到战场上，用鼓槌一连敲了九下，只听鼓声如雷，天地变色，黄帝的军队顿时士气大振，蚩尤的士兵却个个吓得魂飞魄散，转身就逃。

黄帝带领将士们一路追杀，抓到了蚩尤，取得了战斗的胜利！从那时起，鼓就成为鼓舞士气、威震敌人必不可少的武器。后来，鼓渐渐成为节日庆典等各类重要活动中营造气氛必不可少的器具。

◎ 传统文化小知识

【安塞腰鼓】 腰鼓源于古代战争和祭祀，最初流传于陕西，已有数千年的历史。腰鼓长约34厘米，形状类似圆筒，中间粗两端细，两面蒙皮，鼓框上有环，表演时用绸带悬挂在腰间，双手各执鼓槌击奏，并伴有舞蹈动作。安塞腰鼓是流传在陕西省北部安塞县的一种民间群体艺术，它融舞蹈、民歌、武术于一体，形成了粗犷豪放、舞姿优美的特点。安塞腰鼓可由几人至几千人同时进行表演，变幻的队形、磅礴的气势、细密的鼓声、雄壮的呐喊、精湛的表现力，极大地体现了中华民族的精神风貌，在国际上也极负盛名，被称为天下第一鼓。

·一子定乾坤

隋朝末年，隋炀帝杨广昏庸无道，致使民不聊生，天下大乱。群雄纷纷起义争霸中原。隋朝重将李渊及其子李世民也有反隋之心。

李世民非常爱好下围棋，常常以棋会友、共商大事。晋阳令刘文静是他的好朋友，他们常常同其他好友在刘府一边下棋一边谈事。刘文静有个莫逆之交叫李靖，李靖有个好朋友虬髯客张三，为人豪爽仗义，胸怀大志，也想伺机起兵。他听李靖时常称赞李世民，就想找机会见上一面。

李靖带着虬髯客去拜见刘文静说："虬髯客张三听说李世民棋艺高超，特地前来请教。"刘文静一见张三的相貌，便知他非等闲之辈，下棋是假，探探李世民的虚实是真，就赶紧迎他入座，命人去请李世民。

过了片刻，李世民应邀前来，张三见到神采奕奕的李世民，暗自赞叹他是"真龙天子"的相貌，心知自己不可能再争霸中原，于想借着下棋，与李世民交流对天下大事的看法。

张三是草莽英雄，性格爽快，还没等李世民坐稳，就抓起四子摆在四个角的四个星位上，还高呼一声："我虬髯客四子占四方！"李世民还没见过这样下棋的，他和刘文静交换下眼神，又回想自己刚进来时张三审视的眼光，就明白是怎么回事了。这个张三根本不是要找他下棋，而是找他争天下的！

李世民不慌不忙地拿起一子，放在棋盘的天元上，抑扬顿挫地说道："小子一子定乾坤。"两个人就如火如荼地在棋盘上杀起来。中盘过后，张三所占的四个角已被李世民吃掉三个。当李世民又拿起棋子向仅剩的一角进攻时，张三双手托住李世民的手诚恳地说："中原大地已归李公子所有，西南一隅山高路远，我愿为李公子平定西南，还望李公子成全。"

后来，李世民建立大唐盛世，虬髯客张三自带十万大军平定西南，当了扶余国的国王。张三借棋喻事，李世民一子定乾坤的故事，就这样流传下来。

◎ 传统文化小知识

【围棋】 围棋，我国传统棋艺之一，是一种策略性二人棋类游戏，已有四千多年的历史。围棋使用格状棋盘及黑白两种颜色的棋子进行对弈。是一种非常流行的棋类游戏。下围棋对人脑的智力开发很有帮助，可增强人的计算能力、创造能力、思维能力、判断能力，也能提高人的注意力和控制力。

· 王质遇仙童

在湖广高要县境内的羚羊峡中有座树荫浓密、风景秀丽的大山，山脚下住着一个勤劳好学的樵夫，名叫王质，他非常喜欢下象棋，每天干完活就找人对弈。

有一天，天刚亮王质就上了山，边砍柴边想着象棋的局势，不知不觉走到悬崖边，发现有棵枯树。他扬起斧头就要砍，没想到用力太猛，斧头挂着了身后的青藤又被甩出去，骨碌碌落下了山崖。

王质只好沿着陡峭的崖壁，抓着树根慢慢向下爬。下到距崖底还有二三米时，王质突然觉得眼前一亮，竟然发出现个洞口！王质定睛一看，这个山洞好像不大也不深，还能望见里面不远的地方还有一个洞口。

王质很好奇，跳进山洞刚走了两步，就听到里面啪的一声脆响，他吓了一跳，壮着胆蹑手蹑脚地向里面走去，刚走到里面那个洞口边，就觉得清风拂面，吹得他极舒服。没想到里面别有洞天，王质向里一望，就惊呆了。只见洞内左边长着棵水桶粗的歪脖子松树，松树下横着个青石板，有两个八九岁的孩子，正在青石板上下象棋。

王质心想：谁家的小孩竟敢跑到悬崖上的山洞里下棋，胆子真不小啊！又转念一想，不对啊，这里这么难爬，他们是怎么进来的啊？两个孩子好像没看到他进来，一个仰着脸嘻嘻笑，一个皱着眉头琢磨着如何下棋。王质走过去坐在旁边的石头上，想看看这两个孩子的棋艺如何。

坐在东边的孩子说道："我这个棋局叫火牛破垒，是齐国将领田单建功立业的故事，我用马做牛，最后一卒擒王，你走得出来吗？"坐在西边的孩子想着想着，忽然咧嘴一笑，进兵挺车，深入虎口，连打几个将军，然后闪开马路。借助炮力，最后从侧翼袭击成功。

王质坐在边上看得眼花缭乱，接下去两个孩子又设下很多王质从未见过的棋局，什么项伯舞剑、八蛮献宝、七子赋诗……各个都变化无穷，王质一局局看下去，暗暗记在心里。其间两个孩子饿了，就拾地上的松子津津有味地嚼着，还扔给王质一颗，王质吃下去，立即就不饿也不渴了。

王质不知不觉看了一百多盘。东边的孩子打了个哈欠，揉揉眼睛说："师父该回来了，咱们赶紧回去吧！"他们向上招了招手，松树顶上飞下来两只仙鹤，驮着他们飞出洞口，转眼就无影无踪了。王质这才想起该回家了，他出了山洞到悬崖底找到自己的斧头，令人奇怪的是，斧头竟然生了厚厚一层锈，斧头把也被沤烂了。

刚走到村口，王质就被村里人围了起来，大家七嘴八舌地问他这几年去哪里了。王质莫名其妙地说："我不是早晨上山砍柴，现在才回来，还不到一天的时间，怎么会是几年了呢？"大家告诉他，他已经整整走了三年，这三年大家都以为他上山遇到了危险，到处寻找他的下落。

王质把他进山遇到仙童下棋的经过讲给大家听，又把他记住的棋局摆了几盘，大家见他棋艺大增，斧头锈了很久的样子，斧头把都烂了，这才深信不疑。一位老长者提议王质把这些棋局都画下来，让大家都照着学习。于是，王质把棋局一盘盘画下来，就是《烂柯神机》的由来，那座山也被称为烂柯山。

◎ 传统文化小知识

【象棋】 象棋大约源于战国时期，是根据两军对垒的战阵创造的竞技游戏，棋盘里的楚汉河界据传由楚汉相争而来，把对弈的双方隔在两边。象棋最初每方只有六个棋子，唐代时有了一些变革，出现将、马、车、卒四个兵种，北宋时随着火药的发明增加了炮、士和象。象棋共有三十二个棋子，分为红黑两组，每组各有十六个，由对弈的双方各执一组。兵种分为七种：帅（将）、仕、相（象）、车、马、炮、兵（卒）。

·郑和与麻将

　　明朝三保太监郑和七次下西洋时，组建了当时世界上规模最大的船队。在长年的航海过程中，许多将士因为海上单调的生活变得萎靡不振，甚至忧郁成疾。

　　郑和看在眼里非常着急，如果将士们的状态再这样继续下去，后果将不堪设想。于是他想，能不能发明一种制作简单、携带方便、玩起来不难、能够多人参与、适合在船上小范围开展的娱乐工具呢？经过多日的冥思苦想，郑和把船上的毛竹砍断、劈开，做成大小均匀的竹牌，然后在竹牌上雕刻几种文字图案。

　　为了迎合将士们的心理和航海情况，郑和在图案上煞费苦心。比如"中"代表中原大地，是为了迎合将士们的思乡之情，红为吉祥色，所以将中字设为红色。"发"是为了航海经商的顺利，一万、二万、三万……暗喻发大财，一饼、二饼、三饼……暗喻将士们在海上的日常主食烙圆饼，一条、二条、三条……暗喻风平浪静时，将士们捕鱼改善伙食。

　　郑和非常满意自己对图案的设计，灵感如泉涌。"白皮"暗喻船在海中行驶时白茫茫的沧海，"东、西、南、北"暗喻航海时最关注的风向，"春桃、夏荷、秋菊、冬梅"四朵花暗喻一年四季。

　　郑和定下游戏规则，让四个人在吃饭的方桌上进行娱乐。这种新式竹牌游戏不像围棋、象棋那么深奥，将士们学起来非常容易，所以很快就流行起来。大家一扫以往的萎靡不振，闲时都兴高采烈地打竹牌，甚至有时玩起来连饭都顾不上吃。后来大家觉得打竹牌不好听，郑和想既然它能麻痹将士们的精神，就叫麻将吧。

　　渐渐地，麻将从海上传到陆地，上至朝廷，下至平民，都喜欢上这种娱乐游戏。麻将的制作原料愈加精致，玩法也不断翻新，至今已成为中国人茶余饭后、节日聚会时的一种娱乐工具。

◎ 传统文化小知识

　　【麻将】 麻将原是皇家和王公贵族玩的游戏，在长期的演变过程中从宫廷流传到民间，到清朝时基本定型。麻将不仅有独特的游戏特点，而且集益智性、趣味性、博弈性于一体，其玩法和专用术语五花八门。随着麻将走向世界，各种各样的规则应运而生，为了规范统一，世界麻将组织制定了《麻将竞赛规则》，世界麻将组织的主席特为其题词：麻将源于中国，属于世界。

·徽班进京

从 1751 年起，乾隆皇帝先后六次下江南巡视，扬州成为他驻跸的城市。扬州一带的官员和富贾纷纷不惜重金，大兴土木，建造起一座座美丽别致的湖滨园林。因为乾隆非常喜爱戏曲，他们便把组织戏曲演出作为迎驾活动的主要内容之一，请江南各戏班到扬州演出，致使城里城外的各种演出频繁不断。

1790 年秋天，为了庆祝乾隆皇帝八十岁寿辰，艺人高朗亭率领名为三庆班的徽戏戏班来到京城参加祝寿演出。三庆班主要以唱二黄调为主，兼唱昆曲、吹腔、梆子等，是个诸腔并奏的戏班。因为徽戏曲调优美，剧本通俗易懂，舞台表演具有浓郁的生活气息，所以受到京城百姓的热烈欢迎。祝寿表演结束后，三庆班留在京城继续进行民间演出，在演出的过程中又吸取其他剧种的表演技艺，越演越火，成了京城最受欢迎的戏曲班。

三庆班进京表演获得成功后，又有四喜班、和春班、春台班等徽班进入北京。四大徽班各有所长，当时流传着"三庆的轴子，四喜的曲子，和春的把子，春台的孩子"的说法，轴子指连演整本大戏，曲子指演唱昆曲，把子指武戏，孩子指童伶。四大徽班逐渐称雄京城戏坛，揭开了中国京剧史的序幕。

◎ 传统文化小知识

【京剧脸谱】 京剧是在徽调和汉戏的基础上，吸收了昆曲、秦腔等一些戏曲剧种的特长逐渐演变而成。京剧脸谱是一种写意和夸张的艺术，分为整脸、英雄脸、六分脸、歪脸、神仙脸、丑角脸等，常以蝙蝠、燕翼、蝶翅等为图案勾画出眉眼面颊，结合夸张的鼻窝、嘴窝来刻画面部表情。勾画时以"鱼尾纹"的高低曲直来反映年龄，以"法令纹"的上下开合来表现气质，以"印堂纹"的不同图案象征人物性格。观众观其外表，便可以窥其心胸。

【京剧的五大行当】 京剧的五大行当指生、旦、净、末、丑。生是除了大花脸及丑角以外男性角色的统称，又分老生（须生）、小生、武生、娃娃生。旦是女性角色的统称，分为正旦、花旦、闺门旦、武旦、老旦、彩旦、刀马旦。净俗称花脸，大多是扮演性格、品质、相貌上有些特异的男性人物，用脸谱化妆，音色粗犷洪亮。丑主要扮演喜剧角色，在鼻梁眼窝间勾画脸谱，多扮演滑稽调笑式的人物，俗称小花脸或三花脸。末原是扮演年纪较大的男性，后来逐渐归于生。

【四大名旦】 四大名旦指梅兰芳、荀慧生、程砚秋、尚小云四位杰出的旦角表演艺术家。他们以各自的风格特色，各自的代表剧目，形成了梅派、荀派、程派、尚派四大京剧流派，创造了京剧舞台争奇斗艳、绚丽多姿的鼎盛年华。

·李文茂伶人称王

李文茂出身于梨园世家，是清朝道光末年至咸丰初年粤班凤凰仪班著名的打武家。李文茂体格魁梧、声音洪亮、精于武术击刺，擅演《芦花荡》中的张飞和《沙沱借兵》中的王彦章。他平时仗义疏财，很得人心，是戏班中的领袖，也是天地会中有名的拳师。

洪秀全领导太平军攻下南京以后，派密使到广东寻找反清群众组织领导人，以期南北配合推翻清朝廷。密使先找到李文茂，又联络广东天地会领袖陈开、陈金刚等人，密谋起义。

1854年农历七月，李文茂率领戏班弟子过千人，同鸦湖的甘先、沙亭岗的周春等率领的农民义军，一起在白云山北的黄婆洞聚集誓师，推举李文茂为统领水陆兵马兼理粮饷大元帅，宣布起兵反清。

当时，驻守在江村的清军副将崔大同听到消息后，立即带领清军攻打黄婆洞。清军行到牛栏岗时，与李文茂的义军相遇，顿时展开了激烈的战斗。清军节节败退，李文茂带领义军紧追不舍，一举占领了江村，大振了义军士气。李文茂在江村设立指挥部，在佛岭扎下大营，联合番禺的陈显良、佛山的陈开等义军，围攻广州。

李文茂的义军队伍迅速壮大起来，他以粤班的骨干为核心，编制文虎军、猛虎军、飞虎军三军。三军主帅李文茂穿着戏班中的蟒袍甲胄，其他将官都按照品位身穿明朝戏服，女官则穿戏班中的女将服饰。他们利用戏班中的翻筋斗、超跃、腾跳等武打功夫，飞登城楼，攻击敌阵，使守城清兵惊慌失措，弃城而逃。

义军攻占广州后，李文茂又向广西进军，攻占柳州，改柳州为龙城府，自称平靖王。李文茂把周家祠作为王宫，设立丞相、都督、将军等官职，进行一系列社会改革，铸平靖胜宝铜钱，作为流通货币。

咸丰八年（1858年）春天，清按察使益澧统领湘军到广西镇压义军。李文茂不敌，只好带领义军在黔桂边境转战，后在怀远山中病逝。起义军被镇压以后，清政府迁怒戏班，下令解散所有粤班，禁止粤班演员演出。十年后，粤班才得以恢复，发展成为粤剧。

◎ 传统文化小知识

【粤剧】 粤剧源自南戏，又称大戏或者广东大戏，明朝嘉靖年间开始在广东、广西出现，最初的演出语言是中原音韵，到清朝末期为了方便宣传革命才改为粤语。粤剧糅合了唱做念打、乐师配乐、戏台服饰、抽象形体等，已经成为世界非物质文化遗产。

【秦腔】 秦腔又称乱弹，源于西秦腔，因以枣木梆子做击节乐器，所以又称梆子腔，流行于我国西北地区。秦腔唱腔分为表现欢快喜悦情绪的欢音、抒发悲愤凄凉情感的苦音两种，表演粗犷朴实，细腻深刻，富有夸张性。

·康芷林开慧眼

开慧眼是川剧里的特技绝学，要提它就必须提到川剧"圣人"康芷林。康芷林曾和著名武生李泰昌、胡丹文同台演出《蟠龙剑》中的《芦花救险》，李、胡二人自恃艺高，在舞台上超出剧情大踢尖子，这就使得踢不起尖子的康芷林当场相形见绌，大失人气。

一年之后，康芷林特意邀请了曹黑娃同台演出《水漫金山寺》，他还提议由曹黑娃演主角许仙，自己演配角韦驮。懂点门道的人都知道，演韦驮需要过硬的腿功，康芷林一年前连尖子都不会踢，能演韦驮吗？

戏幕刚刚拉开，曹黑娃饰演的许仙就将观众给吸引住了，台下响起阵阵叫好声。待韦驮出场，大家一看这扮相好不威武，气宇轩昂，精神抖擞，正要喝彩，细心的观众发现个破绽：韦驮本应三只眼，为何康芷林额头上独缺那第三只慧眼？

正当大家不明就里时，一阵锣鼓响，就见那康芷林扮演的韦驮在法海面前叫了声："领法谕"，而后起至台前挺身亮相，高叫道："睁开慧眼一观！"话音刚落，他左踢一个尖子，右边竖起半只眼睛，右踢一个尖子，左边又竖起半只眼睛，两个半只眼睛不偏不倚，刚好在他额头正中拼合成一只完整又金光乍现的"慧眼"！

这招可惊煞了众人！在场观众，包括戏班子里的演员都瞠目结舌："想不到康二哥还有如此绝活！"刹那间，台下掌声雷动，叫绝声此起伏彼，整个戏场群情激昂，康芷林可真算是重振了英名！

原来，康芷林与李、胡二人比试过后，念念不忘旧辱，一年中日日坚持苦练，从不敢有丝毫懈怠，不仅做到了腿功、腰功过硬，还将整套动作完成得熟练准确、干脆利索，使得飞起一脚就能将预先贴在靴尖子上的"慧眼"准确无误地踢上额头！

这场演出以后，康芷林首创的"开慧眼"就成了川剧的特技绝技，一直流传到现在。

◎ 传统文化小知识

【川剧】 川剧，四川特色文化之一，是在清朝乾隆年间本地车灯戏的基础上，吸收融会苏、赣、皖、鄂、陕、甘各地声腔，形成用四川话演唱的，含有高腔、胡琴、昆腔、灯戏、弹戏五种声腔的戏剧。其中，高腔曲牌丰富，唱腔美妙动人，最具地方特色，是川剧的主要演唱形式。川剧中特有的变脸、喷火、水袖等绝技也令人叹为观止。

【变脸】 变脸，川剧中塑造人物的一种特技，主要是为了揭示剧中人物惊恐、绝望、愤怒等内心思想感情的突然变化。变脸有大变脸、小变脸之分。大变脸是全脸都变，有三变、五变甚至九变，小变脸是局部变脸。变脸的方法有拭、揉、抹、吹、画、戴、憋、扯八种，要求动作敏捷，不露痕迹。

·梨园祖师李隆基

唐玄宗李隆基自幼酷爱音乐，具有极高的音乐、舞蹈天赋。唐玄宗统治前期，天下歌舞升平，四夷来朝，开创了历史上著名的开元盛世。在处理政务之余，他亲自选拔音乐人才三百人，安置在皇宫内，让他们表演他创作的作品。

有一次，唐玄宗在御书房批阅各国使者的文书，突然传来悠扬的歌乐声，他的注意力不由得被吸引过去，原来是宫内的乐工们在演练曲目。唐玄宗再也无心公事，草草批写完文书，就让太监派送给各国使节，然后去和乐工们演练歌舞。

正当他陶醉其中的时候，太监高力士急匆匆来禀告，刚才唐玄宗只顾听歌乐，竟然把龟兹国的文书批到天竺国，把天竺国的文书批到了爪哇国。为了顾及龙颜，唐玄宗把这次的错误归到乐工头上，责怪他们不该在他批阅公文的时候排练节目，并下令把他们迁出皇宫。

当时，唐朝离宫深苑有个种植梨树的果园，环境十分幽雅僻静，正是排演歌舞的好地方，于是太监依据圣旨，把被赶出皇宫的乐工们安置在此处。唐玄宗亲自精选歌舞伎、乐工数百名，在梨树园指导他们进行歌舞演练。

梨花开放时，园中白花似雪，叶绿如玉，众多佳丽在悠扬的乐曲中翩翩起舞，好一派仙境般的景象！唐玄宗看得心旷神怡，当即御赐匾额一块，上书：皇帝梨园弟子。从此，梨园这个称呼就流传下来，戏曲界把自己从事的行业称为梨园行，人们把戏曲界称为梨园界，把戏曲演员为梨园子弟，把几代人从事戏曲艺术的家庭称为梨园世家。

唐玄宗经常在梨园里唱戏，有时还亲自表演。因为而他喜欢唱丑角，有失帝王体面，于是就在额前挂了块玉，据说丑角脸上的一块白斑就由此而来。直到新中国成立前，凡是要入梨园行的弟子，都要先拜梨园的祖师爷的神位。而这位祖师爷，就是唐玄宗。

◎ 传统文化小知识

【昆曲】 昆曲，原名昆山腔，简称昆腔，现今又称为昆剧，元末明初产生于江苏昆山一带，与源于浙江的海盐腔、余姚腔和源于江西的弋阳腔，并称为明代四大声腔。昆曲的最大特点是抒情性强、动作细腻、歌唱与舞蹈的身段结合得巧妙而和谐。

【评剧】 评剧形成于清末民初,源于河北唐山一带的莲花落。评剧的特点是以本嗓演唱,唱工吐字清晰、唱词浅显易懂、演唱明白如诉、生活气息浓厚,有亲切的民间味道。

【黄梅戏】 黄梅戏,旧称黄梅调,也称采茶戏,源于湖北、安徽、江西三省交界处的黄梅采茶歌,与京剧、评剧、越剧、豫剧并称中国五大剧种。黄梅戏的特点是以明快抒情见长,唱腔纯朴清新、细腻动人,具有丰富的表现力,而且通俗易懂。

【豫剧】 豫剧旧称河南梆子,产生于明末清初,主要流行于黄河、淮河流域。豫剧的特点是节奏鲜明、唱腔流畅、吐字清晰、极具口语化,风格朴实而充满乡土气息。

【越剧】 越剧仅次于京剧,有全国第二大剧种之称,清末时产生于古越国所在地浙江嵊县,由说唱艺术"落地唱书"发展而来,主要流行在浙江、上海、江苏、福建等地。越剧的表演特点是以唱为主,声腔清悠婉丽、优美动听,表演真切动人,极具江南灵秀之气。

·踩高跷的来历

很早以前,天下连年大旱,三年来土地颗粒无收,饿死了成千上万的黎民百姓。皇帝爱民如子,下令开仓放粮,并令家中有存粮的官员都开仓赈济灾民。有位知府非但舍不得自己的百石存粮,还把皇帝赈灾的粮食抬高价格出卖,老百姓敢怒不敢言。

当地有个青年姓高名跷,生性豪爽侠义。他见知府如此狠心贪财,视百姓之命如蝼蚁,就想偷知府的粮食分给大家。可是,知府家的粮仓四面高墙,如何才能进得去呢?高跷每日苦苦思索。

有一天,高跷上山砍柴,忽然发现一棵大树的顶梢上有团可以治疗冻疮的冬青。高跷便踩着大树的枝丫一点点攀到树的顶梢,取下了冬青。突然他灵机一动,想出了好主意。他砍下两根粗壮的枝丫,绑在腿上练习行走。几天后,他就可以行走自如、蹦跳如飞,于是夜夜踩着高跷跃进高墙,进入知府和财主们的粮仓,盗取粮食救济百姓。

不幸的是，高跷盗粮时被财主的护卫们发现，他们用绳子把他绊倒抓获，并扬言送到官府几个月后便要斩首。消息传开以后，百姓们聚在一起商议如何营救高跷。一老者提议让全村的青壮年都学习高跷踩枝丫的本领，在行刑之日去法场劫下高跷。

几个月以后，高跷被押赴刑场的时候，忽然涌来一大群踩着枝丫的青壮年，他们把高跷围在中间，掩护他逃离刑场。知府和财主怕事情闹大了被皇帝知道他们屯粮的事，也就不再追查高跷的下落。

后来，踩枝丫发展成一项很有趣的娱乐节目，因为最初是高跷发明的，大家就把踩枝丫取名为踩高跷，世世代代流传下来。每逢节日的时候，百姓们就踩高跷、扭秧歌、玩杂耍，表演踩高跷的人身穿古装，踩着三尺左右的高跷，时而打拳，时而翻跟斗，时而婆娑戏舞，时而做出惊人的高难动作，让观众惊叹不已。

◎ 传统文化小知识

【扭秧歌】 扭秧歌，又称秧歌舞，是我国最具代表性的一种民间集体歌舞艺术，源于插秧耕田的劳动生活，又和古代祭祀农神、祈求丰收时所唱的颂歌有关。扭秧歌的舞队一般由十多人至上百人组成，分别扮成历史故事、神话传说或现实生活中的人物，随着鼓声节奏边舞边走，在表演的过程中变换不同的队形。扭秧歌的内容包含量大，舞蹈动态丰富，因而深受广大群众的欢迎。

【二人转】 二人转，又称小秧歌、双玩艺、蹦蹦、春歌、半班戏、东北地方戏等，是在东北大秧歌的基础上，吸取了河北的莲花落，并增加了舞蹈、身段、走场等演变而成。二人转传统表演形式为简单化妆的一男一女，手拿扇子、手绢，边走边唱边舞，唱腔粗犷高亢，唱词诙谐风趣，极富生活气息。

·父子唱双簧

晚清时期，有位唱单弦曲的艺人叫皇甫臣，他唱的段子声音洪亮，抑扬顿挫，而且内容幽默风趣，表演动作也十分精湛得体。慈禧太后非常喜欢听他的曲艺，时常召他进宫表演。

有一天，慈禧太后又想听皇甫臣的单弦演唱，便传令召他进宫。他接完旨换衣服准备进宫时，嗓子突然哑了，一点声音也发不出来。这下可把他急坏了，不进宫就是违抗懿旨，这可不是闹着玩的，可进宫呢，嗓子唱不出来，他急得走来走去，却没有什么好办法。

这时，皇甫臣的儿子过来说："父亲不要焦虑，我觉得唱功尚可，不如我藏在后面唱，你在前面做动作表演。"皇甫臣明知这属于欺君大罪，可眼前又没别的办法，只好同意了。

没想到，父子搭档得十分默契，演出非常成功，慈禧太后没觉察到与以前有何不同，照旧听得津津有味。演出结束后，父子俩一起向慈禧太后请罪，慈禧太后不但没怪罪他们，还赏赐他们银子说："没想到你们父子俩演的双簧，反而比一个人表演更有趣更精彩呢！"从那以后，这种双簧形式的表演就渐渐流行起来。

◎ 传统文化小知识

【京韵大鼓】 京韵大鼓，又名怯大鼓，由河北省沧州、河间一带流行的木板大鼓发展而来，于清末形成于京津两地，以说唱中、长篇大书为主，兼唱一些短段。京韵大鼓唱词的基本句式是七字句，每篇唱词约一百四五十句，主要伴奏乐器为大三弦和四胡，由演员自击鼓板掌握节奏。

·朱绍文相声补缺

咸丰年间，北京城有位学京戏的朱绍文先生，擅唱小花脸。当时一般唱戏的收入不多，朱绍文刚学戏时，不但每天要练功，还要在老师面前尽弟子的本分，生活过得很艰苦。他生性乐观，不管遇到多大的困难都不气馁，所以得了个外号叫穷不怕。

有一天，朝廷下了明文通告，规定在祭天、祭地的斋日，宫内的忌日等，必须严禁歌舞，各戏园都得停演。这下朱绍文真发愁了，算起来每年要有五六十天不能唱戏，若是赶上国孝，便有一百天不准唱戏，即使过了一百天，马鞭子也只许用青蓝白三色，不准用红的，戏园还是不能唱戏。朱绍文再也不敢说自己穷不怕了，得赶紧想办法生活啊！

朱绍文装了袋白沙子来到大街上，用白沙子撒在地上写字，吸引大家来看。

等围观的人越来越多时，他就手拿两块竹板作响器，唱几段小花脸数板，再说几段小故事，然后大家自愿给赏钱，没想到比他在戏园唱戏的收入还多。

朱绍文非常高兴，没事就研究表演内容，自创了许多如百鸟名、百兽名、百虫名等的小段子和五诉功（胡不剌诉功、堆子兵诉功、棒子面诉功、夏布褂诉功和厨子诉功），还把《千字文》《百家姓》等编入表演内容，开始绘声绘色地在大街上说，于是看他表演的人越来越多，他赚的钱也越来越多，这回再也不怕穷啦！

到了咸丰国孝的时候，朱绍文干脆正式以说相声为生。国孝过后，他拒绝了戏园的邀请，不再唱戏，开始收徒传授相声，开创了相声的先河。

◎ 传统文化小知识

【相声】 相声起源于北京，在形成过程中广泛吸取口技、评书等艺术之长，以引人发笑为艺术特点。相声有说、学、逗、唱四种传统艺术手段，说指叙说笑话、灯谜、绕口令等，学指模仿各种鸟兽声、唱腔、人物动作、语言等，逗指互相抓哏逗笑，唱最初指唱太平歌词。相声根据表演形式分为单口相声、对口相声、群口相声等。

【评书】 评书，又叫评词、说书，一种口头讲说的表演形式，在宋代开始流行。表演者通过叙述故事情节、景象、人物、评议事理等艺术手段，讲说历史朝代的更迭、英雄征战、侠义等长篇故事。

【口技】 明朝时，口技被称为象声，是一种传统的杂技节目。表演者运用嘴、舌、喉、鼻等发声技巧，非常逼真、形象地模仿自然界及人类生产活动中的各种声响。